中国社会科学院创新工程学术出版资助项目

流通产业公益性研究

依绍华 等◎著

中国社会科学出版社

图书在版编目（CIP）数据

流通产业公益性研究/依绍华等著 . —北京：中国社会科学出版社，
2015.7
ISBN 978 - 7 - 5161 - 6548 - 5

Ⅰ.①流…　Ⅱ.①依…　Ⅲ.①流通产业—研究—中国　Ⅳ.①F724

中国版本图书馆 CIP 数据核字（2015）第 150256 号

出 版 人	赵剑英
责任编辑	王　曦
责任校对	周晓东
责任印制	戴　宽

出　　版	中国社会科学出版社
社　　址	北京鼓楼西大街甲 158 号
邮　　编	100720
网　　址	http://www.csspw.cn
发 行 部	010 - 84083685
门 市 部	010 - 84029450
经　　销	新华书店及其他书店

印　　装	北京君升印刷有限公司
版　　次	2015 年 7 月第 1 版
印　　次	2015 年 7 月第 1 次印刷

开　　本	710×1000　1/16
印　　张	14.25
插　　页	2
字　　数	243 千字
定　　价	52.00 元

目　录

引　言

　　流通作为联结生产和消费的中间环节，在社会再生产过程中发挥着重要作用。改革开放以来，我国流通领域实行了市场化改革，由于当时国民经济实力有限，很多应由政府承担的活动交由市场运作，虽然实现了效率，但是也带来很多问题，企业作为"经济人"以追求利润最大化为目标，因此在很多基础领域忽视了流通产业的公益性职能，从而造成流通环节费用高、百姓基本商业需求难满足等问题。随着我国经济总量不断上升，政府开始有实力和能力对流通产业过度市场化部分进行校正，对公益性内容进行合理介入，充分发挥其在百姓生活方面的基础作用，但是在政府干预的同时，如何处理好流通产业公益性与市场化的关系，对深化流通体制改革、推动流通产业快速发展至关重要。

　　对于流通产业公益性与市场化关系的认识和理解，涉及政府与市场、公平与效率等基本命题，有着深刻的政策含义；同时，在我国改革开放和建立成熟市场经济体系的大背景下，又有着特殊而重要的意义，既要改变政府"大包大揽"，又要避免"过度市场化"；在政府应当履行职能的领域，既要适度干预，注重公平，又要避免"越位"，发挥市场机制作用，提高效率。因此，充分研究流通公益性和市场化的内在关系，是政府介入流通公益领域，合理干预流通活动，进而深化流通体制改革，加快流通产业发展的基础和根本要求。

　　公益性与市场化关系的政策落脚点在于政府对市场的干预内容及参与方式。对公益性的认识在很大程度上关系到政府参与经济活动的内容范围。一般来讲，政府的经济角色主要体现在构建市场机制发挥作用的基础条件，弥补市场机制无法有效实现的资源配置，以及完成市场无法实现的社会目标等方面，这些内容与广义或狭义的"公益性"概念存在对应关系。流通产业公益性要求政府提供必要的支持和保障，关系到政府参与或干预的内容划定。市场化是政府与市场间关系的实现方式。当原本由政府经营的领域被认为不再需要直接干预时，就可以通过市场化引入竞争机制；对于离不开政府支持的领域，则需采取恰当方式，尽量避免缺乏效率、滋生"寻租"等问题，通常可以选择市场化的参与方式实现改进。市场化的目的是充分发挥市场机制配置资源的作用，也是市场经济体制下政府参与经济活动的总体取向。

就流通产业而言，本质上属于竞争性产业，职能上则承担了一定的公益功能，具有社会公益性，而不同的职能显然需要不同的发展机制。因此，流通产业的发展既需要发挥市场的竞争机制，也需要政府在期间有所作为。所有这些，都是现阶段如何进一步深化流通体制改革、推动流通产业发展的关键命题。

第一章　公益性与市场化关系的理论阐释

第一节　市场化与公益性的认识

一　市场化

市场机制是通过价格、供求、竞争三位一体的互动来实现资源配置的一种手段。通常认为，市场机制是在一定条件下符合效率原则。"市场化"则是指引入市场机制，以需求为导向，通过竞争实现优胜劣汰和资源优化配置的过程。

改革开放 30 多年来，随着市场化进程的逐步推进，我国经济发展取得了举世瞩目的成就，其中的关键因素在于市场化改革的推进。党的十八届三中全会通过的《关于全面深化改革若干重大问题的决定》，明确指出"经济体制改革是全面深化改革的重点，核心问题是处理好政府和市场的关系，使市场在资源配置中起决定性作用和更好发挥政府作用"。这意味着，在发挥市场力量的同时，不可忽视政府的作用，同时还需要更好地处理政府与市场的关系，厘清二者的边界，充分发挥各自优势，共同为宏观经济健康发展服务。

我们知道，市场机制的运行能够为经济社会带来效率、活力和竞争力，但也具有天然缺陷，存在着各种"市场失灵"的问题。自由市场机制往往也会带来市场的高度不稳定性，导致过度投机和恶性竞争，特别是在那些市场主体不愿意介入、市场产品提供不足或者是存在诸多的外部性的领域，更需要政府适时发挥作用，并以恰当的方式进行合理干预。

由此，随着市场化改革的推进，我国市场化机制逐渐体现出两层含义：第一，对于采用市场机制配置资源更有效率的领域，政府逐渐退出，市场机制成为主导力量；第二，对于需要政府提供支持保障的领域，由行政命令、直接投资等直接干预方式向财政金融政策、国有企业经营、政府购买服务等依托市场机制的方式转变。但需要强调的是，市场化不仅是政府和市场之间职能划分的结果，还是提高政府参与效率的方式选择，而且具有导向性意义。

政府干预经济带来的一个重要问题是效率问题。尽管政府的介入能够很好地弥补市场的不足，但是在其提供方式方面存在"天然的"效率问题。在这方面，20世纪80年代以来，新公共管理和新公共服务理论和实践演进提供了新的视角和启发，能够很好地克服政府介入的不足。公共选择理论、新公共管理理论、治理理论、新公共服务理论相继出现并被广泛应用，其中提出许多新的有效的公共服务供给方式以不断提升政府参与的绩效，如政府服务、政府参与、政府间协议、政府参股、特许经营、合同外包、补助、使用者付费、志愿服务和社区治理等。

因此，如同卡尔·波兰尼（Karl Polanyi）所说，市场与社会之间是一种相互嵌入的关系，即使是自由放任的市场也需要社会力量的维系，因为"不是经济植根于社会，而是社会被迫纳入到经济体系之中"。① 所以，市场经济的运行是一个政府和市场良好合作的过程，既需要有市场机制的高效运转，也需要有政府的介入，进而能够为社会提供更好的公共产品和公共服务，保障社会民生。市场经济也应该是高效的市场和有为的政府相结合的体制，需要政府采用合适的方式调节市场，特别是要在一些公益性领域给予支持，减缓市场的不利冲击和影响，维护社会公平，满足大多数公众的需求。

二 公益性

公益性涉及的是一种公共利益，也即一定范围之内社会成员共同利益，能够为社会带来一些公共利益。公益性产品或者服务本身不是经济学概念，而属于社会性范畴。一般来讲，具有显著"正外部性"的社会产品称为公益性产品，或者说，具有公益性目标的（准）公共产品属于公益性产品，"正外部性"是"公益性目标"更具经济学意义、更为具体的替代性概念。"公益性目标"主要用于解释私人产品向准公共产品或准公共产品向公共产品转化的原因，是社会追求"公平"原则的体现。在效

---

① 卡尔·波兰尼：《大转型：我们时代的政治与经济起源》，刘阳、冯钢译，浙江人民出版社2007年版。

率与公平（公益性）这两个基本目标不断作用的过程中，公共产品与准公共产品、私人产品与准公共产品之间会根据社会发展阶段的要求，发生转变。

因此，公益性和市场化关系的本质是经济系统中私人利益与集体利益，或者说是公平和效率的关系问题。经济体系中公益性过度、市场化不足，或者市场化过度、公益性不足，都会导致经济发展处于不稳定状态。这两者的关系处于动态调整过程中，其方向取决于一个社会的基本价值体系和政府对公平、效率这两个基本价值的判断和取向。

不仅如此，强调一个产业具有公益属性，其背后的理论基础在于一个社会中制约、影响公共利益的重点。公益性强调涉及公众利益，从这个角度看，任何社会中的生产经营活动都会关系到其中的个体利益，其区别仅在于范围（涉及面的大小）和方式（直接或间接）。但是，如果从动态角度看，在社会发展的不同时期，不同行业部门的角色是有所区别的，宽泛地理解公益性，要根据一定发展阶段的实际特点，结合现实中出现的问题和公众需求来确定公益所体现的内容。例如，当一个国家经济发展和人民生活水平主要受制于工业化进程时，政府会采取专门的产业支持政策，甚至以"剪刀差"的方式配置资源，从而尽快完成工业体系的建设，并加速推进工业化进程。其理由在于，这一做法关系到整个国民经济的长远发展和全体民众的根本利益。其时，工业建设具有极强的公益属性，政府行为就是要强制保障这种公共利益的实现，因为这对社会整体有益，实际上是一种外部性的体现，这种外部性决定了成本承担主体的非特定性，因而需要有市场干预手段的介入来保证效率。

从经济学角度看，具有公益属性的产品需要由政府来提供。如果公共产品由私人来提供的时候，私人的边际效益会小于社会边际效益，个人的最优决策水平也会低于社会最低水平，进而出现公共产品供给不足的情况，无法实现资源配置的最优化，也难以保障社会的公共利益。

从上述分析来看，公益性更多强调的是对社会的公共利益，涉及的是公共产品，也更多强调社会的公平而非是基于效率的考虑，更多强调政府在这个过程中的责任。从性质上看，对于市场经济中公益性产品或服务，一般应具备以下几个基本特征：

一是公共性。公益性产品或服务不是只为特定少数群体提供的个性服务，其关注的是社会群体的共同利益和共同需求，而不是单个或少数群体的需求，具有极强的共享性特征，为社会大众所共同使用。因此，公益性服务或产品往往具有大众性、开放性、非排他性特征，其满足整个社会大众的公共利益，保障的也是其整体利益、共同利益和广泛利益，任何公民都可均等享受这一服务。对于大众的公共利益，政府也理应承担起这一应有的责任和义务。

二是基本性。公益性产品或服务是满足人们基本需求的产品或服务，其所提供的产品和服务也是最低标准，是面向基本需求而设立的。因此，公益性服务并非是为满足高端和个性化的特殊需求。个性化的需求和高端服务属于私人服务范畴，并非属于公共服务范畴，其是由市场中的私人主体来提供。

三是低价位或免费性。公益性产品或服务的公共性、基础性的特征，也要求公共服务是一种低价位或者是免费的服务。公益性产品或服务面向的是大众，涉及的是整个群体的公共利益、整体利益，是具有非排他性的公共产品，这也使得政府成为其主要承担者，而这也要求其应该实行一种低价位甚至是免费的准入机制，以使普通人能无障碍地获得这一服务，能够广泛普遍持续地享受这一服务，而不需要面对更高的收费门槛。另外，公益性服务主要由公共财政所承担，由此大众也应该免费或者低价位地获得这一服务。

四是内容广泛性。公益性产品既包括物质产品，也涵盖非物质产品，涉及的内容也极为广泛，既有一些是看得见的物质产品的基础设施等产品，也有一些是看不见的非物质性的服务。

五是动态变化性。社会经济发展具有阶段性特征，需求也处于持续演进中，这使得公益性产品范围也处于动态变化发展中，其所涉及的内容、提供水平、涵盖标准都具有阶段性的特征，随着社会经济、需求的变化而出现不同，而且在不同的区域层面也呈现出一定的差异性特征。整体上看，公益性服务是一种动态变化的服务。

第二节　公益性与市场化关系的含义

一　公益性与市场化的关系

根据我国的实际情况，以及前面对市场化含义的分析，我们认为，公益性与市场化关系的实质即为政府与市场的关系，具体来看，主要包括两个大的方面：一是政府参与公益性领域的范围，即如何界定政府对市场干预内容的问题；二是公益性领域中政府可以采取引入市场机制的方式。政府的经济角色主要体现在构建市场机制发挥作用的基础条件，弥补市场机制无法有效实现的资源配置，以及完成市场无法实现的社会目标等方面，这些内容与广义或狭义的"公益性"概念存在对应关系。市场化是政府与市场间关系的实现方式，当原本由政府经营的领域被认为不再需要直接干预时，就可以通过市场化手段引入竞争机制；对于离不开政府支持的领域，则需要采取恰当方式进行干预，通常选择市场化的参与方式实现改进，从而尽量避免缺乏效率、滋生"寻租"等问题。（见图1-1）

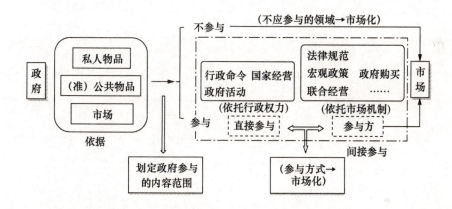

图1-1 从政府与市场看公益性与市场化的关系

二 公益性与市场化关系的现实焦点

现实中，公益性和市场化关系的本质是经济体系中政府与市场的边界划分，或者说是公平和效率的关系问题。在经济体系中，公益性过度、市场化不足，或者市场化过度、公益性不足，都会有损经济健康持续发展。前已述及，公益性具有阶段性特征和范围属性，因而公益性和市场化之间的界限也处于动态调整的过程中，其方向取决于一个社会的基本价值体系和政府对公平、效率这两个基本价值的判断标准。基于当前我国经济所处的发展阶段，在研究政府干预与市场配置的边界时，十八届三中全会公报提出"凡是能由市场形成价格的都交给市场"的论断。也就是说，更多地倾向于更具效率的市场配置；在考虑具体的产品提供方式时，将以政府作为类似市场主体的方式纳入分析框架，适当地借助市场机制，这是政府更好发挥自身作用的最优选择之一。

可以看到，就现实中公益性与市场化关系的两大方面表现而言，公益性范围的问题并非重点，因为其本身是动态的、相对的；有关键意义的是，具有公益性的产品应当采取怎样的方式来加以提供，其焦点在于，这一过程中政府应当如何参与，并发挥市场机制的作用。本书接下来将主要关注这方面内容。

第二章　流通产业的公益性与市场化

"流通"一词是我国的特有提法，马克思主义经济学将流通定义为生产与流通的中间环节，属于部门经济范畴，而西方主流经济学把流通置于产业组织框架下，将流通产业视为完全竞争领域，学界从完全竞争的产业组织理论分析流通产业运行的市场结构和组织结构①，导致对政府规制研究较少。而对于流通产业运行问题需要考虑经济体制模式的约束，因此研究特定国家的流通产业运行需要结合国情，以特定国家为对象考察流通产业，需要分析其所在国家的宏观环境、产业运行基础等。

从我国情况看，改革开放以来，原有流通体制被打破，新的流通体制正在不断完善，流通业作为市场化程度较高的领域，基本建立了较为完备的市场体系和运行机制，政府逐步退出了竞争性领域，由"运动员"转向"裁判员"，但是政府在对流通产业规制的过程中面临诸多问题：在需要政府发挥作用的具有公益性特征的领域，表现为政府"缺位"；而在市场竞争领域，由于行政化趋势未能得到有效抑制，政府"越位"现象普遍存在，统一市场难以形成，不同所有制企业难以获得公平竞争机会，等等。随着我国逐渐进入建立成熟市场经济体系阶段，积极发挥市场配置资源的决定性作用，为市场主体提供良好竞争环境，恰当履行政府职能成为重要内容。因此，一方面政府需要在具有公益属性的领域进行干预、有所作为；另一方面要避免过度干预或以不合理的方式介入，应建立以市场机制为基础的流通政策干预机制，将市场化作为政府介入的方式选择重点，做必要的"加法"同时做"减法"，并正确做好"加法"，提高效率、改进方式，发挥政府的作用。

事实上，流通领域中政府"越位"、"缺位"问题的存在，其核心在

---

① 何大安：《中国流通产业运行问题——基于产业组织及其制度的基础理论考察》，经济科学出版社 2008 年版。

于对流通产业性质认识得不清晰，人们往往只看到了流通产业的市场竞争性或者是只注意到其承担的公益性职能。但流通产业本身是一个复杂的综合体，其具有竞争性和公益性的双重特征。从含义上看，流通是连接生产与消费的中间环节，传统上以"物质产品"的生产、消费、分配、交换的经济阶段划分为理论基础，主要是指批发和零售业。在社会化分工不断深入的过程中，又出现了专门承担商品仓储与运输职能的"物流业"。而从其产业性质看，流通产业总体上是竞争性行业；但从功能看，则具备一定公益职能，既是传统竞争性产业，也具有公益性功能。

第一节　流通产业内容与功能

　　了解流通产业的基本内涵，是理解流通产业公益性及其与市场化关系的前提。这一部分主要阐述流通产业的内容和功能定位，作为引出产业属性及市场化要求的基础。

一　涵盖内容

　　马克思主义经济学将流通定义为联结生产与消费的中间环节，涵盖范围很广，在经济学中属于部门经济。传统意义上，流通以实体商品的交换为研究对象，对应的产业包括批发、零售业和物流业。随着现代服务业的发展，"服务"作为一种新的商品形态，改变了传统意义上商品仅限于物质实体的认识。就"服务产品"的流通过程而言，生产与消费的同时性是其一大特征。若以物质产品来衡量，则"服务"没有流通过程；但从流通对应于作为商流的交换过程来看，提供以交易为前提的服务商品，就自动包括了生产、流通、消费三个环节。由此，餐饮、住宿以及家政、美容、沐浴等社区服务业均可被纳入"大流通"的概念范畴下。

　　在行业管理实践中，传统"流通"产业主要涉及粮食、物资、供销、批发零售等领域，此外，饮食服务业、住宿业也被包括在内，在内外贸分割时期，前述领域均属于原商业部，后改为国内贸易部的行政职能范围之内；加入世界贸易组织（WTO）之后，为适应内外贸一体化的需求，我国于2003年将原国内贸易部与外经贸部合并，组建了大"商务部"，其职责内容覆盖了"国内贸易"与"流通产业"，并强调国内、国外两个市场相统筹。近年来，商务部又根据现实需要加强针对"商贸服务业"的制度建设，目前主要包括餐饮、住宿、家政、美容美发、沐浴、洗染、家电维修、人像摄影、会展等。从行政职能管理方面可以看出，以商务部为主要牵头部门的流通产业管理同样体现出"大流通"的理念。

流通业的这种范围变化与其职能提升有密切关系，随着社会生产力的提高，流通逐渐从被生产推动，转化为主动引领生产，并向生产和消费领域延伸，在国民经济中发挥着引导与支持作用。

二 产业功能定位

流通所针对的产品涵盖生产资料及各类消费品，承担了社会商品价值实现的功能，同时也是满足消费者需求的过程。流通作为生产与消费的联结，在现代经济社会中具有突出的功能。一般认为，流通是先导性、基础性乃至战略性的重要产业。

（一）先导性产业

一个产业的先导性应当体现为"先行发展"，即该产业应当在国民经济中率先发展，进而引导其他产业向特定战略目标发展。在 20 世纪 90 年代中后期，我国基本实现了主要商品的供求平衡或供大于求，卖方市场转变为买方市场。在这种条件下，生产性行业的经营活动由要素资源约束转向市场需求约束，即价值实现成为这些产业发展的关键。其中，契合市场需求、减少产品库存是必要条件。

由此，流通业的先导性功能就体现在，必须率先建立并完善遍布城乡、内外统筹的商品流通渠道，沟通产需，减少乃至杜绝存在市场需求，但因渠道不畅而造成滞销的情况。同时，流通作为更加接近消费端的产业，在把握市场需求上具有即时性、前瞻性。流通产业正逐渐发挥这种信息优势，由被动地接受并销售制造业部门已经生产的产品，转向更深层次地参与产品改良与创新，成为驱动制造业生产活动的需求引领者。

（二）基础性产业

基础性体现了一个产业在国民经济中所处的地位，通常情况下侧重于测度其他产业发展对该产业的依赖性，更广义的基础性则还需要衡量一个产业在经济总量、劳动就业、社会生活等多个方面的贡献度。

流通产业的基础地位首先在于对国民经济的支撑作用，这在物流基础设施上体现得尤为突出。在现代市场经济分工条件下，集中生产与分散消费之间的矛盾必须通过商品的地理性转移来解决，公路、铁路、港口、机场、仓库等物流设施因此成为保障国民经济运行的"动脉"和"泵站"。

与传统意义上的基础性产业，如农业、采掘业以及大型机械制造业等上游产业相比，流通产业的基础性不在于为社会经济生产提供有形的生产资料，而在于通过联结产需为现代生产分工体系突破地域范围限制和交易信息约束提供各种服务。与这些服务相关的流通产品已经广泛渗入到生产中下游环节乃至消费领域，无疑成为国民经济赖以正常运行的基础，也表现为流通产业与国民经济各行业都具有较高的关联度。

流通产业在社会经济中还具有更加广义的基础性职能，首先，流通业是一个与社会居民生活密切相关的行业，用于劳动力再生产的生活必需品通常都需要经过批零商业送达消费者，同时生活服务业也是流通产业的重要组成部分。其次，流通业在国民经济增长方面承担着重要的任务，多年来，我国社会消费品零售总额增速始终高于 GDP，消费需求已经成为新的经济增长点，在劳动就业方面，流通所涉及的大量服务业部门在吸纳城镇居民就业、提高城乡收入方面发挥着重要的作用。随着我国经济增长方式的转变和发展结构的转型，流通业的这种基础性特征还将得到更加深刻的体现。

（三）战略性产业

战略性强调的是一个产业对于国民经济发展、产业结构提升以及国家安全所具有的战略意义，是一个具有阶段性特征的相对概念。战略性产业可以包括支柱产业和主导产业，也可包括先导产业和基础产业，并且与一个国家的要素禀赋和社会经济发展阶段中出现的制约性因素密切相关。

将流通产业赋予战略性意义，主要是基于我国当前全面改革深化以及经济增长方式转变的特定要求。改革开放 30 多年来，中国经济持续快速发展，主要是依靠投资和出口来拉动经济增长。在新的经济形势下，扩大内需，尤其是扩大消费成为新的经济增长要求，统筹国内外市场、推进内外贸一体化的重心和难点，正逐步由参加国际产业分工转向通过构筑完整的供应链来提升本国制造产业的竞争力。在这一过程中，必然要形成联结产销的需求驱动机制，而流通产业的发展水平将直接关系到国内市场的开拓以及供应链环节间的协调。

与此同时，流通在推动经济转型、保持社会稳定方面具有特殊的重要意义。如果说城镇化进程的推进能够带来新的市场需求，而这种消费需求增长有助于实现产能结构的"渐进式"调整，那么与之相配套的流通体系建设就成为其中的关键内容。并且，流通产业是关系到居民日常生活的民生产业，保障供给、稳定物价既是全面推进改革的基本要求，也是保证国家安全的重要方面，这在粮食、原油等重要物资储备方面体现得尤为明显。因此，需要将流通产业的发展与保障提升到战略高度加以重视。

第二节　流通产业的竞争性

从产业组织理论角度来看，流通作为一个产业，总体上属于竞争性行业，价格、供求、竞争"三位一体"的市场机制是调节流通产业运行的基础，流通产业的市场结构总体上偏向于竞争性。

从产品由生产者到消费者这一流通的实现过程来看，流通产业的市场结构总体上更加接近于竞争性行业。对餐饮、住宿及生活服务行业来说，提供的是一种服务性产品，相互之间围绕这种服务性产品的质量和价格展开竞争。在商品流通领域则较为特殊，批发商、零售商之间既存在对下游客户的争夺，也存在对供货商的争夺。如果说对下游顾客的争夺是比较显而易见的，那么围绕上游供货商的竞争则是批零商业的销售活动作为一种服务性产品，在制造商实现产品价值的过程中加以提供的性质使然。也就是说，制造商就会根据不同批零企业所提供的渠道范围、促销服务、信息服务以及商业品牌，并结合它们以购销价差、通道费用等体现的分配渠道利润的要求进行选择，最终这种制造商选择产品销售渠道的过程将体现为流通商之间通过商圈、模式等商业要素而进行的相互竞争。可见，批零商业作为生产者和消费者的联结，其经营环境在本质上也是竞争性的。

流通产业在总体上具有竞争属性，并不意味着其流通领域中完全不存在市场势力导致的市场失灵。相反，流通产业的部分特征及行业惯例还会带来潜在的垄断势力。一方面，零售、餐饮、住宿、社区服务等直接面向消费者的行业具有典型的"商圈"属性，即企业可以通过地理位置的选择实现差异化竞争，这是形成垄断竞争型市场结构的天然基础。另一方面，这些企业可以通过连锁经营的方式，发挥品牌效应、规模经济，在提升经济效益的同时，也会出现边际成本递减的特征。此外，在供过于求的产消格局之下，拥有信息、渠道等多方面优势的下游零售商可能具有针对上游的市场势力。

流通产业这种总体上具有的竞争性与形成市场失灵的可能性，决定了政府干预重点通常不是简单的横向经营者集中，而在于调节流通行业在经营活动中所采用的行为方式，尤其需要注意与城市规划、社区培育的关系相协调，从而达到完善市场秩序、提升流通效率的目的。

第三节　流通产业的公益性

一　流通产业公益性的历史演进

流通产业公益性并不是一个突然产生的问题。从我国流通产业发展的历史实践来看，流通公益性问题是随国家经济体制改革变迁而演进，流通产业经历了一个完全公有，以市场化为主，到如今强调公益属性的过程。

在计划经济年代，各类流通设施和流通企业组织由政府所有，虽然在理论层面"流通"不被承认，但是流通功能在政府统一控制下发挥作用，全社会产品的流转、销售都由政府统一计划调配，流通领域内各项投资建设也均由政府提供，流通业的功能主要是为政府支配社会资源提供支撑和服务，以实现全社会利益的最大化。在这个年代，流通业（那时被称为商业）不具备市场属性，流通领域内的所有设施、产品及服务都属于国家所有。

改革开放后，我国经济进入转轨时期，产业放开，价格管制放松，社会主义市场经济体系逐步建立。流通产业作为最早实现"开放搞活"的领域，经营主体引入多种经济成分，越来越多的社会资本进入到流通产业，国有商业和供销社向市场化转型，国有资本逐渐退出，而被多种经营主体所取代。也就是说，经济体制改革的过程，也是流通产业转向市场化的过程。

经过三十多年的发展，流通领域大多为私人资本投资，"谁投资，谁管理，谁受益"成为流通产业运行的典型方式，甚至在流通基础设施领域，上述方式也是一种较为普遍的做法，这主要是在改革开放之初因政府财力有限，为解当时资金不足采取的一种应急措施，多年以来逐渐成为一种通行做法，而政府对流通领域的投入，尤其是对流通基础设施的投资则十分有限。随着经济水平的提高，流通产业发展迅速，对宏观经济的影响力日益扩大。与此同时，经济快速发展、人民生活水平快速提高，也对流通产业的运营能力、发展水平提出更高要求，正因为如此，凸显出流通领域内的公共产品供给不足，尤其是基础设施投入严重不足，主要表现在农产品批发市场、城市社区商业等方面，基础性设备和公共产品供给数量和服务质量滞后于社会公众需求，使流通产业本身应有的公益性功能未能得到很好的发挥。

在这种情况下，政府部门逐渐意识到在流通公益领域的政府"缺位"现象，开始重视流通产业的公益性特征，强化政府在流通领域的责任和职能。而这种流通公益性的回归集中体现在对农产品流通体系、城市社区商业设施、物流基础设施以及电子商务平台等方面。近年来，政府已着重在制度和政策等方面强调流通产业的公益属性，"流通公益性"出现在政府有关流通领域的各个文件和政策之中，其中在农产品批发市场领域，出台的政策措施最全面也最详细具体。例如，《国务院关于深化流通体制改革加快流通产业发展的意见》、《国内贸易发展"十二五"规划》、2014年中央一号文件等强调"增加政府对具有公益性质的流通基础设施的投入，建设和改造一批具有公益性质的农产品批发市场、农贸市场、菜市场、社区菜店、农副产品平价商店以及重要商品储备设施、大型物流配送中心、农产品冷链物流设施等，增加政府对具有公益性质的流通基础设施的投入"，使之具有"长期稳定提供成本价或微利公共服务，具有稳定市场价格、保障市场供应和食品安全等功能"。

二 推进流通产业公益性的必要性

在我国经济进入市场经济体系成熟期的进程中，尤其是强调发挥"市场在资源配置中起决定性作用"的背景下，讨论流通产业回归公益性并非是一种历史的回归，而是中国流通产业发展的必然要求，有其自身发展和存在的逻辑基础。现时情况下，讨论公益性重在强调政府回归流通领域的职能和责任，这对于中国流通产业持续健康发展和整个社会经济稳定发展都具有极为关键的意义。

（一）流通投入不足要求回归公益性

从历史角度看，流通公益性的回归是对流通领域内公共产品供给不足的补偿。一方面，长期受"重生产，轻流通"思想的影响，对流通基础设施公共性质的认识不足，政府对流通业投入十分有限，使我国流通基础设施供给滞后于社会需求。另一方面，改革开放以来，流通作为市场化领域，政府逐渐退出流通领域，国有商业和供销社商业全面转制，实行"谁投资，谁管理，谁受益"指导原则，像冷库、货场、专用线和批发市场等流通基础设施，多由私人投资经营，这些基础设施提供者因对利润的追逐导致更多地注重经济效益，而忽视了社会职能，在很多方面难以满足社会需要。

实际上，不仅仅是流通设施建设不足，城市社区商业也面临同样问题。随着城市化进程的加速，许多社区商业网点的支持政策被取消，原来的商业网点或因地价上涨导致租金过高而被改作他用，或因利润微薄等被拆除。对此，中国商业经济学会（2013）[①] 也指出我国流通基础设施经历了一个从政府全面主导到全面放开的过程，在由计划经济向市场经济转型过程中，政府对流通基础设施的投入不断减少，之前具备公益职能的流通基础设施，多数转为由企业经营。国务院发展研究中心任兴洲（2012）[②] 以鲜活农产品流通体系为例，认为我国流通基础设施薄弱，政府公共服务支持不足，这包括政府对鲜活农产品市场及流通基础设施建设和农业信息化的投入都偏低。

尽管在市场经济条件下，流通领域基础设施可以由私人和政府来提供，但大多数的基础设施都需要较大的资金投入且回报率低，市场往往供给不足。例如，农产品批发市场、冷链基础设施、环保设施、公共信息平台等，由于投资大，涉及面广，单纯依靠社会投资往往使得流通基础设施发展滞后，服务和管理水平较为低下。如张贵友（2009）[③] 指出，我国农村市场经营者投资能力有限，市场经营主体多数为小经营者，组织化和专业化程度较低，难以进行更多的基础设施建设，农产品流通基础设施建设投资市场化无法从根本上解决农产品销售问题。

因此，对于流通公益性认识的不足，政府对流通领域的公共产品供给和投入相应不足，使得我国流通基础设施无论从数量还是质量上都难以满足经济发展的需要，进而连带出现诸如农产品价格波动、质量安全、流通成本居高不下等一系列问题。因此，从这个角度来看，流通公益属性的回归，尤其是在流通基础设施方面的回归，增加政府在流通领域内的财政投

① 中国商业经济学会：《流通产业公共支撑体系研究综述》，《国际商报》2013 年 12 月 27 日。

② 任兴洲：《我国鲜活农产品流通体系发展的现状、问题及政策建议》，《北京工商大学学报》（社会科学版）2012 年第 9 期。

③ 张贵友：《我国农产品流通基础设施建设：问题与对策》，《中国社会科学院研究生院学报》2009 年第 1 期。

入，更多的是对历史遗留问题的补偿，通过新阶段的建设来改善流通领域内公共产品的供给状况。

（二）公益性成为弥补市场化不足的新路径

改革开放以来，我国流通领域实行了市场化改革，由于当时国民经济实力有限，很多应由政府承担的活动交由市场运作，虽然实现了效率，但是也带来很多问题，企业作为"经济人"以追求利润最大化为目标，因而在很多基础领域忽视了流通产业的公益性职能，从而造成流通环节费用高、百姓基本商业需求难以满足等问题。

因此，从现实发展来看，流通公益性回归更多的是对现实流通问题的回应。当前流通领域，特别是在基础性流通设施中，过度商业化和市场化运作方式，流通公益性的缺失，造成了当前流通领域成本居高不下等问题，而这些问题的解决，在很大程度上依赖于流通公益性的回归，通过政府在流通基础设施领域的投入来寻找解决问题的新路径。在这方面，农产品批发市场的建设体现得较为明显，如徐柏园（2011）[1]指出，农产品市场出现的问题与流通领域中公益性缺失极为相关，政府应承担必要责任，使批发市场成为一个为市场服务的公共事业。

第一，市场化运作的流通基础设施，特别是农产品批发市场公益性的缺失，无法为政府提供宏观调控的抓手，尤其是政府在对农产品市场价格平稳性控制方面缺少抓手。仅依靠市场自我调节，使市场产品价格出现频繁波动，特别是对于本身就受到各种外部因素影响具有很强不确定性的农产品批发市场来说更是如此。在这样的市场结构中，缺少政府对于市场的平稳控制后，价格的频繁波动就时常出现了，甚至农产品流通呈现出产地和销地价格的"非对称性"格局，即使政府事后意识到问题也往往缺少合法的干预路径和抓手，难以稳定市场供给和价格。正如安玉发（2012）[2]指出，市场中甚至有部分短期投机"炒作"农产品导致农产品价格不稳定。因此，如何能够平抑物价，保障市场的稳定供给，考验着政府对市场的调控，而这又依赖于政府能够获得对市场进行调控的抓手。

第二，在"谁投资，谁管理，谁受益"原则下实施市场化运营，在

---

[1]　徐柏园：《公益性：农产品批发市场性质的正本清源》，《中国流通经济》2011年第5期。

[2]　安玉发：《鲜活农产品流通体系建设强化公益性特征》，《中国农民合作社》2012年第1期。

很大程度上推高了农产品流通成本，导致农产品价格的不合理上涨。目前，以农产品批发市场为代表的流通基础设施建设，主要依靠私营主体投资，在利润刺激下，为回收投资，批发市场中的摊位费、交易费和其他各种费用也日益高企，导致场内经营商的运营成本上升，进而将这些成本转嫁到终端消费者身上，推高了普通消费者的生活成本。现时，在农产品批发市场中所形成的流通成本主要包括批发市场管理费用、摊位费、进出场费、税费、人工费、代理费、储运费、水电费、停车位费以及农产品的损耗费等类型。而据一些调查显示，这些市场管理费和摊位费等各类费用在整个流通成本中占有相当比重，大部分农产品流通中批发环节所占的成本比例在30%—40%之间，个别产品的成本高于这个水平。如孙侠（2008）调研了从山东寿光到辽宁大连的茄子价格形成过程，发现批发环节的成本占总成本的比例为47.7%。[①] 由此，人们认为如果政府将农产品批发市场等流通基础设施纳入公益领域，将大大减少相应的费用进而降低流通成本。对此，安玉发（2012）认为改革开放以来政府对农产品流通"放任自流"，流通基础设施被私人和投资基金收购或控股，追求较高投资回报率，增加了市场管理费，推高了农产品流通成本。

第三，流通领域市场化运作方式也使食品安全监管成为新问题，农产品质量保障服务供给不足。尽管《中华人民共和国农产品质量安全法》规定"农产品批发市场应当设立或者委托农产品质量安全检测机构，对进场销售的农产品质量安全状况进行抽查检测"，但实际上进行自检的农产品批发市场仅占总数的76.1%[②]，因为农产品批发市场并没有充分的激励来强化农产品质量检测，农产品质量检测原本属于一种为社会公众服务的功能，需大量投资，而流通基础设施的市场化弱化了批发市场本应具有的公益性职能，使食品安全保障的公共服务供给不足，因为政府对批发市场质量安全检测设备的投入不连续，过高的检测成本和检测人员工资支出增加了企业的负担（安玉发，2012）。[③]

总体上看，流通领域基础设施公益性不足，使当前农产品市场中出现

① 孙侠、张闯：《我国农产品流通的成本构成与利益分配——基于大连蔬菜流通的案例研究》，《农业经济问题》2008年第2期。

② 商务部：《2009年流通领域食品安全调查报告》。

③ 安玉发：《鲜活农产品流通体系建设强化公益性特征》，《中国农民合作社》2012年第1期。

了流通成本高、市场价格波动频繁、农产品质量安全问题。所有这些问题都与流通市场公益性缺失有着极大的相关性。如何解决这些问题，也在于需要强化政府对于流通基础设施领域的介入，建设一批公益性的流通设施，使农产品批发市场等流通设施承担更高的社会公益性功能，为农产品市场流通更多基本保障和更好的服务，从而降低农产品的流通成本，解决农产品流通困局。对此，赵海燕（2000）[①]、金赛美（2007）[②]、米新丽和李志博（2013）[③] 等研究过程都表达了类似观点。

三 流通产业性质和功能决定其公益属性

流通产业的公益性特征是与其基础性、先导性和战略性的产业性质紧密相连的。当前流通业日益成为国民经济的基础性、先导性产业，承担了越来越多的社会功能，其公益属性也随之愈加突出。

2012 年，国务院发布《国务院关于深化流通体制改革加快流通产业发展的意见》（国发〔2012〕39 号），提出"流通产业已经成为国民经济的基础性和先导性产业"，对此，中国商业经济学会（2013）[④] 提出，流通业作为联结生产和消费的中间环节，是扩大内需、引导生产的先导性产业，具有极强的基础性和公益性特征。宋则（2014）[⑤] 认为，我国商贸流通服务影响力不断增强，特别是间接影响力贡献、外溢效应日渐突出，这对应的则是流通的公益性属性。长期以来，政府比较重视商贸流通领域充分竞争的一面，强调其市场性，在很大程度上忽视了其间接影响力的公益性贡献，因此，为使这种功能得到可持续发挥，应当将其纳入公共财政长期预算范畴，使外溢效应得到适当补偿。

随着现代化大工业生产时代的到来，经济发展进入"有效需求不足"阶段，提高资金周转率、商品周转率以及物流效率等，成为促进经济增长的重要手段，因此建立完善的商品流通渠道，减少乃至杜绝存在市场需求但因渠道不畅而造成滞销的情况，成为必要条件和运行保障。我国经济总

---

① 赵海燕：《中国农产品批发市场体系发育问题研究》，硕士学位论文，华中农业大学，2000 年。

② 金赛美：《现代农产品市场体系构建研究》，博士学位论文，华中农业大学，2006 年。

③ 米新丽、李志博：《我国农产品批发市场公益性建设思路及实现途径》，《物流技术》2013 年第 9 期。

④ 中国商业经济学会：《流通产业公共支撑体系研究综述》，《国际商报》2013 年 12 月 27 日。

⑤ 宋则：《推进国内贸易流通体制改革、建设法治化营商环境》，《中国流通经济》2014 年第 1 期。

体上已进入买方市场阶段，消费者需求成为引导生产的驱动因素，流通作为最接近消费端的产业，在把握市场需求上具有即时性、前瞻性，而流通产业正充分发挥这种信息优势，由被动地接受并销售制造业部门已经生产的产品，转向更深层次地参与产品改良与创新，成为推动制造行业生产活动的需求引领者，由此需要让一部分特定主体专门执行公益性流通职能，提升政府公共服务、市场监管和宏观调控能力（马龙龙，2012）。①

与公益性相关的则是流通产业本身具有的民生产业性质。流通产业是一个与社会居民生活密切相关的行业，一切用于劳动力再生产的生活必需品通常都需要经过批零商业送达消费者，同时生活服务业也是流通产业的重要组成部分，因此流通产业在很多方面承担着满足人们基本生活需要的社会功能（中国商业经济学会，2013）。② 以城市社区的菜市场为例，每一个市民的日常生活都与这些基础性的流通设施密切相关。梁键（2013）③ 也指出，农产品批发市场关系到居民的基本生活，如果农产品批发市场功能缺失或定位不准或管理不当，会导致生活质量和水平受到严重影响。所以，流通产业关系到居民日常生活，是关系国计民生的基础产业，是直接面向消费者的服务性行业。

因此，流通产业发展的新特征、新趋势，使其成为先导性产业和民生产业，承担了越来越多的公益性职能，社会对流通产业的发展也提出了更高要求和需求，流通公益性的回归能够更好地发挥这一职能。

四 流通产业公益属性的表现方面

流通产业不仅具有竞争性的一面，而且具有公益性特征。流通产业的公益性是就其功能而言的，强调的是产业运行效率和结果对社会总体福利有着广泛的影响，其在很大程度上关系到整个公众利益，实质上是流通产业在完成其自身职能的过程中产生外部性的表现。流通公益性也即是流通产业运行过程中的大量活动及其结果都具有"正外部性"的特征。具体如下：

第一，社会产品流通过程的运行关系到生产者能否实现商品的价值，消费者的需求能否得到有效满足，进而整个社会经济的生产与再生产过程

---

① 马龙龙：《组建流通国家队，引领流通业改革发展》，《中国经济时报》2012 年 9 月 24 日。

② 中国商业经济学会：《流通产业公共支撑体系研究综述》，《国际商报》2013 年 12 月 27 日。

③ 梁键：《我国农产品批发市场的公益性及发展对策思考》，《商业时代》2013 年第 26 期。

能否顺畅地进行循环。这种产需之间相互对接的过程，成为各个产业部门内生产调整乃至产业结构变化的基本动因。流通过程作为联结产销的环节，是直接体现市场机制效应的领域，也是流通领域公益性在稳定供求方面的具体表现。

第二，流通产业的运行和流通过程与社会财富分配密切相关。围绕特定商品的生产者、中间商、消费者之间通过价格的纽带联系在一起，交易价格直接影响着流通主体的收入和成本，而流通主体的收入和成本可以采取场地费、管理费等广义的非利差价格形式，因此这种广泛影响也体现出流通产业的公益性。

第三，流通手段与技术水平还关系到物质资源的利用效率。大部分实体商品的流通环节都涉及由生产者到消费者的运输、仓储和装卸过程。在商流与物流相分离的情况下，通过集中化统筹的物流运营、共同配送等方式来提高规模经济，降低这一过程中的资源消耗和产品破损。同时，冷链物流、集装箱配送等现代化流通手段的使用，也将降低流通过程对社会物质财富的浪费。因此，流通领域公益属性关系到整个经济社会运行与自然环境资源的使用。

第四，基于满足需求的公益性作用。满足最终消费需求是流通产业的一项重要职能，由此会产生明显的外部性作用。从宏观层面看，消费需求的满足直接关系到劳动力的再生产和人力资本的形成，对于整个社会经济的可持续发展是不可或缺的。从微观层面看，满足居民消费需求是推进城镇化建设的重要保证，便利化的商业设施在城镇规划和社区新建过程中起着必不可少的配套作用，进而有利于推动城市布局优化。

第五，基于实现销售的公益性作用。流通产业的职能是承接制造业产出的产品（进入流通环节称为商品）并销售给最终消费者。在这一过程中，流通产业能够为上游制造商提供有助于产品改进的需求信息，大型零售商以订单方式，直接参与商品设计和生产，促进产品创新，实现流通主导生产。与此同时，通过流通产业的集采分销与专业物流，有效节约社会流通成本，提高流通效率。进一步地，流通领域的产销对接必然包含商品价格形成的过程，这种价格信号既能够促进生产部门调整生产结构，也能够发挥引导产业结构优化的作用；并且，在农产品等具体领域中，价格信号对于保障生产和供应，维持市场稳定，具有重要的指导性作用。对于农产品批发市场来说，作为农产品流通的重要载体，是市场经济中的独立行为主体,同时因农产品生产的季节性和波动性等原因,不仅要保障供应,还涉及产品集散、信息服务、价格调控、应急供给保障、产品质量安全等多个方面,不仅关系到农产品市场的基本供给问题,还关系到社会的大众的公共利益。由此可见,流通产业具有较强的公益职能,这也决定了其在运行过程中需要政府采取一定的方式进行调控,政府也有责任和义务对流通产业的公益性内容进行支持和合理介入,在更大程度上发挥其社会功能,从而达到稳定社会经济运行、提高资源配置利用效率以及保障特定群体利益目的。

第四节　流通产业的市场化

流通产业市场化源于产业本身具有的竞争性。竞争是市场机制重要组成部分,市场正是通过价格、供求、竞争三位一体的互动来实现资源配置的一种手段。市场机制在制度和法律约束下为市场主体提供公平的竞争环境,能够释放生产力,促进经济效率的提升。"市场化"则是指引入市场机制,以需求为导向,通过竞争实现优胜劣汰和资源优化配置的过程。

由于大多数产业都具有竞争性,因此要求市场机制在产业运行过程中发挥主导作用。就我国经济体制改革来看,由传统计划经济转向市场经济,目前市场经济体系已经基本建立,尚处于不断完善阶段,因此多数产业仍处于"市场化"进程之中。这里的市场化包含两层含义:第一,对于采用市场机制配置资源更有效率的领域,政府逐渐退出,市场机制成为主导;第二,对于需要政府提供支持保障的领域,由行政调拨等直接命令式的干预向财政金融政策、国有企业经营、政府购买服务等依托市场机制的方式转变。需要强调的是,市场化不仅是政府和市场之间职能划分的结果,还在提高政府参与效率的方式选择上具有导向性意义。

第五节　流通产业公益性与市场化的关系

流通产业公益性要求政府提供必要的支持和保障,其中的关键要素是政府参与或干预的内容界定,即哪些部分由政府承担,哪些部分应交给市场；市场化的目的是充分发挥市场机制配置资源的作用，这是市场经济的基本要求，也是市场经济体制下政府参与经济活动的总体取向。公益性与市场化之间的关系涉及政府与市场、公平与效率等基本命题，有着深刻的政策含义；同时，在我国改革开放和建立成熟市场经济体系的大背景下，又有着特殊而重要的意义：既要改变政府"大包大揽"，又要避免"过度市场化"；在政府应当履行职能的领域，既要适度干预，注重公平，又要避免"越位"，发挥市场机制作用，提高效率。因此，充分研究流通公益性和市场化的内在关系，是政府介入流通公益领域，合理干预流通活动，进而深化流通体制改革，加快流通产业发展的基础和根本要求。

基于公益性和市场化的关系，明确政府和市场的边界，改进政府参与方式，是提高流通效率、促进流通业持续健康发展的前提和关键。

一是界定流通领域公益性内容。一般来讲，公益性产品主要涉及公共产品领域。而且随着社会经济水平的提高，人们对公共产品的需求增长快于对私人产品的需求，因此，不断有私人产品转化为公共产品，导致公益性产品内容逐渐扩大。根据前期研究成果，课题组认为，现阶段流通产业公益性产品基本包括：①基础体系（宏观政策和法律法规等）；②保障体系，涵盖基础设施（储备设施、物流园区建设等）、回收体系（废旧物品回收）以及基本保障体系（重要商品储备）；③平台体系，包括实体运行体系（批发市场等）和虚拟运行体系（商务平台等）。

二是改进政府参与流通活动的方式。政府应当采取怎样的方式参与经济活动，是政策实践无法回避的关键问题，但对于这一问题的认识仍在不断深入和反复过程中。从我国流通产业发展现状来看，政府"缺位"与"越位"并存，尤其在行政领域越位严重，因此导致社会对政府是否应当参与流通公益性领域存在质疑，实际上这是对政府参与方式与政府责任的混淆，即把不恰当的参与认为是内容上的"越位"。由此，课题组认为，应当从三个层面考虑政府参与的方式：①对政府应当参与且当前正在参与的领域，分析其参与方式的合理性；②对政府"缺位"领域，采取合理方式积极介入；③对"越位"领域，理清根源，及时归位，放权给市场，充分发挥市场机制作用。

以发展的眼光来看，未来流通领域中由政府直接干预的内容将逐渐减少，将主要体现在竞争秩序的维护和法律规范的健全；更多的公益性设施与公共支撑体系建设职能将以引入市场化的提供方式来具体运作。

第三章　流通产业公益性产品构成

认识流通产业的公益性和市场化之间的关系，划定政府与市场之间的边界，其核心的落脚点在于如何确定流通公益性的内容和范畴，政府如何以恰当的方式介入流通产业。因为流通产业公益性要求政府提供必要的支持和保障，这关系到政府参与或干预的内容划定；市场化的目的是充分发挥市场机制配置资源的作用，是市场经济的基本要求，也是市场经济体制下政府参与经济活动的总体趋向。在政府应当介入的领域，既要适度干预，注重公平，又要避免"越位"，发挥市场机制作用，提高效率。因此，首要任务是理清流通产业公益性产品内容，进而确定政府介入的方式。

第一节　公益性产品

一　公益性与公益性产品

"公益性"重点描述的是满足公众利益这一突出属性。从经济学角度来看，公众是具有不特定性的受益对象，因而公益性主要表现为较强的"正外部性"。"公益性产品"是指实现公益性目标的产品（包括有形产品和无形产品，下同），是公益性的现实体现。根据"公益性"的特征，这些社会产品应当具有不特定的影响范围，能够产生较大的"正外部性"。在这里，"外部性"特征都是相对于"核心功能"而言的，是指要在实现自身职能或发挥自身功能的过程中，对核心受益主体以外的对象产生影响。现实中的公益性事业通常都具有这样的性质，例如对于贫困儿童的教育资助，其受益的核心对象是这些儿童本身，但是在他们得到教育的同时，所带来的整个社会的文化道德修养和公民素质提升，则有着更加广泛的积极意义。

二　公益性产品与公共产品

公益性产品与"公共产品"（或称"公共物品"）的概念较为接近，但两者既有联系又有区别，不能完全等同起来。

从一般意义上讲，公共产品的概念强调非竞争性与非排他性。非竞争性是指一个人对产品的使用或消费不影响其他个体从该产品中获得的效用；非排他性是指一件产品无法排除特定个体的使用，无法收费是现实中主要的体现。与公共产品相对应的是"私人产品"，是指一个人消费之后其他人便不能再次消费的产品，这一类产品具有典型的竞争性和排他性。在公共产品和私人物品之间，还有一类"准公共产品"。这一类产品可以具有排他性而不具有竞争性，被称为"俱乐部产品"；也可以只具有竞争性而不具有排他性，如大部分的公共资源。"拥挤性"是准公共产品的常见特点，即只有在一定范围内增加消费者并不增加使用成本，不构成对其他人的损害；若超过一定人数范围，再增加一个人的消费，将减少原有的消费者的效用。城市基础设施、市政服务、公共服务、供水供电、邮政电信、医疗卫生以及教育服务等均属于此类。但是在现实中，"非竞争性"、"非排他性"概念具有相对性，在某种程度上甚至与产品本身的供应数量有关，所以这种从属性特征角度给出的界定常常难以把握。由此，以布坎南为代表的学者又进一步提出将公共产品定义为由政治制度实现需求与供给的物品，公共产品的归属取决于社会文化、路径依赖乃至意识形态。这种理解思路很好地解释了许多国家将基本教育、医疗等具有私人产品性质的产品或服务纳入公共产品提供的现实，也说明了公共产品与社会发展之间的关系。

公益性产品注重强调产品的"正外部性"特征，关注这种正外部性的发挥。着眼于这种核心功能以外的正外部性，考察其与公共产品的竞争性、排他性两大特点相结合的情况，可以有不同的情形出现。例如，高校的讲座课堂在不拥挤的情况下，可以允许社区居民旁听，从而在学生等核心受益对象得到知识的同时产生正外部性，这是许多公益性讲座达到社会教育目的的现实案例。与公共产品的特征相结合，多一两名听众并不影响这种正外部性带来的效用大小，即具有非竞争性；并且，开放课堂若不设置收费进场环节，也同样具有非排他性。但若听众数量过多，由此带来的拥挤就会影响到听讲的效果；同时，若讲座采取仅限特定社区成员进场等措施，也可以使这种外部性的发挥具有排他性。也就是说，就一件产品的正外部性而言，其让公众受益的竞争性、排他性特征会因为现实条件的不同而有所差异，进而这件产品本身是否属于公共产品的属性也并非绝对。但从推动公益性事业的角度来看，对于可能产生竞争性结果，或可以采取排他性措施的公益性产品，要通过改善条件、降低门槛等措施，增加供应，进而降低竞争性、取消排他性，使之成为一种公共产品，强化其正外部性发挥，从而达到有利于社会公众的目的。

与此同时，公益性产品与公共产品又有着密切的联系。由于公益性产品存在"正外部性"，从提供者的角度看，就有动机将外部受益内部化，即对外部受益者采取排他性的收费措施来获得更多的盈利；从受益者的角度来看，具有正外部性产品出现之后，随着认识范围的扩大，如果对享受者的数量不加以任何限制，常常就会出现"拥挤"而带来竞争性。因此，公益性产品不可避免地会涉及排他性和竞争性的问题；进而，在提供公益性产品的方式上，就不可避免地要涉及政府提供公共产品和公共服务这一基本的经济学理念。

总之，公益性产品与公共产品在侧重点上存在差异，但其所针对的对象主体又常常在性质特点上有所重叠，两个概念是从不同角度来认识特定产品。提供公益性产品的目的在于发挥其正外部性，而这种发挥正外部性的过程会涉及竞争性与排他性，由此产生公共产品、准公共产品与私人产品之间的属性划分问题。这一点与前述有关公共产品属性在现实中难以准确划定的讨论是相印证的，其落脚点同样也在于公共产品或公益性产品的提供上。因此，在研究关于公益性产品的相应政策时，必须结合公共产品的概念来加以考虑；同时类比公共产品的研究方式和思路，也可以为认识公益性产品提供有效的途径。

三 公益性产品特征

由于公益性主要体现为对不特定的受益对象具有"正外部性"，所以将"公益性"作为基础的"公益性产品"，就与受益对象的范围以及由此带来的对正外部性的认识密切相关。结合公益性产品与公共产品的概念联系，可以归纳为层次性和阶段性。

（一）层次性

受益者对象的范围性决定了公益性产品的层次性特征。据此，公益性产品可以分为国家范围内的公益产品和全球范围内的公益产品。

国家性公益产品的受益者通常在一国范围之内。类比公共产品的层次分类，可以包括集体性公益产品、地方性公益产品和全国性公益产品。集体性公益产品对应于由某个集团提供、受益范围为该集团成员的公共产品；地方性公益产品对应于某个地区提供的公共产品；国家层面的公益产品对应于由国家提供的、全国人民受益的公共产品。全球性公益产品也存在层次性，可分为国家间（至少两国以上）的公共产品、区域性公共产品和全球公共产品。

需要注意的是，公益性产品的层次性并非绝对，同一种公益性产品也会因为特定情况中涉及的对象范围不同而属于不同的层次。例如社区范围内的基础设施，其受益对象一般只限于社区居民；若是城市功能区进行调整，通过新建居民社区、工业设施搬迁等方式优化布局，则建设社区基础设施就具有了推进城市整体建设的意义，其受益对象也会因此而扩大。

（二）阶段性

随着社会经济水平的提高，人们对公益性范围的认识会发生变化。在基本生存需要得到满足之后，人们的需求结构会发生相应变化，突出表现为由注重物质需要转变为注重精神需要，由单一需求转变为多样化需求，从而需求层次由较低水平提升到较高水平。在这一过程中，人们会更加关注社会的整体发展水平和发展质量，进而强调这种整体发展过程带给全体社会成员的物质生活水平提升和精神满足。在这一意义下，医疗、教育等原本具有私人产品特征的商品或服务就越来越多地被社会赋予公益性质，其本质在于为社会弱势群体提供这些服务的事业能够为社会全体成员带来共同的福祉和满足。由此，公益性产品的内容将随着社会的发展而逐渐扩大。当然，这种扩大必然要以相应的资源投入与提供能力的增长为支撑，这种约束就体现为公益性产品的阶段性特征。

值得注意的是，从公共产品角度来看，一个社会在提升公益性产品供给能力过程中，具有"正外部性"的公益性产品所具有的竞争性就会降低，并且采取排他性措施的必要性也会减少，因而公益性产品将越来越体现出公共产品的特征。其经济学表现是，公共产品需求的收入弹性大于私人产品，即随着收入的增加，人们对公共产品与私人产品的需求都会增加，但所需公共产品的数量增加会更加明显。由此可见，不论是就公益性产品受益者不具有特定的属性来讲，还是就公共产品私人提供的低效率而言，都需要采取一种公共机制来实现这一类产品的供给，从而满足社会全体成员的需求。由政府组织或协调，建立良好的公益性产品或公共产品的供给机制并增加其供给，将是国家经济持续发展的要求和结果。对于经济快速发展的国家来说，常常出现公共产品相对于私人产品更为短缺的现象，其本质就在于公共产品的供给水平与发展阶段不相适应，而对公益性认识的范围扩大带来公共产品范畴的扩张，是其中的一个重要原因。

第二节　流通产业公益性产品内容

流通产业公益性归根结底体现为整个行业对优化农业、制造业生产资源配置，满足居民消费需求的作用；但这并不意味着需要将流通产业作为纯粹的公益性行业来运作，这是由其本身所具有的竞争性所决定的。由此带来的问题是，流通领域中哪些职能具有公益属性需要政府介入？

这里主要从以下几个方面提出原则。第一，具有明显公共产品属性。在这种情况下，所形成的产品、服务或中间成果的受益对象有几种可能：范围较大且具有不确定性（非排他性），本身可以认为具有"公众利益"属性的；受益对象本身能够确定，但属于弱势群体，无力承担成本投入的；需要在其他方面引导受益对象的行为，不加以补偿无法达到目的的。第二，需要以强制性方式推行以达到全局性目的，即经济学意义上具有规模经济、范围经济的内容，也包括维持整个流通产业正常运行所必要的制度基础。第三，市场主体自发行为难以达成，一般是协调成本过高，需要第三方力量加以组织的。

关于流通公益性产品内容，不少学者对此进行了相应研究。赵荣和钟永玲（2008）[1]认为，流通公益性建设的主要内容包括信息服务、公益性基础设施建设，以及农产品质量监管包括农产品质量分级分类包装标准体系、质量检测体系、产品认证体系和质量监督制度等。宋则和王水平（2012）[2]指出，我国流通领域公共产品主要包括流通业安全评价预警体系，农产品批发市场，农产品安全可追溯体系建设，废旧消费品回收，城市基层社区商业服务业项目等。马龙龙（2012）[3]认为，流通公益性核心建设内容包括农副产品批发市场的投资，冷链仓储、物流系统的投资，农

① 赵荣、钟永玲：《农产品流通体制改革三十年回顾与展望》，《农业展望》2008年第12期。
② 宋则、王水平：《流通领域公共产品的界定及供给方式》，《中国流通经济》2012年第12期。
③ 马龙龙：《应将政府投资转向流通领域》，《国际商报》2012年10月22日。

副产品市场信息系统的投资等。中国商业经济学会（2013）① 则认为，流通产业的公益性项目或产品主要包括法律政策制度、流通基础建设如农产品市场体系建设、物流园区、条块统筹完善环节衔接、流通标准体系和信息化建设、冷链物流基础设施建设等。一般来看，流通公益性的主要切入点和内容主要集中在产业安全防护、农产品批发市场、冷链基础设施、公共信息服务平台、交通设施、物流设施、安全质量平台、流通标准化、城市社区商业设施等方面。

具体来看，流通产业公益性产品应具备以下作用和功能。

一　流通产业公益性产品的作用表现

从总体上讲，流通产业的核心功能是将商品从生产者领域到消费者手中的价值实现过程，通常包括商流、物流、信息流三大方面。在完成这一核心任务的同时，产业运行过程中的大量活动及其结果都具有"正外部性"的特征，这些活动本身或者承载实体可以被归为流通产业公益性产品。总的来说，流通产业公益性产品的作用主要表现在以下几个方面。

（一）基于满足需求的公益性作用

流通产业的一项重要职能是满足最终消费需求，由此也会产生明显的外部性作用。从宏观上看，消费需求的满足直接关系到劳动力的再生产和人力资本的形成，对于整个社会经济的可持续发展而言是不可或缺的。从微观上看，满足居民消费需求是推进城镇化建设的重要保证，便利化的商业设施在城镇规划和社区新建过程中起着必不可少的配套作用，进而有利于城市布局乃至国家经济水平的整体提升。

（二）基于实现销售的公益性作用

流通产业的活动承接了制造业环节完成生产的商品，具有履行销售的职能。在这一过程中，流通产业能够为上游制造商提供有助于产品改进的需求信息，甚至以零售商品牌的形式直接参与商品设计和发包生产，起到促进创新的积极作用。与此同时，通过流通产业的集采分销与专业物流，能够有效节约社会流通成本。进一步地，流通领域的产销衔接包含商品价格形成过程，这种价格信号既能够促使生产部门调整生产结构，也能够发挥引导产业结构优化的作用；并且，在农产品等具体领域中，价格信号对于保障生产，维护国民经济正常运行还具有重要的基础性作用。

---

① 中国商业经济学会（2013）。

二 流通产业公益性产品的层次性

公益性产品因为其"正外部性"涉及对象的范围不同而具有层次性，流通产业公益性产品在层次性上也有所体现。

（1）全球性流通产业公益性产品，主要包括能够用于国际救援的粮食储备系统，服务于跨国公司的物流基础设施以及跨境电子商务平台体系。

（2）全国性流通产业公益性产品，主要包括宏观性的发展规划、产业政策与法律体系，全国性应急物流和重要商品储备体系以及各类辅助运行设施等。

（3）地方性流通产业公益性产品，主要包括农产品批发市场、地区性物流基础设施以及废旧物品回收等。

（4）集体性流通产业公益性产品，主要包括社区商业和社区生活服务业。

三 流通产业公益性产品内容范围

综合来看，从流通产业的具体内容上讲，目前认为具有公益性的产品主要包括以下几个方面。

（1）满足基本生活需要的流通产业公益性产品，主要包括社区商贸和社区服务业等。

（2）保障国家安全需要的流通产业公益性产品，主要是指粮食、原油等重要战略物资储备以及应急物流体系。

（3）支撑产销活动开展的流通产业公益性产品，主要是指能够提高流通效率、节约社会成本的硬件设施和软件平台，包括道路、仓储等物流设施，农产品批发市场，各类追溯体系，信息平台等；新型流通技术的开发与应用，以及废旧物品回收（逆向销售与物流）等也属于这一范畴。

（4）优化经营活动环境的流通产业公益性产品，主要包括产业规划、产业政策、法律体系、技术标准等。

目前，相对于经济发展水平而言，我国流通产业公益性产品呈现总体供应不足态势。由于多由私人部门直接提供流通产品与服务，使得流通产业的公益性无法得到有效体现，这种以追求营利为主的提供方式也造成了产业功能上存在一定程度的偏差。未来，我国应当增加流通产业公益性产品的供给，适应新形势下政府发挥公共职能的要求。与此同时，在开放经济条件下，国家间经济联系日益紧密，各国对公共服务、公共安全等全球公共产品的需求愈加强烈。我国作为负责任的大国，还应当在维护国家主权的同时，通过加强和国际非政府组织合作与强化区域合作，积极参与全球公共产品供给。①

第三节　政府职能转变下流通公益性产品

流通公益性的实现，实际上是实践中采用什么样的方式介入流通产业，使其能够以最大效率保障公益性。这涉及如何改进政府参与流通活动的方式，下面首先来看一下公共产品的提供方式，然后具体分析政府介入流通公益性产品的方式。

流通公益性涉及的是政府在流通领域的职能问题，强调政府在新时期应该强化其对于流通领域基础设施等公共产品和公共服务的投入力度。实际上，流通领域内的公共服务供给诉求和转型与我国政府职能转变紧密相关。一方面，经过三十多年的改革开放和发展建设，我国经济实力、综合国力显著提高，财政实力显著增强，公共服务供给能力日益增强，日益强调为整个市场和产业提供更多的公共服务。政府开始有实力和能力对流通产业过度市场化部分进行校正，对公益性内容进行合理介入，充分发挥其在百姓生活方面的基础作用。而当前政府也正在向服务型政府转变过程中，政府服务功能日渐强化，如何提供更好更多的公共服务越来越成为政府的工作重点和主要职能，政府自身的主导能力不断增强，政府自身的这些转变为进一步推进流通产业公益性建设提供了良好的基础条件。对此，姚立等（2006）②强调，政府应加强对流通基础建设的投资和建设，基础设施建设是政府的职责和服务内容所在。另一方面，从经济学角度看，在流通领域，一些基础性的流通设施往往属于纯公共产品或者准公共产品，具有正外部性或者公益性特征，其被生产出来之后，一般能够为其他的社会成员所共同享有。如刘雯、安玉发（2010）③，赵尔烈（2008）④都认

---

① 朱忠萍：《农村公共产品供给的法律保障研究》，硕士学位论文，湘潭大学，2009 年。
② 姚立、吴霞、许莲洁：《中国流通产业发展与公共管理建设》，《北京工商大学学报》（社会科学版）2006 年第 5 期。
③ 刘雯、安玉发：《基于功能分解的农产品批发市场经济性质评价研究》，《经济与管理研究》2010 年第 10 期。
④ 赵尔烈：《我国应投建公益性的现代化农批市场》，《中国市场》2008 年第 12 期。

为，农产品批发市场具有"准公共产品"的特征。刘雯、安玉发（2011）[1] 还对流通领域内准公共产品的基本特性进行了分析，进一步指出农产品批发市场公益化的发展方向。徐振宇等（2010）[2] 也认为，农产品批发市场是具备公益性的"准公共产品"，应加强农产品批发市场的公益性建设。戴巧玲（2013）[3] 也认为，农产品批发市场属于公共性基础设施，在建设过程中应以政府投资为主导，提供食品安全检测、价格监管、政府应急保障等公共产品。刘雯（2011）[4] 也详细区分了批发市场中哪些设施是属于纯公共产品和准公共产品。

因此，流通领域社会产品存在公共产品和准公共产品之分，这些公共产品具有极强的正外部性，应被纳入政府的公共服务之中由政府所提供，大体来看，流通产业安全防务、产品质量安全、废旧物品回收为纯公共产品，流通基础设施，包括流通载体（如公路、水路、管道等）和转运集散站（如批发市场、集贸市场、物流中心、港口等）为准公共产品，而流通市场中的商业法律、法规、政策的制定和执行，则为一般性公共产品（宋则、王水平，2012）。[5]

从公共产品的角度来看，市场力量难以提供有效的公共产品，而流通产业基础设施的公共产品属性使其具有非竞争性和非排他性的特征，其产生的效益为社会共享，是具有正的外部性的公共产品或准公共产品，对于这类公共产品来说，应该强化政府的责任（马龙龙，2012；[6] 陈丽芬，2012）。[7] 一方面，政府如何介入流通产业主要是指如何在流通领域内提供公共产品，也即公共产品的提供方式。从经济学和公共管理理论来看，公共产品的提供方式日益呈现多样化，大方向包括政府供给和私人供给，但逐渐区分供给和生产间的界限，也即公共产品虽然是由政府的责任提

---

① 刘雯、安玉发：《加强公益性建设是中国农产品批发市场发展的方向》，《农村经济》2011 年第 4 期。

② 徐振宇、赵烨、刘雯等：《基于功能分解的农产品批发市场经济性质评价研究》，《经济与管理研究》2010 年第 10 期。

③ 戴巧玲、吴师师、刘纯阳：《稳定菜价再思考：基于公益性批发市场建设的视角——以长沙市马王堆蔬菜批发市场为例》，《南方农村》2013 年第 6 期。

④ 刘雯：《农产品批发市场公益性问题研究》，博士学位论文，中国农业大学，2011 年。

⑤ 宋则、王水平：《流通领域公共产品的界定及供给方式》，《中国流通经济》2012 年第 12 期。

⑥ 马龙龙：《组建流通"国家队"引领行业改革》，《国际商报》2012 年 9 月 25 日。

⑦ 陈丽芬：《理性对待公益性农产品市场建设》，《经济观察报》2012 年 3 月 17 日。

供，但是具体的生产过程则可以交由市场，采用市场的方式进行管理。另一方面，政府应当采取怎样的方式参与经济活动，是政策实施过程中无法回避的关键问题，但对于这一问题的认识仍在不断深入和反复过程当中。从当前我国流通产业的现状来看，政府"缺位"与"越位"并存，尤其在行政领域越位严重，因此导致社会对政府是否应当参与流通公益性领域存在质疑，实际上这是对政府参与方式与政府责任的混淆，即把不恰当的参与方式认为是内容上的"越位"。

首先，从基本原则来看，应当从三个层面考虑政府的参与方式：①针对政府应当参与且当前正在参与的领域，分析其参与方式的合理性；②对政府"缺位"领域，采取合理的方式积极介入；③对"越位"领域，理清根源，及时归位，放权给市场，充分发挥市场机制作用。

其次，从实践发展来看，流通产业公益性主要的实现方式包括以下几个方面。

一是建立相应的法律，对于流通公益性给予明确的法律地位。如马增俊认为（2011）[①]应加快制定出台农产品批发市场法规，以法律形式明确农产品批发市场的公益性地位，为批发市场的用地、用水、用电优惠和相应的税费减免等政策的制定提供基础，同时对农产品批发市场的建设、运营、监督等方面作出明确规定。也有学者认为应将商品流通基础设施列入国家基本建设投资计划，确定为商品流通基础设施目录。[②]

二是增加政府对于流通基础设施的股权，甚至是直接参与到一些流通基础设施的投资建设中，主要采取新建、回购、参股等方式，使政府可以控制一批以农产品批发市场为代表的公益性流通基础设施。如赵尔烈（2010）[③]认为公益性农产品批发市场可以以政府投资为主，政府主管部门的投资可采取设立专项基金或投资控股公司，由政府设立管理委员会或国家公益市场集团公司，负责市场的运营管理或者委托有资质的社会企业

---

① 马增俊：《如何界定中国农产品批发市场的公益性》，在"2011年中国农产品批发行业年会"上的讲话，2011年。

② 刘海飞：《关于当前流通业发展若干问题的思考》，《北京财贸职业学院学报》2012年第8期。

③ 赵尔烈：《关于实施"国家公益性农产品交易市场工程"的建议》，《第三届中国中部地区商业经济论坛论文集》2010年。

依政府要求进行管理。① 不仅如此，公益性市场可分为中央政府投资和管理为主的"中央国家公益批发市场"和地方政府投资管理为主的"地方国家公益批发市场"两个层次。与此相关地，也有学者认为政府回购是有效的控制方式。李志博等（2013）② 从资金效率角度，比较了不同方式的公益性农产品批发市场建设资金效率，这些方式包括政府全额投资、政府大规模参股、政府出资回购股权实现小范围参股、私人投资但政府给予优惠政策如长期低息贷款、低价划拨土地、减免税收等，并从资金获取成本、资金使用的规范程度、资金来源主体自由度、资金偿还能力等指标建立了公益性农产品批发市场建设资金效率评价体系，发现政府采取回收、回购部分股权的方式是效率最高的，因此应该尽量采取政府回收、回购部分股权的办法，其次可采取政府大规模参股办法，此外可采取私人投资的办法，而资金利用效率最低的是政府全额投资。上述方式，在实践中十分常见。如 2011 年 12 月国务院下发的《国务院办公厅关于加强鲜活农产品流通体系建设的意见》明确提出："通过投资入股、产权回购回租、公建配套等方式，改造和新建一批公益性农产品批发市场、农贸市场和菜市场"。2012 年 9 月发布的《国内贸易发展"十二五"规划》（国办发〔2012〕47 号）则要求"探索以参股控股、产权回购回租、公建配套等多种形式，改造和新建一批具有公益性质的农产品批发市场、农贸市场、社区菜市场、菜店。统筹农产品集散地、销地、产地批发市场建设"。③在地方实践中，上海政府采用回购、回租的方式来获得对于农贸市场的股权，北京市政府也以财政资金入股北京新发地农产品批发市场获得其20% 的股份。

三是具体运作方式上，采取政府投资主导、市场运作，也即在政府投资获得产权之后，委托市场方进行建设和管理运营，在保障流通产业公益性的同时能够运用市场化的方式，以最有效率的方式实现这一目标。赵尔烈（2010）④ 认为，对于政府投资的公益性批发市场可以委托有资质的社

① 戴巧玲、吴师师、刘纯阳：《稳定菜价再思考：基于公益性批发市场建设的视角——以长沙市马王堆蔬菜批发市场为例》，《南方农村》2013 年第 6 期。

② 李志博、米新丽、安玉发：《公益性农产品批发市场建设资金效率模糊分析》，《经济问题》2013 年第 10 期。

③ 马龙龙：《组建流通"国家队"引领行业改革》，《国际商报》2012 年 9 月 25 日。

④ 赵尔烈：《关于实施"国家公益性农产品交易市场工程"的建议》，《第三届中国中部地区商业经济论坛论文集》2010 年。

会企业进行管理，政府对其行为进行监管以保障其公益性目标。上海市政府通过回购、回租的方式获得农贸市场的股权，并重新委托市场方来管理。

四是管理方面，流通基础设施应尽可能实行税收豁免，尽量减少费用的收取，服务收费实行政府指导价。其中，政府投资建设的商业流通基础设施，在服务收费上应实行非营利原则，并由政府定价。[①] 在实践中，已有一些城市开始进行公益性试点，例如海口市政府投资建设 4 个公益性蔬菜批发市场，且所建设的公益性蔬菜批发市场免收进场费和摊位费，而银川市政府建成 10 个公益性标准化菜市场、151 家社区蔬菜直销店，其市场价格则执行政府调控指导价格，较市场平均零售价低 20% 。

五是增加对于流通领域内的准公共产品的政策支持和扶持，以确保其公益性。马增俊认为（2011）[②] 对农产品批发市场在土地、税收方面给予支持。如上海在回购的国有批发市场中，对市场商贩在摊位费、税收等方面给予补贴。

六是以企业方式来保障流通公益。如马龙龙（2012）[③] 认为应该组建流通 "国家队"，代政府执行公益性流通职能，提供准公共物品，完善流通基础设施和公益性市场设施建设，其成员应包括国有、民营和混合所有制等多样化所有制形式的企业。

七是建立相应的公益基金以调控市场。如马增俊认为（2011）[④]，应建立农产品价格风险调节基金，由政府编制农产品生产的保本价格指数和农产品消费的低保价格指数，并建立 "农产品价格风险调节基金"。政府利用这部分基金，当农产品市场价格低于保本价格指数时，政府以规定的保本价格收购，其差额由调节基金进行补贴；当市场价格高于低保价格时，政府仍以低保价格将农产品出售给低保户，其差额由调节基金进行补贴。

下一章将在讨论公益性产品供给方式的基础上，分析如何将市场机制引入流通产业的公益性产品供应过程中。

---

① 刘海飞：《关于当前流通业发展若干问题的思考》，《北京财贸职业学院学报》2012 年第 8 期。

② 马增俊：《如何界定中国农产品批发市场的公益性》，《在 "2011 年中国农产品批发行业年会" 上的讲话》2011 年。

③ 马龙龙：《组建流通 "国家队" 引领行业改革》，《国际商报》2012 年 9 月 25 日。

④ 马增俊：《如何界定中国农产品批发市场的公益性》，《在 "2011 年中国农产品批发行业年会" 上的讲话》2011 年。

第四章　公益性产品供给机制

我们知道，具有正的外部性的公共产品为公益性产品，因此讨论公益性产品的供给方式应当以公共产品供给方式为基础，进而分析公益性产品的供给。

与私人产品相比，公共产品的非排他性与非竞争性的基本特征，决定了公共产品不能通过市场竞争和价格机制实现有效供给，必须通过以政府为主体的公共部门才能实现最终的有效供给。因此，各国政府都高度重视公共产品的提供。国内外的很多学者也都对此展开深入探讨，并贡献了许多有益的理论思考与政策建议。

新中国成立以来，随着工业化进程的不断深入，我国的公共产品提供经历了起步、形成、发展的不同发展阶段，取得了举世瞩目的成就。但随着改革的不断推进、经济社会发展水平的不断提高和人民需求的日益上升，我国公共产品的供给还存在投入不足、效益不高、机制不健全等问题，这在一定程度上制约了经济社会的发展和人民生活水平的改善。

本章主要分析我国公共产品提供中存在的问题、缺陷和不足，并对其内在原因进行深入反思，总结经验，并找到解决问题的方法，以便有助于促进公共产品的有效提供，为经济社会发展和人民生活水平提高提供不竭的动力。

第一节　公共产品供给现状及问题

改革开放以来，我国公共产品的提供实现了从极度匮乏向相对充足的转变。财政支出用于公共产品提供的总量不断增加，公共产品的供给总量规模逐渐扩大、范围日益拓宽、内容不断丰富、质量有所提高。

在经历了基础设施建设以后，对公共产品供给中弱势领域的关注程度日益提高，尤其是对制度法律、公共安全、文化建设等软性公共产品，基础教育、公共卫生、社会保障等民生性公共产品，以及环境保护、农村公共产品等公共产品的薄弱领域的投入逐渐增加、重视度也不断提升；通过西部大开发、中部崛起等战略部署和区域间有所倾向性的扶持政策的实施，公共产品在我国东中西部地区的区域性差异逐步缩小，公共产品提供的内部结构日趋合理。

随着实践经验的不断增多，公共产品的供给机制不断完善，以政府为主导，市场和非营利组织相互配合的多元化供给方式日趋成熟，新的公私合作模式不断涌现，方式更加灵活。随着听证会、电子政务公开等政府信息公开程度不断增强，公众对于公共产品的态度也从以前简单的被动接受转而开始有效地、全面地表达其需求。公共产品供给的相关制度法规、绩效考评机制也在不断的完善过程中。

虽然我国的公共产品供给总体上已经取得了很大进步，但仍然存在很多问题。这些问题如果不能够得到有效解决，无疑会制约公共产品的有效供给，进而影响经济社会的健康发展与人民生活水平的提高。

一　资金投入不足

资金的有效提供是实现公共产品有效供给的基础和前提。我国公共产品提供过程中面临的首要问题即表现在资金筹集领域：财政资金对公共产品提供的支持能力有限、相应财政资金占整个财政支出的比重相对较低，公共产品财政支出的内部结构尚不合理，资金来源不够稳定和规范。具体表现为：

（一）财政资金总量不足

提供公共产品是中央政府和地方政府共同的责任，但在分税制改革以后，公共支出责任逐层下放。随着地方经济社会发展对公共产品需求的增长，地方政府所承担的支出责任越来越重。一些本应该由中央政府提供的着眼于公共服务均等化的公共产品，如基础教育、基本社会保障、公共卫生等，基本转嫁给了地方政府，现实中造成公共产品提供的地区差异，并且导致了地方财力的紧张。

与此同时，财权集中于中央，财力层层向上集中，地方不仅缺乏税收自主权，也缺乏充裕的财力，加之转移支付制度的不完善，可供支持公共产品供给的地方财政资金有限，地方财政收入与支出的资金缺口较大，一些欠发达地区的基层财政部门无力承担提供公共产品的资金支出。有数据显示，地方政府需要用45%的预算财力承担75%的事务，"中央出政策、地方来执行"成为当前行政体制中的普遍现象。[①]

应当看到，我国政府对公共产品供给过程中财政投入不高的原因比较复杂，主要是我国人均经济总量与中等发达国家还有相当差距，经济发展水平有限，政府财政在资金有限的情况下还背负着对国有企业的扶持和事业单位养老金等沉重的财政负担，这些都使得政府很难拿出更多的财政资金用于提供公共产品。[②]

（二）公共产品投入占整个财政支出比重较低

我国政府公共产品投资的不足与目前不合理的财政支出结构密切相关。受传统体制的影响，政府与市场的边界不清，政府职能存在"缺位"、"越位"与"错位"的现象，以经济建设为中心被片面理解为单纯追求GDP的较快增长，造成财政支出结构不合理，较多的财政资金被用于营利性的项目支出。1994年我国确立了公共财政体制，之后财政支出结构开始从营利性向非营利性转变，对基础教育、社会保障、公共医疗等民生性支出给予倾斜，但由于惯性作用，虽然增长速度有所加快，但民生性支出的总体规模不高，造成公共产品的投入占整个财政支出的比重较低。很多经济欠发达地区更是将有限的财政资金重点用于经济建设，这种重视经济建设、轻视公共产品供给的财政支出模式愈演愈烈。另外，以GDP增长为目标的政绩观对地方政府官员的诱导，使地方政府对公共产品提供的重视程度不足。这种现象不但与发达国家的公共产品供给有明显差距，甚至也不及某些非洲国家的水平。

（三）民生性公共产品投入不足

随着公共财政体制的建立与发展，我国财政支出结构发生了很大的改变，从重视经济建设支出开始向民生性支出倾斜，民生性公共产品投入有了明显改善。但另一方面，由于财政支出结构的调整是一个渐进的过程，因此在财政支出结构上，依然存在民生性支出不到位或缺位现象。即便是民生性支出，由于受以GDP为导向的政绩考核机制的影响，各地方政府的财政资金较多用于道路、机场等可见性强、收益明显、效果显著的显性公共产品上；对基础科学研究、地方精神文明建设、规章制度完善等具有

---

① http：//news. sina. com. cn/c/sd/2013 - 12 - 05/180328896473_ 2. shtml.
② 尹鸿雁：《中国公共产品供给研究——政府的责任、优势与局限》，博士学位论文，吉林大学，2010年。

长期性、收益不明显的非显性公共产品则不够重视，同时义务教育、医疗卫生、社会保障等收益不明显的基础性、民生性公共产品的财政资金投入也呈现出相对不足。民生性公共产品投入的不足，使广大群众对我国改革成果尚达不到充分合意的共享，也不利于我国经济的可持续健康发展。

（四）资金来源不稳定，结构混乱

一般而言，提供公共产品所需要的资金，应来源于地方政府的公共财政资金。但是，在现行财政体制下，由于财力的不断向上集中，各级地方政府，特别是基层地方政府，其掌握的财力除了维持当地政府正常运转，很多就再无多余的资金安排用于提供公共产品了。一般来讲，上级政府的转移支付是弥补这方面资金缺口的重要途径，但是当前专项转移支付规模较大的格局下，地方政府不得不拿出一定的资金进行配套，这在很大程度上限制了其统筹使用财力的能力，造成地方政府无法拿出相应的财政资金用于适合本地需要的公共产品供给上。在此情形下，许多地方利用土地财政的资金来实现地方公共产品的提供，然而土地财政不具有可持续性，并且易受宏观经济形势的影响，导致公共产品提供的资金供给不稳定。近年来，不少地方还利用地方融资平台作为地方公共产品供给的资金补充，但由于这些公共产品在运营中基本属于微利甚至不盈利，由此形成的融资平台债会给地方财政带来持续的财政压力，进而形成地方债务风险，因此这种资金来源方式也面临较大不确定性，存在无法持续的问题。

由于公共产品提供的资金来源结构较为混乱，加之地方财力不足，使得公共产品资金供给不具有可持续性，从而也造成地方政府提供公共产品缺乏稳定的资金来源，直接影响到地方公共产品提供的连续性与稳定性，不利于构建相对稳定有效的公共产品供给体系。

二　效率水平较低

（一）公共产品提供成本较高，效率低下

在一定的财政资金投入下，公共产品提供成本的降低和效率的提高可以提升公共产品产量和质量。目前，我国公共产品提供领域还存在成本较高、效率低下等现象，制约了公共产品的有效供给。

从供给机制上来看，我国公共产品提供中政府主导性明显，政府提供公共产品常常因为缺乏有效的竞争机制、天然垄断等因素，抑制技术进步与创新，存在"寻租"现象，导致供给效率低下等问题。而且政府的行政成本也较高，主要是由于：一方面我国的政府机构、事业单位机构臃肿、财政供养人员数量膨胀；另一方面，机构内部缺乏激励机制、办事效率低下，造成了公共资源的低效配置。

（二）公共产品质量较差，满意度低

尽管随着经济发展水平提高，我国公共产品供给数量有了长足的进展。然而，在公共产品供给质量上，还存在很多问题，无法满足人民群众的需求。一是目前我国各级政府尚没有完全实现向公共服务型政府的转型，因此在提供公共产品时，地方政府多出于自身的主观臆断进行决策，忽视普通民众对公共产品的需求意愿，导致提供的公共产品与民众所需或急需的公共产品不匹配。

二是当前民众对公共产品质量的需求表达机制尚未建立健全，他们的许多诉求得不到政府有关部门的及时回应，处于被动接受的地位，造成政府提供公共产品的质量与民众对公共产品的质量要求存在一定程度的脱节。

此外，有些地方政府在提供公共产品时，往往存在先求有、再求好的心态，对某些公共产品的提供缺乏必要的绩效评估机制，也缺乏相应的问责机制，导致一些公共产品在供给之初，质量标准就跟不上，得不到应有的重视，使民众的满意度较低。

（三）公共资源浪费现象时有发生

公共产品提供过程中的公共资源浪费现象主要体现在以下几个方面：

一是由于决策监督机制不健全导致的私人部门依赖政府的行政垄断资源开展不公平竞争，政府内部出现"寻租"腐败现象，造成国有资产流失，推高公共产品实际供给成本，损害了公众权益。例如，某些公共建设项目虽然表面上实行招投标制度，但存在幕后交易、商业贿赂等问题，挤占挪用建设资金、非法转分包等违法违规现象屡屡发生，直接影响了项目建设质量。

二是地方政府在提供公共产品时，不注意社会效益与经济效益的平衡。提供公共产品具有社会效益，但也不能因此不注意公共产品提供时的成本约束，不讲究精打细算，尽可能地以较小的投入实现最大化的产出。也有少数地方政府，为政绩考虑，存在着脱离经济社会发展阶段而过度提供公共产品的现象，导致公共产品提供远超过公共产品需求，这也是公共资源浪费的一种表现。以上这些现象，都会造成政府财力的紧张，相应增加了地方财政的负担。

三是行政成本浪费现象严重，突出表现为"三公消费"导致行政成本超规模增长，造成了公共资源的浪费，也影响了政府的公信力。一般而言，"三公经费"是指政府部门人员因公出国（境）经费、公务车购置及运行费、公务招待费产生的消费。近几年来，党和政府出台了一系列有关遏制"三公经费"快速增长的规定，如各地区、各部门都要公开"三公经费"开支情况。总体上，"三公经费"的增长势头得到有效遏制，但由于基数大，历史时间长，"三公经费"的支出规模依然较高。

三 供给绩效不佳

除了公共产品的财政资金投入问题，在公共产品的实际供给中，还存在绩效水平不高的问题，主要表现为供给总量不足、供需相脱节，内部结构不合理，质量欠佳、效率低下，不均衡现象突出等。具体表现如下：

（一）总体供给不足，无法满足社会发展需要和公众需求

随着全面建成小康社会进程的推进，我国城乡公共需求出现全面超速增长的情况，这导致我国公共产品的供给远远不能满足需求，意味着供给总量不足的情况日益凸显。[①]

虽然我国公共产品供给实现了从极度短缺向相对充足的转变，但随着经济社会的发展和人民生活水平的提高，公众对于公共产品需求范围逐步扩大，质量要求提高，差异化、个性化凸显等新的特征，现阶段的公共产品供给还不能够满足迅速扩大的公共需求，总体上相对不足。

（二）供给结构不合理，供需矛盾长期存在

1. 显性公共产品供给过剩，形象工程泛滥

显性公共产品是指那些能为广大群众短期内享受到的公共产品，这些产品的特点是可带来即期的社会收益，也能给政府带来明显的政绩，如机场、车站、道路等公共交通基础设施；隐性公共产品则相反，这些产品的社会收益难以短期内显现，公众需要较长时间才能从中获益，给政府带来的政绩也需要较长时间才能表现出来，包括公共卫生、基础教育、科学研究等。[②]

目前，我国的公共产品供给中，显性公共产品呈现过多甚至过剩，地方政府部门往往为凸显政绩，倾向于建设周期短、收益明显的显性公共产

---

① 杨美英：《统筹中国公共产品供给研究》，博士学位论文，东北师范大学，2008 年。

② 蔡冬冬：《中国财政分权体制下地方公共物品供给研究》，博士学位论文，辽宁大学，2007 年。

品，由于政绩考评机制不健全，这些公共产品的供给数量、规模、种类都是自上而下自主决定，与公众实际需求相脱节，造成了公共产品的供给与需求不相适应。

2. 隐性公共产品供给不足，基础性产品供给短缺

相对于显性公共产品的供给过剩，对于促进经济社会可持续发展所必需的隐性公共产品，地方政府出于政绩的考虑，主动提供的动机不强，而且规模往往比较小。[1] 主要是一些建设周期长、收效缓慢、成果难以量化、具有外部效应的隐性公共产品供给相对不足，突出表现非物质形态的制度建设、信息服务、环境保护等领域。

四　供给结构不均衡

公共产品供给是促进地区经济社会发展、实现公共服务均等化的有效途径。主要作用在于缩小区域经济差异，实现地区间共同发展。但在实际供给过程中，受地方经济发展水平和政府财政能力不同的影响，我国公共产品供给目前还存在着比较明显的不均衡现象，突出表现在地区之间、城乡之间和不同社会阶层人群之间都存在不同程度的差距，极不利于我国实现地区经济均衡发展、维护社会和谐稳定。

（一）不同地区存在较大差异

各地经济发展不平衡以及各级地方政府财政能力的差异，是造成地区性公共产品供给不平衡的主因。东部地区由于经济较发达，拥有较多的财力提供较多的公共产品，因此在公共产品供给方面种类和数量都较为丰富；中西部地区，由于受经济发展相对落后的牵制，公共产品的供给则明显不足，与东部地区存在较大差距。尽管中央政府执行转移支付的力度很大，在较大程度上缓解了公共产品供给在地区间的不平衡性，但这种不平衡性并未得到根本性消除。

（二）城乡差距大，农村公共产品较为匮乏

长期以来，我国是以牺牲农村的发展为代价加快工业化进程。这种制度安排造成了城乡隔阂的"二元"经济形态，导致在公共产品供给中，城镇情况优于农村。当城镇居民普遍享有社会保障、义务教育等公共服务时，农村居民获得的公共产品则明显供给不足[2]，城乡之间存在巨大的

---

① 朱玉多：《国外公共物品多元化供给模式及其对我国公共物品供给改革的启示》，《商场现代化》2009 年第 4 期。

② 杨美英：《统筹中国公共产品供给研究》，博士学位论文，东北师范大学，2008 年。

落差。

近些年来政府开始把"三农"问题放在首位，我国农村公共产品供给情况得到了一定程度的改善，但农民享受现代公共产品的国民待遇问题还远没有得到解决。具体存在以下问题：一是非均衡的城乡公共产品供给体制导致了农村公共产品的短缺以及质量无法得到保证，农村公共产品多由农民自己解决，公共产品供应受到很大约束，加重了农民负担；二是中央与地方政府在农村公共产品供给的任务划分上不尽合理，乡镇政府的支出责任过重，使得农村公共产品供给资金得不到保证；三是现阶段农村公共产品大都是由政府部门自上而下进行决策，带有很强的行政指令性，农村公共产品供给与需求不相适应，供给结构失调。①

五　配套机制不完善

形成科学的配套机制是实现公共产品长期有效提供的基本前提和制度保障。配套机制包括决策、责任划分与资金供给、供给主体的确定与合作、监督考评机制和相关法规等。我国在公共产品提供的配套机制方面存在的问题，主要表现在以下几个方面。

（一）决策机制不够科学，公众需求表露机制不顺畅

一是上级决策、精英设计在公共产品供给决策中起主要作用。在我国的公共产品供给机制中，地方政府往往拥有较大的决策权，或者通过精英设计直接决定公共产品提供的种类和规模，这种决策机制常常受到政府官员，特别是主要领导个人主观偏好的影响，忽视地区经济社会发展水平和人民群众的实际需要，造成供给结构内部失调，形成资源浪费。

二是公众在公共产品提供中处于被动地位，缺乏有效顺畅的需求表达渠道。一套完整的利益表达、提取、吸纳、协调等决策规则和程序，才能确保各种利益主体参与决策过程的有序性，才能根据最终消费者的实际需要进行公共产品的有效提供。而在我国目前的公共产品供给过程中，由于政府职能转变尚未完全实现，科学有效的决策机制尚未建立，政府行政计划代替了公众实际需要，公共产品的消费者不能够有效表达自身的需求，缺乏需求偏好显示机制，在公共产品供给中处于被动地位，其真实需求长期被忽视，造成公共产品供给结构不合理，提供了一些超出民众消费范围的公共产品。

---

① 肖红缨、刘建平：《我国公共产品供给瓶颈问题与对策》，《求索》2004 年第 6 期。

在实际操作中，虽然存在专家调研、集体决策、社会听证的方式，但常常流于形式和走过场，议题往往带有明显的倾向性，讨论范围被预先设定，没有实质性内容，公众参与度不高，话语权不足，最终决定权还在政府手中。

（二）政府间责任划分不明确

公共产品供给是中央和地方政府共同的责任，在事权和支出责任的划分中，地方政府承担的公共产品供给责任较大，但由于各级政府间公共产品的供给职责没有明确的法律制度或政策规定，导致公共产品供给在各级政府间的分配出现错位现象。主要表现在：一是一些应当完全由中央政府提供的公共产品，如基础教育、社会保障等，要么全部要求由地方政府提供，要么由地方政府提供一部分，但由于中央政府的转移支付不到位，出现中央"点菜"，地方"埋单"的现象，给地方财政带来一定压力，也导致地方政府自行提供其他公共产品面临资金不足的问题。二是由于相关法律法规存在"缺位"或尚不成熟，政府间公共产品供给责任还存在划分不明确、太过笼统、具体执行无章可循的问题，特别是市、县、乡级基层政府公共产品责任分工不明确，出现互相推诿的局面，基层政府层层挤压的结果，导致越到基层，其承担的公共产品供给的资金压力越大。

（三）多元供给机制不完善

1. 公共产品缺乏有效竞争平台

随着经济社会的不断发展和人民生活水平的普遍提高，人民群众对公共产品的需求呈现数量多、范围广、质量高、差异化、专业性强等特征，传统单一供给体制已无法适应环境变化的需要，公共产品供给机制也发生了比较明显的改变，多元化供给机制成为改革趋势。

不过，当前在公共产品供给中，政府主导的格局尚未发生根本性改变，政府依然居于支配地位，多元化主体结构发育程度不够，公共产品市场准入的门槛较高、审批较严格、垄断性强，在很大程度上限制了私人部门和国外资本的进入。我国还没有完全实现由政府供给为主体向多元主体供给并存的转变，使公共产品缺乏有效的竞争平台，供给效率不高，以政府、私人部门和非营利性组织为主的多元供给机制还有待发展和完善。

2. 政府与市场关系尚未理顺

政府与市场的关系问题决定了公共产品的提供方式。在社会主义市场经济体制下，市场对资源配置起决定性作用。在这个大前提下，正确划分政府与市场的作用边界是重中之重。遗憾的是，受传统体制惯性的影响，政府与市场的关系在实践当中并没有处理得当，这对公共产品提供带来两方面的影响。

一是在公共产品供给领域存在政府大包大揽的问题。一些可以交由私人资本、社会机构提供的公共产品，政府还依然握在手中，没有采取有效措施鼓励公共产品的多元化供给，并以行政审批等限制性措施提高了私人资本、社会机构的进入门槛，这也相应地造成政府财力在提供公共产品面临资金不足、供给数量有限、供给质量欠佳等问题。

二是在公共产品供给领域也存在过于迷信市场的倾向。出于刺激经济发展的目的，政府在提供一些公共产品时，未能正确处理政府与市场的关系，把本应由政府提供的公共产品通过市场机制来提供，而忽视了政府的责任。例如：农产品质量检测应由政府机构或派驻机构负担，但目前往往由农产品批发市场承担费用和责任，导致其负担过重，难以保障农产品质量的安全。让市场机制难以发挥作用的领域影响着公共产品的提供，经常导致公众对诸如此类的公共产品需求得不到有效的满足。

3. 非营利组织发展相对滞后

非营利组织在西方发达国家的公共产品供给中发挥着重要作用，承担了部分公共产品的补充供给责任，以满足部分公众的需要。我国的非营利组织发展相对滞后，尚无法承担公共产品多元化供给的任务。

目前，我国非营利组织发展处于起步阶段，其发展缓慢的原因主要体现在制度法律环境和自身发展两大方面，就制度法律环境而言：一是主管部门不清，登记管理体制制约了非营利组织的发展；二是配套的法律法规修订滞后，没有给非营利组织的发展提供更大的法治空间；三是发展政策不配套，没有纳入整体的制度结构之中；四是没有建立起相对独立的第三方评估和社会监督体系。就自身发展而言，存在组织总量不足、资源动员能力不足、运行机制不规范、独立性不强、活动领域相对集中等问题。这些问题和不足影响了非营利组织在公共产品多元化供给机制中发挥应有的作用。①

（四）缺乏有效的监督、管理、绩效考评制度

1. 缺乏有效监督、管理机制

为了更有效率地使用财政资金，满足公众需求并维护其利益，必须对

① 阮萌：《中国公共物品供给转型的路径研究》，博士学位论文，南开大学，2009年。

公共产品供给体系进行有效的监督与管理。在现行公共产品供给监督管理制度中，主要存在两方面问题：

一是信息不对称严重影响了公共产品供给决策的科学性和监督的有效性，二是公共产品供给体系的公开性不够，封锁了监督渠道，削弱了外界的监督能力和监督作用，而且削弱了公众进行监督的积极性。

此外，我国公共产品供给还存在重规划建设、轻维护管理的问题，对于一些基础设施类公共产品只重视前期规划建设，对后期的使用和管理相对欠缺，缩短了公共产品的使用寿命。对一些存在质量缺陷、闲置率较高的公共产品没有后续的处理、修复机制，造成公共资源的浪费。

2. 缺乏激励性绩效考评机制

激励性的绩效考评机制主要体现在政府科学的政绩观和公共产品供给的绩效评估机制两个方面。

当前，我国政府科学政绩观还有待完善。在现行地方政府政绩考评机制中，多数以强调 GDP 增长为导向，在经济发展与公共产品提供之间采取前重后轻的态度和做法。地方政府领导更多地关注本地区经济发展指标，将主要精力集中于招商引资、财源建设等方面，造成了公共产品总量供给不足和供需矛盾的凸显。

另外，对公共产品提供的投入与产出尚未建立完善的绩效评估体系。即使存在一定的绩效评估措施，也往往因公共产品提供的效益难以量化衡量、主观评判多于客观评判、公众参与度不高、尚未形成第三方评估、政府既当运动员又当裁判员等问题，致使绩效评估大多流于形式，对改善公共产品供给难以产生决定性影响。

六 配套制度法律未能及时跟进

我国现行法律体系中，尚未出台专门针对公共产品供给的法律法规。与迅速发展的公共产品实践相比，有关配套体系还不健全，特别是相关的制度法律建设没有及时跟进，制约了公共产品的有效供给。

对于公共产品的财政资金来源、政府间支出责任、科学的决策机制、行之有效的监督管理和绩效考评制度以及公共产品的市场化、民营化改革和市场准入门槛等重要内容，还没有专门、明确的法律规定，从而造成公共产品供给中的随意性和混乱性。综上所述，在我国公共产品供给过程中，主要存在资金、绩效与配套机制方面的问题。其中，公共产品供给所需的资金一方面是资金总量不足，另一方面则是资金投入的结构还有待优化。这意味着，如果仅是依靠政府的财政投入，满足公共产品提供的资金需要，在短时期内既无法解决资金总体投入不足的问题，也难以实现资金投入结构的优化。此外，在公共产品供给绩效方面，也存在类似的问题。一是总体绩效不佳，二是公共产品提供的内部结构不合理，供需矛盾长期存在。再者，公共产品提供与政府治理水平密切相关。当前我国政府治理水平相较于发达国家还存在一定的差距，政府越位、缺位和错位现象并存，必然会影响到公共产品供给的质与量，难以满足公众对公共产品的需求。

第二节　供给方式的改进方向

改善我国公共产品供给，最重要的是提高政府的治理水平，切实建立公共服务型政府，采取具体措施，建立顺畅公众需求表达机制。具体来看，建议从以下几个方面改善我国公共产品的提供方式：

第一，合理界定政府与市场的关系。在资源配置中，充分发挥市场在资源配置中的决定性作用。在这个前提下，政府应逐渐退出竞争性行业或产业，而将重点放在满足社会公共需要上。对于越位行为，要退位；缺位行为，要补位；错位行为，要纠位。从而提高政府的治理水平，切实建立公共服务型政府，采取具体措施，顺畅老百姓的需求表达机制。

第二，加大公共产品供给的财政资金投入力度。在政府财力允许的情况下，通过调整财政支出结构，以增量调整带动存量调整，将更多的财政资金用于公共产品提供上。在增加规模投入的同时，进一步优化财政资金投入的结构，加大向民生性公共产品供给倾斜力度。

第三，逐步提高公共产品供给绩效。在国家治理体系范畴下，建立健全问责机制，在重视投入的同时，强调结果，更注重投入效果，构建以产出效果为导向的公共产品供给的资金投入机制，提高公共产品供给的整体性绩效与结构性绩效。

第四，建立顺畅的公共产品需求表达机制。公共产品的最终需求者是广大人民群众，他们对公共产品的需求最终决定了公共产品提供的量与质。只有建立了公众的公共产品需求表达机制，才能使公共产品的提供与公共产品的需求相匹配，才能使物有所值。

第五，积极探索公共产品的多元化供给机制。公共产品过多地由政府负责提供，也会造成公共产品供给不能随时根据需求而做及时的调整。随着公共产品实践的发展，许多公共产品可以由非政府组织来负责提供，形成公共产品的多元化提供格局。因此，在强调政府对公共产品供给的投入力度外，也应重视并采取可行措施，鼓励社会资金和社会机构投入到公共产品提供上，既有助于弥补政府提供公共产品上可能出现的不足，也有利于形成多元化的公共产品供给的竞争态势，从而改善公共产品供给数量和质量。

第三节　公益性产品供给模式

公益性产品与公共产品有很大的相似度，当前我国公共产品供给过程中遇到的各种问题，亦可认为是公益性产品提供中所遇到的问题。改善公益性产品供给，需要尽可能地避免或克服公共产品供给中的不足，除了加大政府对公益性产品提供中的投入外，也需扩充公益性产品提供方式，依照十八届三中全会的精神，发挥市场在资源配置中的决定性作用，有序推进公益性产品的市场化提供方式。

一　公益性产品的成本弥补

（一）成本弥补的可能性

公益性产品能够产生"正外部性"，与此相对应的"内部性"是满足核心对象的需求。根据这些核心受益人是否有能力支付足够费用来弥补产品的生产成本，可以将公益性产品分为纯公益性产品和半公益性产品。纯公益性产品是指使用对象无法、无力支付任何费用的公益性产品，如弃婴的保育抚养等。半公益性产品是指使用对象可以支付部分费用的公益性产品，例如具有一定劳动能力的残疾人购买的康复用具等。强调公益性产品弥补生产成本的可能性，在很大程度上体现了公益性产品核心受益对象的支付能力对公益性产品提供的要求，即纯公益性产品必须通过全额补贴或社会捐赠的方式才能加以提供，而半公益性产品则可以有多样化的供给方式。当然，对半公益性产品的补贴力度会影响到这种产品的生产情况，进而也就与相应的"正外部性"发挥水平密切相关。

（二）成本弥补的现实方式

根据是否由公益性产品核心功能的使用者来支付费用弥补相应的生产成本，可以将公益性产品分为全额补贴公益性产品、部分补贴公益性产品和自负盈亏公益性产品。全额补贴公益性产品指的是没有收入来源的公益性产品，例如农村免费道路的建设等，属于无法从获益对象身上取得收入的纯公益性产品。部分补贴公益性产品则是指有一定收入来源，但收入来源无法弥补其运营成本的公益性产品，例如由政府部分补贴的学校教育、残疾人康复用具等，就属于半公益性产品。自负盈亏公益性产品主要是指可以通过自身经营完全弥补成本，甚至提供免费服务。

需要强调的是，这种对公益性产品的划分突出了是否由核心受益对象支付足够成本，而非这些受益对象是否有能力支付足够的成本。因此，纯公益性产品和半公益性产品之间可以因为成本弥补方式的不同而发生转化。例如，农村为发展经济修建的道路既可以是免费的，也可以设置收费站，通过向使用者收取过路费来回收部分建设成本。由此，前一种情形下的纯公益性产品就转变为半公益性产品。当然，如果通过收费来弥补所有成本并产生盈利，则该条道路的正外部性就被完全内部化了，其本身也就成为非公益性产品。

在许多情况下，需要对原本可以通过提高收费或价格来弥补运营成本的非公益性产品进行补贴，使之成为半公益性产品乃至纯公益性产品，从而在增加使用量的同时带来社会效应。例如前述农村道路的例子中，减少收费或不收费，不仅作为核心受益人的道路使用者得到了好处，由此还将带来人员、货物运输量的增加，进而提高整个农村的经济发展水平，产生公益性效果。这种变化背后是道路的投资建设活动由纯营利性转变为具有公益性，这种目的的变化是最终产生正外部性效果的基础。

二　公益性产品市场化供给模式

（一）政府购买服务模式

对于供给市场比较成熟的公共产品，政府作为公共利益的代理方可以通过"招标—投标"的方式进行购买，实现生产者和提供者的分离，克服传统政府垄断供给的低效率。具体方式可采取政府出售、合同承包等。

（二）公共部门与私人部门合作伙伴模式（PPP模式）

公私合作伙伴模式，来源于 Public - Private Partnership，简称 3P 模式，是公共基础设施一种项目融资模式，是比较通行的公共产品供应市场化方式。PPP 模式的理念是"合作共赢"，政府通过与私人企业之间建立的长期伙伴关系，督促私人企业按规定提供公共产品并支付服务费，实现公共部门与私人企业之间的利益共享，并共同承担相应风险。具体方式可根据实际情况，采取特许经营、政府补助、凭单制①等。

从融资角度讲，PPP 模式可以包括建造—运营—移交（BOT）、民间主动融资（PFI）、建造—拥有—运营—移交（BOOT）、建造—移交（BT）、建设—移交—运营（BTO）、重构—运营—移交（ROT）、建造—拥有—运营（BOO）、购买—建造及营运（BBO）等具体形式。私人企业根据预期收益及政府扶持力度进行融资和运营，提高了公共产品的供给效率。

在标准的 BOT 模式中，私人企业作为与政府合作的一方，根据与政府商定的合作合同，自行筹措资金、设计并建设合作项目。在建设完成后，根据与政府签订的合同约定，在一定期限内运营该项目，以便收回投资。待经营期满后，项目所有权或经营权会无偿转让交给政府。BOT 模式还衍生出很多变种，包括：BOOT（建设—拥有—经营—移交）、BTO（建设—移交—经营）、BOO（建设—拥有—经营）、DBOT（设计—建设—融资—经营）、BLT（建设—租赁—移交）、TOT（移交—经营—移交）、LOB（租赁—建设—经营）等。②

（三）政府与非营利组织的合作互补模式

这种模式是指在公益性产品供给过程中，政府和第三部门实现优势互补，展开合作。其中，典型做法是政府本身不提供公益性产品，而是通过一定的政策扶持，鼓励第三部门提供公益性产品。这些政策扶持包括给予充分的赋权和支持，采取特许经营、公私合营、贷款和贷款担保等形式与第三部门合作。③

总之，在公益性产品供给中，政府与民间资本可以充分扮演各自的角

---

① 凭单制，是政府给予有资格消费某种物品或服务的个体发放优惠券的一种制度安排。领取凭单的个人可据此享受特定的公共服务，然后政府用现金兑换提供公共服务的组织机构所收到的凭单。凭单制体现了政府对特定公共服务领域，如基础教育、公共卫生、公共住房等的鼓励、扶持意图和政策倾向，是直接补贴给公共服务消费者而非提供者，采取的形式是代金券，而非现金。

② 张祺瑞：《农产品批发市场经济性质评价及公益性优化路径研究》，硕士学位论文，兰州大学，2012 年。

③ 周燕、梁樑：《国外公共物品多元化供给研究综述》，《经济纵横》2006 年第 2 期。

色，发挥各自的作用。对政府而言，虽然是公益性产品的主要提供者，但在一定条件下，也应鼓励民间资本参与到公益性产品的供给过程中。尤其随着公共产品需求日益扩大，政府无力承担众多公共产品的生产，因此可以由非政府组织来负责提供，形成公共产品多元化供给格局。但是，要想实现公益性产品的市场化模式，政府就需要在规则制定、政策扶持、项目监管等方面发挥主导优势，为民间资本参与创造良好的外部环境。对民间资本而言，其优势在于熟知市场化运作方式，比政府更关注投入产出效果，这在很大程度上弥补了政府在提供公益性产品中重投入轻产出的缺陷，因此，除政府提供公益性产品外，利用民间资本实现公益性产品的多元化供给成为大势所趋。当然，民间资本对经济利益的追逐，也可能影响到公益性产品供给的数量与质量，此时，政府制定相应的监管机制是非常必要的，并以此约束民间资本在提供公益性产品时的行为。

第四节　公益性产品供给主体多元化选择

一　供给主体多元化发展趋势

不论是纯公益产品，还是准公益产品，从传统观点看，政府都有不可或缺的提供之责。不过，随着经济发展以及新公共管理浪潮的兴起，在各国实践中，公益性产品可以经由市场提供开始呈现逐步扩大之势，并且开始探索且发展了政府、市场以及其他供给方式。

供给主体多元化的一个表象是引入竞争机制，这是各国政府提供公益性产品的趋势。引入竞争机制既能够提高政府治理水平，也能够改善公益性产品提供的效果，实现政府的公共服务型功能。主要原因在于：一是有助于解决政府财力不足的问题，公益性产品所需资金较大，且难以产生显著的经济效益，如果所有公益性产品都由政府来提供，往往给政府带来巨大的财政压力。因此，实现公益性产品的多元化供给，将有利于减轻政府的财力负担。二是有助于提高公益性产品的供给效果，一般而言，公益性产品如果由政府直接提供，以往的经验表明，难免存在资金投入大、产出效果差，与公众要求脱节等缺点。所以，政府将市场机制引入到公益性产品提供中，采取政府购买、合作提供等形式，借助民间资本或民间机构提供部分公益性产品，可以提高公益性产品的供给效率，改善供给效果。不过，需要指出的是，实现公益性产品的多元供给，政府的责任并没有因此减轻，而是将重点放在创造良好的外部环境与加强监管机制建设上。

基于上述原因，自20世纪70年代以来，西方国家在公益性产品提供过程中开始引入市场机制，促进供给主体的多元化，通过政府与社会的密切合作，鼓励更多的包括私营企业在内的非政府部门加入到公益性产品的供给中，既提高了政府治理水平，减轻了财政负担，也改善了公益性产品的供给效果，尽可能地满足社会公众对公益性产品的需求，达到多方共赢的目的。①

公益性产品的多元化供给，其实是政府公共政策目标与市场营利性目标的有机结合。就公共政策目标而言，公益性产品供给满足了社会公众的共同需要，是政府履行职能的必然要求。就市场营利性目标来讲，尽管不排除某些机构以不追求营利为目标，但多数公益性产品的非政府供给者有一定的盈利需求，但这种盈利，如果与政府直接提供公益性产品所可能产生的效率低下、资金浪费相比，依然可能是物超所值。这样，就把政府实现社会共同需要的政策目标与公益性产品提供的效果改善建立起了有机的联系。当然，在这种联系中，政府的公共政策目标是首位的，市场营利目标必须服务和服从于公共政策目标，在此前提下，实现一定合理的盈利追求。

二　公益产品多元化供给的理由

公益性产品与公共产品类似，因此，公共产品的一些特性也同样适用于公益性产品。学理上，公共产品具有外部性，包括正的外部性和负的外部性。同样，公益性产品也具有类似的外部性。在正外部性下，生产或提供公益性产品的个人或厂商在实现自我收益的同时，也给他人带来收益，致使生产或提供公益性产品的个人或厂商的成本大于收益，但没有得到相应的收益补偿。在市场机制下，由于理性经济人的假设，享受这种额外收益的其他人常常出于"免费搭车"的动机，一般不会为获得由正外部性带来的额外收益而向生产或提供这种收益的个人或厂商付费的行为。市场机制要求成本和收益内在化，对竞争性和排他性的产品而言这是能够实现的，但对于非竞争性和非排他性的公益性产品则无能为力。如果不对正外

---

① 王宏伟：《公共服务市场化：政府职能转变的必由之路》，《中共山西省委党校学报》2004年第6期。

部性加以内在化，公益性产品的生产者或提供者就难有生产或提供的积极性。解决这个问题，一是可以由政府直接生产或提供公益性产品，以税收或收费的形式弥补生产或提供的费用，二是也可以由民间部门生产或提供公益性产品，政府利用补贴或购买的形式，对公益性产品的这些生产或提供者进行补偿，使其生产或提供的成本与其产出的收益相符。

对于后者，便涉及公益性产品的多元化供给问题。其主要原因在于：

一是政府的财力常常是有限的。尽管在"瓦格纳增长法则"意味着政府支出不断增长是一种趋势，随着政府职能的日益复杂，政府支出增长的很大一部分也是用于公益性产品供给（这尽管是客观事实），但是，经济社会发展使社会公众对公益性产品的需求日益多样化，要求也越来越高，在此情形下，政府很难用有限的财力满足社会公众日益增长的公益性产品需求的需要。而且，由于公益性产品由政府提供必须由政府收税或收费的形式来提供资金，假如政府持续不断扩大公益性产品供给，也就意味着社会公众的税费负担越来越重，政府规模也随之逐渐扩大，这对于公共财政乃至社会公众而言都将不是可持续的。

二是在社会公众的需求下，公益性产品的数量和质量都会不断提高的。正如上面所述，在有限政府财力约束下，公益性产品的数量增长和质量提高，如果都是由政府单独来实现的，将是一个较漫长的过程，短时间内很难做到。这就与社会公众的需求产生矛盾，也与政府的公共服务职能相悖。鉴于此，在政府指导和管制下，实现公益性产品的多元化供给，通过民间部门提供一部分公益性产品，有助于解决社会公众日益增长的公益性产品需求，满足他们的数量需求和质量需求。

三是实践经验表明，由政府提供公益性产品也往往是低效率的。政府提供的公益性产品的数量与质量不能满足社会公众的需求是低效率的一种表现形式。此外，一般而言，由于政府的强势地位，社会公众对公益性产品的需求诉求往往得不到及时的回应。还有，由政府提供公益性产品，存在着投入大、产出效果不明显等缺陷。因此，通过多元化供给，引入民间部门，可以把社会资本对经济效益的追求与政府对社会效益的追求有机地结合起来，以较少的投入，实现较大的产出，从而提高公益性产品的供给效率。

因此，所谓公益性产品供给的多元化或市场化，就是指政府针对社会公众对公益性产品的需求，通过一定的政治程序，在市场机制下，按照政府与提供者签订的合同，以规定的标准、数量、质量、价格等限制性条件，利用市场机制，由私人部门来提供公益性产品。同时，政府以政策、资金等形式给予相应的扶持，既满足社会公众对公益性产品的需求，又实现了政府的公共服务职能，还能满足民间部门对经济效益的追求，从而实现三方共赢的局面。[①]

三　市场化运营模式的现实效果

从世界各国的经验可以看到，公益性产品的多元化供给或市场化运营，带来了积极的效果。在西方发达国家，许多公益性产品都是由私人部门来提供的，比如垃圾处理、社会治安、水处理等。当然，公益性产品的市场化运营也并非一剂灵丹妙药，由于委托代理的问题，利用市场化运行模式，尽管有效率的提升，但可能存在着难以保证公平性的问题。一般来讲，解决这个问题，可以通过加强政府监管来实现。总的来看，政府注重公平性，市场重视效率，考虑到政府在公益性产品供给中的主导地位，实现两者的结合，政府应发挥积极的监管角色。不过，根据各国经验，在公益性产品供给领域，的确改善了公益性产品供给的数量与质量，也提高了效率。我国在借鉴国外经验的基础上，也开始引入公益性产品供给的市场化运营，以期达到提高效率、增加数量、提高质量的目的。

---

① 毛寿龙：《市场经济与政府治道变革》，《江苏行政学院学报》2014 年第 1 期。

第五章 流通产业公益性产品市场化供给模式

第一节 流通产业公益性产品供给原则

政府在提供公益性产品过程中，一方面要遵循流通产业发展的一般规律，另一方面也要考虑公益性产品的特点和属性，并将二者较好地融合。就前者而言，流通产业具有消除"耽搁迟滞和断档脱销"的天然职能，在促进宏观经济顺畅运行、提高经济效率、减轻经济周期波动，具有积极作用；而且，流通产业还具有"整合优化资源配置"的天然职能，能够实现经济结构优化、推动经济增长方式转变。就后者而言，公益性产品以注重公益为基点，能够为大多人所享有并且为社会带来公共利益，强调一定范围之内社会成员的共同利益，对"公平"的追求是其核心。因此，二者的有机结合实质上是效率与公平的有机结合。

一 将竞争机制引入流通公益领域

在流通公益性领域引入竞争机制，是公益性产品发展过程中的必然趋势。引入竞争机制实际上意味着，在流通公益性产品供给领域，要打破政府"一家独大"的垄断格局，降低准入门槛，让更多的私人部门和社会资本加入到流通公益性产品的供给中。

与政府部门相比，私人部门和第三方机构具有能够适应市场竞争的组织结构和激励机制，可以借助市场力量，在资源配置中实现高效率，而这也正是政府部门直接供应公共产品过程中所欠缺的。而且，私人部门身处激烈的市场竞争环境中，积累了相当程度的管理经验和技术手段，政府可以利用私人部门的这些优势，采取政府购买、特许经营、联合供给等方式，鼓励和支持私人部门介入到流通公益性产品的供给过程中。

为此，政府应主动采取积极措施，降低公益性产品供给的准入门槛，修改某些限制私人部门介入流通产业公益性产品供给的有关制度规定。对于与私人部门在这其中的合作，政府应尊重这些机构对经济效益的合理追求，并保证其能够获得一定的利润；同时，政府也应照顾到社会公众的利益诉求，并代表他们对私人部门的供给行为进行有效监督，构建相应的监管机制，使私人部门对利润追求的实现建立在社会公众对公益性产品供给满意的基础上。在引入私人部门提供公益性产品的过程中，政府的角色发生变化，由提供者转向监管者，对政府的监管职责要求更强，对监管手段的要求也更高，因此政府在支持私人部门参与流通产业公益性产品供给的同时，应健全监督职能，建立完善的监管机制，避免私人部门的逐利行为侵害社会公众利益。

二 公共管理注重法律和法规的制定

在流通产业公益性产品供给过程中，政府应将法律制度体系的构建作为前提和基础，在有法可依、有法必依的基础上，出台鼓励和扶持政策措施。当前，我国在流通领域已出现一些公益性产品由私营部门提供的情况，其中不乏成功案例，如果将这些典型个案上升为常态形式，还需要有健全的法律体系作为保障。制定具体法律，可采取两种方式：一是制定私营部门参与公益性产品供给的专门性法律；二是修改现行法律法规，增加允许私营部门参与公益性产品供给的相关条款，非常重要的是，应首先明确政府是鼓励私营部门参与公益性产品供给的；其次对于私营部门介入的领域、时效、数量、质量、奖惩等也应有明确的法律法规规定；再者对于政府的角色也需有明确的定位，对政府在私营部门供给公益性产品全过程的监管责任都必须予以明确的说明。健全完备的法律法规体系，本质上是维护社会公众的权益，满足公众享用公益性产品的需要，既体现了对政府的约束，也体现了对私营部门行为的约束，并尊重其合理的利润诉求。

三 采用私营部门的管理手段

私营部门在运营过程中，为应对激烈的市场竞争，在组织构架、人事管理、职位薪酬、奖励激励以及人才吸纳和储备等方面，积累了较为丰富的经验，具有较为成熟的管理架构和管理体系。因此，在鼓励私营部门参与流通产业公益性产品供给的时候，应借鉴私营部门的管理方式，注重移植一些成熟的管理技术与手段，并依靠这些符合市场竞争需要的管理做法，促进流通产业公益性产品供给从低效走到高效，从量少走向量多，从低质走向高质，从高成本走向低成本。

四　政府进行授权式管理

鼓励私营部门参与流通产业公益性产品供给，在政府与私营部门的关系上，实质上是一种委托—代理关系。在这种关系中，政府是委托方，即将公益性产品的供给通过一定的合同约定委托给私营部门；私营部门是代理方，即代理政府供给公益性产品。若要使这种委托代理关系得以顺利实现并良好运转，政府进行必要的授权是合理的，也是必要的。

授权意味着政府在一定的合同约定范围内，将有关的部分公益性产品的供给之责让渡给私营部门，也意味着在政府与私营部门的合作当中，两者之间需要有合理的权责边界。就私营部门而言，必须提供保质保量的公益性产品，并获得一定的利润空间；就政府而言，必须起到监管之责，奖惩分明，引导私营部门按照公共政策意图、社会公众需要有序地提供公益性产品，在给予一定的政策扶持外，也要保证私营部门一定的利润空间。

第二节　流通产业公益性产品多元化供给面临问题

一　对公益性和市场化认识模糊

一般存在两种模糊认识：一种是认为只要是公益性产品，就应该由政府来提供，而不需要引入市场机制，市场主体对经济效率的追求与公益性产品对社会效益的追求是不相容的；另一种则认为政府在提供公益性产品时存在效率低下的问题，而市场机制对资源配置是最有效率的，因此公益性产品供应都经由市场机制来实现。

总的来看，受传统体制的影响，在社会主义市场经济发展过程中，我国政府与市场的边界划分还不是特别清晰，在政府与市场的关系上，政府既存在"越位"问题，也存在"缺位"问题，同时还存在"错位"问题，因此在讨论流通产业公益性产品多元化供给过程中，首要任务是将政府与市场的关系厘清。

（一）政府"越位"、"缺位"与"错位"

简单地讲，政府"越位"是指在资源配置中，政府的一些行为超过了弥补市场失灵的范围，越过了市场对资源配置的决定性作用的界限。现实中，政府"越位"的主要表现有：第一，政府尚未从竞争性领域完全退出，通过利用国有资产和国有企业在市场运行中与民争利，既当裁判员又当运动员，对民营经济的发展设置有形或无形的壁垒，比如行政审批过多，在某些行业设置准入门槛，在政策执行上不能一视同仁，厚国有企业，薄民营企业，导致民营企业在不公平的竞争环境中与国有企业进行竞争。第二，政事不分，事业单位的功能定位不清。有些事业单位实际上是政府机构衍生的，名为事业单位，实质上却履行了政府的某些行政职能；有些事业单位虽然吃财政饭，但却像企业一样从事生产经营活动，获取利润；有些事业单位是非营利性质的公益性组织，但资金来源不足，难以为继。当前，政府并没有对所有事业单位根据其性质采取相应的分类管理。第三，社会中介组织（NGO）的独立性不强。这些组织大多依附于政府，使得其独立性和透明度受到质疑，缺乏相应的公信力。

政府"缺位"是指在政府应该发挥作用的地方却没有发挥应有的作用，或发挥的作用不到位，比如目前在流通产业安全领域、在保护中小流通企业成长方面，缺乏维护流通产业组织秩序的政策法规，导致国内中小流通企业生存艰难；即使在很多已出台的法律中，也存在缺乏配套法规，难以落地等问题，比如在物流业发展规划以及农产品批发市场领域中，都存在类似现象。

另外，在我国，政府还存在"错位"问题。所谓"错位"，主要是政府体系内部之间的权责划分不清晰。从横向上看，同一级政府的不同部门之间权责互为交叉，存在重叠现象，导致谁都可负责，谁也不负责的现象；从纵向上看，各级政府的权责划分也不清晰，例如中央将少许事权下放给地方，却没有提供相应的财力予以保障地方政府行使这些事权。

政府"越位"与"缺位"的原因在于政府与市场的关系没有界定清楚，政府要么干了该交由市场干的事，要么没干或干不好应由政府该干的事；而"错位"的原因正是政府体系内部各部门之间，上下级之间的权责没有厘清所致。

（二）公益性流通基础设施政府提供不足

公益性流通基础设施是人们的公共需要之一，因此需要得到满足，政府也有义务向社会提供这类产品。改革开放以来，我国流通领域实行了市场化改革，由于当时国民经济实力有限，很多应由政府承担的活动交由市场运作，虽然实现了效率，但是也带来很多问题，因而在很多基础领域忽视了流通产业的公益性职能，从而造成流通环节费用高、百姓基本商业需求难满足等问题。政府在实现流通公平功能方面未能有效弥补市场缺失，尤其在流通基础设施领域，包括冷链物流、大型配送中心、农产品批发市场等公益领域面临比较严重的"缺位"情况。

二　公益性产品供给方式单一

长期以来，受传统体制的影响，以及政府职能转变不到位，我国公益性产品一般都是由政府直接提供，所需资金也是由财政解决，政府成为公益性产品供给的直接责任者。这就可能产生两个问题：一是供应不足，由于存在需求信息不准的情况，比如政府有关部门对社会公众有关公益性产品需求的具体情况难以掌握或掌握不全面，造成政府在提供公益性产品之后，仍然难以满足社会公众的需求，比如各地不同程度存在的看病难、上学难问题；二是供应过度问题，很多时候因为政府有关部门掌握公益性产品的需求信息不全问题，不考虑社会公众的偏好，想当然地提供公益性产品，造成供给与需求不匹配，比如兴建的体育场馆利用率不高，保障性住房因位置偏僻、生活服务设施贫乏而闲置率较高等。

流通领域的公共产品供给也面临同样问题，像重要商品储备体系，目前许多地方各项储备商品费用补贴的范围和标准，都由当地财政部门结合实际情况核定，列入年度财政预算，年终或储备期过后清算，新增加的常年储备、季节性储备商品或大批量轮换的储备商品所需的贷款资金，则由承储单位提出贷款计划，报有关金融机构审定。项目资金审批机构与承担单位相分离，一方面需要对其加强监督管理，确保储备专项贷款专款专用；另一方面需要审批机构掌握企业生产经营中的问题和困难，及时调整资金安排，但是在实际运营中，审批机构难以及时获得准确信息，无法对企业需求提供实时帮助。

三　部分公益性产品供给质量低下

目前，我国流通秩序混乱、商业信用环境较差已成为流通业的痼疾，尽管有关部门出台了许多措施打击商业欺诈行为，整顿市场秩序，但是由于惩处力度较弱，并未达到预期效果。主要原因在于司法和执法工作落后于立法工作，法律缺乏应有的威严，在很大程度上制约了流通业的健康发展，同时影响了商业信誉，制约了公众的即期消费。此外，在流通基础设施领域，由于缺乏全国统一规划，各地纷纷建设大型物流园区，导致许多物流园区在规划和布局上不科学，比如与区域经济发展规划衔接不够导致园区发展定位不明确；与交通运输规划缺乏有效衔接，导致运输效率低下；与城市建设规划、行业资源配置等缺乏统筹协调，导致物流资源闲置等。再加上部分中小城市盲目建设导致与邻近物流园区之间缺乏沟通、各自为政，难以较好地适应国家整体物流布局的需要和满足企业供应链运作的需求，导致物流衔接不畅。①

四 政府对公共服务市场化缺乏监督

公共服务市场化后，既有助于减轻政府的财政负担，也有利于改善公共服务质量，增加公共服务数量。但这并不意味着政府可以借此减轻责任负担，相反，政府对公共服务市场化更应加强监管。

公共服务的供给经由市场来解决，政府的职能角色需要发生相应的转变，从公共服务的直接提供者向公共服务政策制定者、公共服务提供监管者的角色转变，从微观领域的干预者向宏观领域的调控者转变。在此情形下，政府的职责应是：①尽可能掌握社会公众的需求信息；②利用这些信息进行整理分析，从而决定是否提供某种公共服务，以及公共服务的提供数量和质量如何；③通过对公共服务本身性质的分析，决定该公共服务是由政府提供还是运用市场化；④政府对市场化的公共服务制定提供标准、监管内容、评估方法、奖惩范围等；⑤政府应及时搜集社会公众对市场化公共服务的反馈意见，以此作为今后改善市场化公共服务的依据。

第三节 流通产业公益性产品供给的理想模式

理论上，对于流通法律法规和政策制度等纯公益性产品的供给，其成本补偿都应由政府以税费的形式实行全额补偿，因此这些公益性产品的供给不会产生任何经济效益。对于诸如农产品批发市场、冷库仓储、废旧物品回收、公共服务平台等准公益性产品，政府可只对其具有社会效益的部分进行补偿，对其中能够产生经济效益的部分，由提供者通过收费的形式自行补偿其成本支出。对于城镇社区商业，政府可只负责社区商业的规划，而对于实际运营中的成本费用，在市场机制难以解决的情况下，可依

① 依绍华：《流通产业公共支撑体系构成及政府介入方式》，《中国流通经济》2014 年第 3 期。

据财力的可能给予一定的补助，尤其保证贫困家庭成为公益性产品供给的对象。

一　供给方式与公益性产品收入来源相适应

纯公益性产品一般没有收入来源或收入来源很少，在市场机制下这就决定了这类产品很难通过市场来供给，而必须经由政府直接供给，因为对经济效益的追求使得私营部门没有动力来提供这类产品，而提供这类公益性产品又是社会持续发展的必要条件。因此，纯公益性产品必须由政府来直接提供，并以此满足社会公众的公共需要。

准公益性产品有一定收入来源，但其收入来源不足以补偿自身的成本费用支出。准公益性产品具有正的外部性，也是社会持续发展所必不可少的。在政府财力允许的条件下，由政府提供也未尝不可。不过，各国实践表明，这类公益性产品也可以由私营部门提供，以便提高供给效率，并减轻政府的财政负担。私营部门提供准公益性产品的形式多样，其中以PPP模式最为典型。不管私营部门采取何种供给形式，政府给予相应的政策扶持是必需的，这其中必然离不开财政补偿、税收优惠等财力扶持措施。

二　政府供给范围与受益空间层次相适应

对于全国性政策法规、行政管理制度以及跨国性物流基础设施、国际商品信息平台、全国性重要商品储备中心、跨省区物流基础设施等全国性公益性产品应由中央政府提供；对地方行政管理制度、地区性物流园区、储备中心、废旧商品回收等地方性公益性产品由地方政府提供。

第四节　公益性产品供给主体多元化

一　政府与私人部门联合供给成为主要方式

从国外实践看，公私共同提供是一种比较现实的可行的方式。PPP模式（Public - Private - Partnership）是其中普遍采用的模式。在PPP模式下，按照双方签订的服务合同，政府提供一定的利润或成本补偿保证；合同的另一方——私营部门则按照合同约定的数量、质量标准，在合同规定的期限内，从事公益性产品的提供。

PPP模式的优点：一是双方都具有契约精神。通过PPP模式，政府与私营部门的关系是建立在严格的合同约定基础上，各负其责，都有自己明确的角色定位。政府对私营部门的供给全过程实施有效监督，并根据私营部门提供公益性产品的绩效分期支付服务费。二是合理的风险承担机制。政府的财力承诺降低了私营部门的融资难度，其相关的扶持政策也减少了私营部门的运营风险；而私营部门利用其市场竞争下的经营经验，提高了公益性产品供给的效率，从另一方面也降低了政府提供公益性产品不足、未能满足社会公众的公共需要的风险。

二 实现政府—企业—第三部门共同参与

第三部门指具有民间性、公益性、自治性、志愿性等基本特征的社会公益组织，又称为非政府组织（简称 NGO)[1]、非营利组织（简称 NFO）、志愿组织、慈善组织等。在现代社会经济中，政府和企业是两个基本部门，政府代表凌驾于市场之上的公共力量，被称为第一部门；企业代表市场力量，被称为第二部门；第三部门实际上是社会中处于政府和市场之间的第三种力量。[2]

当前在我国，各种第三部门发展迅速，数量庞大。第三部门因其具有非政府、非营利、志愿等特有的属性，在公益性产品供给中具有不可或缺的作用。在国外，第三部门在经济社会生活中扮演着重要角色，教会、慈善组织、环保团体等，在社区服务、扶贫救弱、防灾救灾等方面，都可看到它们的身影。而且，国外第三部门的发展已超过了国界，在国际公益性产品供给中扮演了重要的辅助角色，对各国政府参与全球治理起到必不可少的弥补作用。这些第三部门既没有政府那样的官僚机构，也没有私营部门逐利的本性，可算是公益性产品天然的供给者。

目前，我国第三部门虽然数量较多，但多与政府有着千丝万缕的联系，甚至有的第三部门，名义上是第三部门，但实质上是某些政府部门下属机构的变种。这些第三部门，在提供公益性产品时，免不了带有政府色彩，对公益性产品供给的数量和质量产生不利影响。因此，我国在推动第三部门健康发展的过程中，首要前提是要正确处理政府的权力边界，彻底实现政府与某些第三部门的脱钩，使之成为独立运行、专门提供公益性产品的机构。此外，我国有关第三部门的法律法规还不健全，关于第三部门

---

① 许莲凤：《公共产品供给中第三部门的重要性》，《闽江学院学报》2008 年第 6 期。
② 同上。

的地位、作用、权利及义务方面还存在不少的模糊或空白点；对第三部门参与公益性产品的形式、与政府之间的关系，甚至与企业之间的关系，更没有具体的、可操作性的规定。

虽然目前我国第三部门还存在着上述各类问题与不足，从发展的角度看，我国第三部门还有很大的发展空间，但必须以消除体制障碍、制度障碍、观念障碍为前提，为第三部门的发展松绑，并提供适宜的生成与成长环境，进而为公益性产品实现第三部门供给创造有利条件。

三　流通服务体系实现社会化

一是政府可以通过税收优惠、财政补贴、特许经营等扶持政策，支持各类社会组织和个人，积极参与流通服务社会建设，既可以采取独资方式，也可以采取与政府有关部门合资形式，实现流通服务体系的社会化。

二是积极推进流通服务体系的供应链建设。流通社会服务体系服务形式的多样化和服务内容的丰富化作为重点任务来抓。从事流通服务的单位组织应采取有效措施，通过服务把顾客、卖场、产地有机联系起来，从而实现服务一条龙。以优质的服务态度、丰富的服务内容、便捷的服务渠道等，满足社会大众的需求，提高服务质量。

三是增加流通服务体系中社会组织的自我发展能力，通过政策扶持，增强其发展后劲。在此情形下，可以考虑把股份合作制作为构建流通社会化服务体系建设的重要抓手，促进流通社会化服务体系建设走上可持续发展的轨道上。

四　政府角色在多元化供给中实现重新定位

一是向公共服务型政府转变。在厘清政府与市场边界的前提下，充分发挥市场在资源配置中的决定性作用，市场能做好的，必须交由市场，市场做不好的，由政府发挥作用。

二是强化政府政策的导向功能。在公益性产品供给过程中，政府政策的导向功能很重要，尤其是在公益性产品实现多元化供给后，政府可以就需要重点发展的公益性产品，通过采取一系列的政策措施，引导私营部门、第三部门扩大公益性产品的供给数量，提高这些产品的供给质量。

三是充分发挥公益性产品多元化供给主体与受众之间的桥梁作用。对于何种公益性产品由非政府的其他部门提供，政府要积极听取社会公众的意见和建议，对于多元化供给的效果，政府也要对社会公众的反馈给予十分的重视，并将反馈意见转达给多元化供给主体，从而提高供给质量。

　　四是强化政府的监管角色，实现政府从运动员到裁判员的转变。政府要有积极作为，对公益性产品供给的全过程实施全程监控，切实维护社会公众的公共权益，同时保证多元化供给主体的合法权益。

第六章 完善流通产业公益性产品供给机制的思路

第一节 正确处理政府与市场的关系

党的十八届三中全会通过的《中共中央关于全面深化改革若干重大问题的决定》，明确指出"使市场在资源配置中发挥决定性作用"。从过去的"市场对资源配置起基础性作用"进一步提升到"决定性作用"，不单单是修饰语的变化，更重要的是性质的变化，是对市场配置资源作用认识上的深化。"决定性作用"意味着政府彻底从竞争性领域退出，不与民争利，将工作重点转移到为各市场主体平等参与市场竞争创造公平的环境上来，积极发挥"看不见的手"的作用，市场能办好的，坚决交由市场，管住政府这双"看得见的手"。对于公益性产品供给，由于政府直接投资往往出现低效率或"寻租"问题，因此政府应以政策扶持和法律制度的制定来提供支撑，同时应采取市场化手段代替直接供给，实现公益性产品供给的社会效益与经济效益的有机结合。

第二节 在政府机构引进竞争机制

在政府机构引入竞争机制的好处在于可以打破垄断，提高效率。根据党的十八届三中全会精神，在公益性产品供给领域，可以大力推广政府购买形式，从而使公益性产品供给实现多元化。在政府财力有限的条件下，提高效率意味着可以用较少的财政投入，实现尽可能最大化的产出效果，提高财政资金的使用效果，变重投入为重产出，减少财政资金浪费。另一方面，结合预算管理制度改革，引入竞争机制，也有助于实行绩效预算，对政府购买结果进行绩效考评，为建立健全问责机制创造条件，为实现阳光理财、科学理财奠定坚实的基础。

第三节　实现流通公益性产品的多元化供给

流通公益性产品种类较多，从营利能力来划分，大致可分为三类：无营利能力的；有少许营利能力，但不足以弥补其运营成本费用的；有营利能力，且除弥补其运营成本费用后还能有利润的。因此，根据流通公益性产品的营利能力，针对不同情况，采取不同的供给方式。

鉴于流通公益性产品具有正的外部性这一特点，政府在这类产品供给中应居于主导地位。而这种主导地位，并不就意味着必须由政府直接提供流通公益性产品，而是指政府必须从维护公共利益出发：一是要确定社会公众对流通公益性产品的需求量；二是制定流通公益性产品供给的数量和质量等标准；三是建立健全流通公益性产品供给的监督与评估机制，四是建立健全流通公益性产品需求者——即社会公众——的信息反馈与回应机制。在政府主导下，根据流通公益性产品的不同情况，或采用政府供给方式，或采用公私合作方式（也可称为民营化方式）。

一　政府供给

简言之，政府供给就是由政府有关部门直接向社会公众提供流通公益性产品。具体来看，又可细分为政府服务和政府间协议两种形式。

（一）政府服务

政府服务是由政府向辖区内的社会公众来直接提供流通公益性产品。例如，在辖区内举办社区流通公益性服务设施，方便社区居民。由于这类设施规模小，难以形成规模经济，但又对改善当地百姓生活、实现生活便利化有很大的助益，因此在私人资本无兴趣兴办的情况下，可以由政府直接出资兴办，以此提供政府服务，实现这种流通公益性产品的政府供给。

（二）政府间协议

这种方式是指某个政府可以付费给其他政府以提供流通公益性产品。在美国，小城镇的政府常常从一些专业化的政府单位购买图书馆、娱乐设施等，如县政府就会与市镇政府签订合同，付费给后者以维护穿越市场的县级公路①。借鉴这种经验，对于一些可能由本级政府无力兴建或管理的流通公益性设施，也可采用向其他级政府购买的方式，以更好地解决流通公益性设施地区间分布不均衡的问题以及应对日益上升的成本开支。

二　民营化方式

民营化方式是指在政府的安排下，由私人部门提供流通公益性产品，并由政府付费给私人部门。在民营化方式中，又可具体分为合同承包、特许经营、补贴等多种形式。

（一）合同承包

党的十八届三中全会通过的《中共中央关于全面深化改革若干重大问题的决定》（以下简称《决定》）中指出，"推广政府购买服务，凡属事务性管理服务，原则上都要引入竞争机制，通过合同、委托等方式向社会购买"。② 根据《决定》的这一精神，在流通公益性产品供给中，可以大量采用合同承包方式，然后通过政府购买方式实现该产品的供给，实质上将政府的流通公益性产品的供给之责外包给私人部门，例如，对农产品质量检测，可以委托给第三方检测机构，检测机构为独立运营机构，同时接受政府委托，承担农产品质量检测功能，在人员资质、检测设备等方面按照国家要求配备，对检测结果承担责任，由政府出资按检测报告数量定期购买其检测服务，从而减轻农产品批发市场负担。

（二）特许经营

在流通公益性产品供给中，特许经营是其中一种可供选择的方式。它是指政府将某种流通公益性产品的供给特许给某一个私人部门进行垄断性经营，这种方式通常是在政府实施的价格管制下进行的，与合同承包的区别在于付费方式不同。在合同承包方式下，是由政府向流通公益性产品提供者支付费用，而在特许经营方式下，是由流通公益性产品的消费者向流通公益性产品的提供者——私人部门支付费用。因此，特许经营方式比较适用于可收费的流通公益性产品的供给，例如，商业信用体系平台，可采取注册会员制，主要是面向企业客户收费，既督促企业信守诚信，又可提供相关服务，帮助企业甄别客户的信用等级。

---

① E. S. 萨瓦斯（E. S. Savas）：《民营化与公私部门的伙伴关系》，周志忍等译，中国人民大学出版社2002年版。

② 中共十八届三中全会：《中共中央关于全面深化改革若干重大问题的决定》，2013年11月。

（三）补贴

对于需要鼓励消费和促进发展的流通公益性产品，政府可以实行一定的补贴政策。在此方式下，补贴又可细分为对流通公益性产品供给者的补贴和对该种产品消费者的补贴。就前一种形式的补贴而言，补贴政策包括直接的财政资金补贴、减免税等税收优惠、财政贴息、贷款担保等。这种形式的补贴有助于降低特定流通公益性产品的供给价格，使那些在没有给供给者补贴情况下有一些人就很可能无力购买的流通公益性产品，比如对农产品中的白菜、土豆、萝卜等基本蔬菜进行价格补贴，在保障供应的同时，既控制价格波动，又保障价格处于较低水平，从而满足居民基本需求。

另一种形式是直接对流通公益性产品消费者进行补贴，可称为凭单，即政府给予有资格消费某种物品或服务的个体发放优惠券，而非现金。领取凭单的个人可据此享受特定的公共服务，然后政府用现金兑换提供公共服务的组织机构所收到的凭单。在流通领域，可以让消费者根据自身情况自由选择所要消费的流通公益性产品，比如接受此种补贴的个人可以持相关凭单，到任何农副产品市场采购生活必需品，而非到指定地点去购买。

（四）非营利部门的志愿提供

随着我国非营利组织的迅速发展，流通公益性产品也可由非营利部门来志愿提供。非营利部门提供流通公益性产品，需要有一批热心公益的人士，愿意花费时间和钱财，也需要有一定的相应专业技术知识，且具有持久性。当然，由非营利部门来志愿提供，既可以指直接提供流通公益性产品，也可以指由某个非营利组织出钱购买私人部门生产的该种产品。

（五）多种方式混合提供

第一，将前述流通公益性产品供给安排方式进一步归纳，并根据公私合作关系是公共和私人部门共同参与流通公益性产品供给安排的这一界定，合同承包、特许经营、补贴等方式都可被划入流通公益性产品公私合作供给这个大类中，可见，公私合作是个比较宽泛的概念和范畴，只要涉及公共部门与非公共部门（包括私人部门和非营利部门）共同参与流通公益性产品的供给安排，都可被归类为公私合作模式。

第二，前述几种流通公益性产品供给安排，并不是指在某一种供给中自始至终都采取一种方式，也可以采取多种方式组合使用的形式，例如，对某种流通公益性产品的供给，可以将政府购买、合同承包、补贴、非营利部门等几种方式组合使用，以实现供给效益的最大化，提高供给效率，降低供给成本。

第四节　以"购买—建设—经营"模式为突破

"购买—建设—经营"模式起源于国外，经过多年实践发展，已逐渐成型。这种模式，一般指在 PPP 模式下，由政府和私营部门进行合作，在政府部门发放特许经营证的前提下，私营部门介入流通公益性产品的供给。私营部门承担该公益性产品供给设施的改造升级，并接管改造升级后的日常经营。经营者根据与政府签订的合同约定向使用者收取使用费，并向政府缴纳一定的特许费。通过这种形式，可以加快流通公益性产品供给设施的改造、升级速度，也在一定程度上解决了政府资金不足的问题。①

当然，这种模式对我国而言尚属新生事物，借鉴国外经验固然有利于发展我国的流通公益性产品的供给，但更重要的是考虑我国国情。根据本国实际情况，选择适合自己的模式与发展路径。对此，当务之急是建立健全必要的法律法规体系，依法确定政府与私营部门合作中双方的权利与义务，既使私营部门的投资者有一定的回报，也保证了政府在其中的监管地位与作用，也更好地维护广大百姓的切身利益，从而使政府与私营部门在公益性产品供给领域的合作走上规范化及可持续的发展道路。

第五节　切实维护社会公众利益

流通公益性产品供给的目的，是要尽量满足社会公众的公共需要。从这个意义上讲，实现社会公众利益最大化，一方面在既定的流通公益性产品供给数量和质量下，用尽可能少的财政支出或公众支付的费用，实现尽可能大的供给效益；另一方面在既定的财政支出或公众支付的费用下，尽可能提供量多质优的流通公益性产品。无论哪一种形式，都必须讲究"物有所值"。为此，政府在流通公益性产品供给中的主导地位不容忽视，

---

① 刘天军：《农业基础设施项目管理研究》，博士学位论文，西北农林科技大学，2008 年。

要制定相应的制度，采用成本效益分析法等评估方法，在流通公益性产品供给中，通过比较与权衡，选择"物有所值"的一种方式或几种方式的组合，使供给过程中的各利益相关者，如政府、私人部门、社会公众等，都实现相应的利益诉求，并在此基础上，实现社会公众利益的最大化。

第六节　完善税制，保证公益性产品资金需求

一是清费立税，对于不合理、不全适宜的收费要坚决取缔，将具有税收性质的收费改为税，为公益性产品多元化供给创造良好的外部环境；二是在"营改增"过程中，注重对流通企业进行倾斜，通过短期补贴或税收优惠，减少其损失，同时尽快扩大征收范围，在全社会建立起完善的增值税征收体系，减轻流通企业负担；三是继续完善税收优惠政策，在市场对资源配置发挥决定性作用的前提下，根据国家相关产业政策，对需要鼓励发展的产业实行具有一定时限的税收优惠政策，比如对农产品批发市场、物流企业、餐饮企业等实行税率减免；四是强化税收征管，充分利用信息化技术，尽快实现涉税部门，如工商、银行、海关等单位的计算机联网，强化税源监控，做到应收尽收，提高税收质量，为纳税人做好服务工作，促进纳税遵从，降低征管成本和纳税成本。

第七章 发达国家和地区公共产品 供给经验借鉴

正如第六章所述，随着改革的不断推进、经济社会发展水平的不断提高和人民需求的日益上升，我国公共产品的供给还存在投入不足、效益不高、机制不健全等问题，这在一定程度上制约了经济社会的发展和人民生活水平的改善，因此，必须对我国公共产品供给方式存在的弊端和问题提出解决的办法。西方国家对公共产品供给理论的研究比较早，形成了很多具有借鉴意义的理论，其实践经验较我国也更为成熟，对其他国家和地区的公共产品提供的经验进行探索考察、比较研究，可以帮助我国公共产品供给改革过程更加平衡有序的发展，少走弯路。朝着正确的方向发展。

就理论而言，西方公共产品供给理论经历了由古典经济学、传统公共产品理论向纯公共产品理论、现代公共产品理论的过渡。古典经济学在坚持市场经济的大前提下突出政府在供给中的作用，但又限制政府职能向市场失效之外的领域伸展；在传统公共产品理论[①]中，奥意财政学派[②]主张将私人产品的市场交易原则运用到公共产品的配置上，瑞典学派对公共产

---

① "公共产品"一词最早见于财政学著作。1936年，美国翻译出版了意大利学者马尔科的《公共财政学基本原理》（*First Principles of Public Finance*），该书首先使用"Public Goods"一词。公共产品理论作为一种系统的理论，直到19世纪80年代才由奥意财政学派创立。需要指出的是，这是得益于19世纪70年代经济学说史上发生的"边际革命"。

② 奥意财政学派学者用边际效用理论来说明公共产品理论。他们认为，边际效用理论除了适用于私人产品外，还适用于公共产品，但由于公共产品消费（效用）的不可分性，人们无法通过消费数量的调节来改变边际收益，因此只能通过改变成本（税收价格）来适应同一数量的公共产品。这具体表现为不同的个人支付不同的税收价格。其中，潘塔莱奥尼、马佐拉、马尔科、萨克斯等对公共产品理论的系统构建做出了贡献，以公共产品的有效供给为主体。潘塔莱奥尼在1983年发表的《对公共支出理论的贡献》一文中，对公共支出作了分析，开启了公共产品理论定量化研究的先河。马佐拉在1980年出版的《论财政科学》一书中，对公共产品价格的形成作了系统的表述，把国家活动视为一种特殊的受资源稀缺性约束的生产性活动。顾笑然：《公共产品思想溯源与理论述评》，《现代经济》2007年第9期。

品提供数量与公民税收负担安排进行讨论，将税负理解为取得公共产品应支付的价格；自愿交换理论则认为人们在公共产品市场中倾向于隐瞒真实偏好逃避付费；萨缪尔森首次提出了纯公共产品的定义，并使边际效用理论在公共产品最优配置中得到了彻底的运用；而现代公共产品理论以准公共产品为研究对象，论证公共产品的供给可以通过市场实现，包括林达尔均衡理论、产权理论和俱乐部假说与以足投票理论等。这些理论为我国公共产品的有效供给提供了参考。

就实践经验而言，由于各国历史传统、政治体制和经济发展阶段的不同，由谁来提供公共产品在各国以及各国的不同发展阶段都有所不同。供给方式和供给数量也都呈现出不同的特点。美国是最发达的资本主义国家，奉行自由市场经济，以小政府和大市场著称，且是分权的联邦主义的典型，因此公共产品的供给是多元化的，通过市场机制提供公共产品占了很大部分。在国家福利比较发达的欧洲各国，中央政府干预经济的范围较广，但近年来各国也纷纷开展民营化改革，调整政府职能与角色，加强市场参与，如丹麦的"回应性国家"和英国的"服务型政府"[1]，而在社会主义国家，绝大部分公共产品都由中央政府直接提供。

以下详细介绍了世界部分国家和地区公共产品提供中的实际经验和公共产品供给方式变革的主要内容，希望对我国改善公共产品供给水平提供一些参考和借鉴。

第一节 部分国家和地区提供公共产品的经验和做法

一 美国：市场机制与行政调控的有机结合

美国公共产品供给的发展历程经历了供给主体的变迁，先后表现为由市场供给、志愿供给向政府供给转移，到政府供给向市场供给和志愿供给转移的趋势。[2] 在美国，公共产品供给最初都是由非营利组织承担，联邦政府基本不干预，政府的作用只局限于国防、警察以及简单的行政管理。

---

① 黄慧、高明：《国际视角下我国公共物品供给方式改革的思考》，《华中农业大学学报》（社会科学版）2009 年第 6 期。

② 张颖：《美国公共产品供给演进轨迹研究》，博士学位论文，辽宁大学，2008 年。

1929 年经济大萧条爆发后，政府加强了对经济社会的干预，政府的作用开始强化。"罗斯福新政"加强了联邦政府的权力，开始加大对州和地方政府的转移支付，公共产品由政府提供的范围开始扩大。随着"新公共管理"运动的兴起，美国公共产品供给的民营化进程不断加深。[①]

自 20 世纪 80 年代开始，美国开始实施公共产品市场化供给，采取行政调控与市场机制有机结合的方式，来提高政府公共产品的质量和水平，目前美国的公共产品提供主要有以下特征：

（一）引入竞争机制，供给主体多元化

美国各类公共产品供给的民营化形式主要分为委托授权、政府撤资、政府淡出三大类。委托授权是民营化最常用的方式，政府把实际生产活动委托给民营部门，具体通过合同承包、特许权交易、补贴、法律授权等形式来实现。政府撤资包括建立合资企业、将企业出售给私人机构等。政府淡出则是一种渐进的消极过程，即某些行业随着政府放权管制而逐渐被民营部门取代[②]，如随着美国逐渐对邮政业放松管制，民营部门在邮政业的市场份额不断提高。

通过引入竞争机制，政府对公共产品供给主要采取竞争投标的方式进行政府采购，由此使不少非政府部门承担了公共产品的供给之责，这样有助于降低公共产品供给成本，提高供给效率，因此，合同承包成为公共产品供给民营化改革的核心。

（二）政府角色发生转变，由"划桨"变为"掌舵"

公共产品供给民营化从各国实践看是一种趋势，从以政府为主体的公共产品供给模式向公共产品供给民营化方向转变，使得非政府部门对公共产品领域的涉入不断加深，政府在公共产品供给中的角色也应做相应的改变，需要并开始从公共产品的直接供给者转变为公共产品供给过程中的政策制定者、购买者和监管者，通过适当的干预形式，促进公共产品民营化合法合规，满足社会公共需要，实现政府、非政府部门与广大社会成员三方的共赢。政府从公共产品供给的主导者角色向指导者角色的转变，这一过程被形象地称为从"划桨"到"掌舵"的转变。

（三）非营利组织发挥重要补充作用

在公共产品供给方面，相比世界其他国家，美国的非营利组织发挥了

①　阮萌：《中国公共物品供给转型的路径研究》，博士学位论文，南开大学，2009 年。
②　同上。

独特的作用。高度发展的非营利组织，一定程度上充当了政府和市场的好帮手，为社会提供了大量的公共产品，特别是提供一些满足部分人特殊需求的公共产品，起到拾遗补阙的作用。

早在 19 世纪，美国政府就曾有向非营利组织购买公共服务的实践。20 世纪 70 年代，新公共管理理论兴起，它在公共服务供给中引入了竞争机制，以限制和缩小政府规模。由此，从 20 世纪 80 年代开始，美国开始了大规模的公共产品非营利部门供给实践。美国的非营利组织历史悠久、数量庞大、经济实力雄厚、从业人员众多，其涉及领域主要是社区内的公共事业服务，如社会服务、培训服务、住房和社区发展、健康以及文化等。① 目前，美国非营利组织已经成为美国社会公共服务的重要供应者之一，全美 58% 以上的医院、46% 以上的高校、86% 以上的艺术组织以及近 60% 的社会服务都是由非营利组织负责的。政府主要是通过特定服务拨款或者与非营利组织签订合同的方式购买非营利组织公共服务。据统计，非营利组织收入总额中来自政府部门的资源为其收入总额的 31%。②

（四）坚持公共产品提供的顾客导向，追求高回应性供给

坚持顾客导向是美国公共产品市场化改革的主基调，政府重视听取顾客意见，作为改进公共产品供给的依据，公众在公共产品供给中的角色由被动接受者转变为消费者。

在美国，传统的公共产品供给模式被认为忽视了社会公众的需求，公共产品的提供不是由社会公众的需求来决定，而是由提供者的主观意识决定，在很大程度上不利于个人、家庭和社会团体积极性、主动性和创造性的发挥，造成公共产品提供的单一，缺乏多样性，从而导致公共产品供给的高成本、低效率和浪费。因此，美国公共产品供给机制的改革方向，强调顾客导向，把公民变成消费者，以市场多元化供给取代政府单一供给，给公民提供"以脚投票"、自由选择服务机构的机会，同时重视社会公众对公共产品供给的感受和意见，并对公共产品供应的满意度进行测评。③

（五）提高政府绩效，塑造"企业化政府"

在美国，为了提高公共产品供给的有效性，在公共部门中引入市场机制，建设"企业型政府"，以提高政府绩效。在供给上，将市场机制引入

---

① 阮萌：《中国公共物品供给转型的路径研究》，博士学位论文，南开大学，2009 年。
② 曾映明：《美国公共服务运行机制及启示》，《特区实践与理论》2011 年第 1 期。
③ 王丹：《中国公共物品供给变革及其实现途径》，硕士学位论文，武汉大学，2005 年。

公共部门，利用市场机制改进公共部门工作作风，使得公共部门能够像私人部门一样，具有一定的竞争力，能够与私人部门展开竞争，从而提高公共产品及服务供给的效率。竞争机制的引入使公共部门服务更接近于市场机制下私人部门的运行状态，必须接受市场考验，在竞争中求得生存和发展。同时，私人部门拥有的大量管理经验、管理措施、管理技术为公共部门所仿效，由此提高了政府绩效，改善了公共产品的供给。①

（六）地方财权保证了地方提供公共产品的财力

提供高效优质的公共产品，必须有相应的财政资金支持。美国采取完全的分税制，联邦与地方均有独立自主的财政立法权和财政收支管理机构，互不隶属；中央和地方税种明确，不存在共享税，地方政府有权根据需要，在当地居民同意的前提下，开征新税种或设立新的收费项目。同时，联邦政府通过财政补助制度对地方政府进行有条件、无条件的补助，一方面保证地方政府职能的实现，另一方面也有助于实现联邦政府的政策意图。财权划分清晰，特别是地方政府财权独立，再加上联邦政府的财力支持，使地方政府拥有相当的可支配财力，很大程度上保证了地方提供公共产品的资金需要。

二　英国：改善政府绩效，以竞争推动有效供给

英国是公共产品供给改革的先行者。从 1979 年撒切尔夫人时代开始，公共产品供给进入了改革进程，布莱尔上台后，实施"现代化"政府运动，更将公共产品供给改革推向了新阶段。总的来看，英国实现了从政府主导的多元化供给向市场主导的多元化供给转变，通过提高政府供给绩效和引入市场竞争机制来提高公共产品供给的效率和水平。

（一）强调服务意识，提升政府绩效

在英国的公共产品供给中，政府的角色被定位于服务者，而非管理者，为了提高政府的服务意识和服务质量，实行政府服务承诺制。主要内容包括：一是"客户"至上，给其最大限度的便利，而不是将方便留给政府；二是最大限度实现公开透明，公职人员挂牌服务、公共机构公示自己的服务标准和投诉程序，以方便社会各界监督；三是以公众和舆论监督为主要约束力；四是重视电子政府的建设，采用新的科技手段来改善政府的公共产品供给绩效，英国政府在政府公共服务中广泛运用了电子信息化

---

① 王丹：《中国公共物品供给变革及其实现途径》，硕士学位论文，武汉大学，2005 年。

技术，以技术提升来提高公共服务的服务水平，取得了较好的成绩。①

（二）以竞争推动供给效率的提高

以国有企业的大规模私有化为标志，英国大力推动将市场竞争机制引入公共部门。自 1979 年英国石油公司出售股份开始至 1992 年，三分之二的国有企业实现了私有化，同时，梅杰政府还推出"竞争求质量"运动，打破了政府在公共服务领域的垄断。

英国政府认为，国有企业的私有化只是解决公共部门效率低下的办法之一，提高公共产品供给水平与效率的关键取决于是竞争还是垄断。这种竞争既包括私人部门之间的竞争、公共部门与私人部门之间的竞争，也包括了公共部门间的全面竞争。

推动公私竞争的主要做法是"市场检验"，包括竞争招标制、合同出租制等多种方式。所有政府活动，都要通过"市场检验"来决定最终的提供者，政府内部的服务提供者与私营部门的服务提供者进行竞争，相互比较提供成本和效率，是公私竞争原则的进一步确认和制度化体现。②

至于公共部门之间的竞争，有两种形式：一种是"客户竞争"，通过将公共服务分散化、服务机构小规模化，给"客户"以自由选择的权利和便利，迫使公共部门之间为赢得"客户"而展开竞争；另一种是在公共部门内部引入竞争机制，通过最佳价值、全面绩效评估等方式加强绩效评估，通过对结果的比较和评价增强公共部门内部的竞争。③

（三）重视社会公众的参与

在公共产品供给市场化改革过程中，英国除了重视政府、企业、市场的重要作用外，还认为广大社会公众也是提高公共产品供给水平的重要力量。英国注重发展和利用社区、志愿者团体、公益组织等社会团体来补充提供公共产品；与此同时，积极引导公众主动参与，通过信息公开、外部监督与测评等方式保证公众知情权和监督权，拓宽公众对公共产品需求的表达渠道。

英国的公民宪章运动主要针对难以私营化的垄断性公共产品供给行业，包括非营利性公共产品供给行业，如环境卫生、城市公共交通、公共

---

① 王丹：《中国公共物品供给变革及其实现途径》，硕士学位论文，武汉大学，2005 年。

② 王健康：《中国公共产品有效供给机制研究——从服务行政的理念进行解读》，硕士学位论文，西南政法大学，2011 年。

③ 王丹：《中国公共物品供给变革及其实现途径》，硕士学位论文，武汉大学，2005 年。

文化设施等，以及管制性公共产品供给行业，如户籍管理、执照核发等。公民宪章运动的基本内容，包括制定明确清晰的服务标准，并向被服务者公布，同时公开服务内容、管理机关、运行状况、开支与成本状况和承担服务的具体机构等各类信息，以及建立方便有效的公民投诉受理监督机制等。[①] 从而保证了公众知情权和监督权得以落实并发挥作用，提高了公共产品的供给绩效。

三　德国：以高度法制化规范公共产品提供

（一）清晰严谨的公共产品供给法律框架

与英国等推崇公共产品市场化的国家不同，德国优先考虑公共部门的内部管理结构和系统的现代化。其主要特征是加强公共产品提供的制度化和法制化建设，要求必须按照法律规定提供公共产品。

德国《基本法》和相关政策对各级政府在公共产品供给中的权责以及目标任务都有明确规定。同时，强调各级政府的事权不能相互混淆，属于哪一级政府的事权就要由该级政府来承担，法律明令禁止本属于联邦或州的事权以命令的形式转嫁给地方政府。在确定各级政府供给公共产品事权的同时，法律还明确规定了乡村公共产品供给的财力保证机制，做到事权与财力相适应。[②]

（二）创造公共产品供给的良好环境

除公共产品供给具有清晰严谨的法律框架外，德国公共产品供给机制还具有以下特征：一是地方政府有很大的自治权，可以根据地方实际情况有针对性地供给公共产品，其责任既不能下派也不能上移；二是公共产品供给拥有强有力的政府财政支持，实行与其政治体制相配套的三级管理模式，并制定了《财政平衡法》来调节各级政府之间的财政平衡，保证地区间公共产品供给水平的基本一致；三是具有健全的监督机制，对公共产品供给决策、资金使用、市场化等问题进行体制内和体制外的监督，包括法律规章的内部约束、专门机构如地区监督服务公署（ADD）监督、非政府组织、媒体舆论等体制外监督等多种监督方式；四是发达的非营利性组织在公共产品供给过程中起到良好的补充作用。

---

① 王健康：《中国公共产品有效供给机制研究——从服务行政的理念进行解读》，硕士学位论文，西南政法大学，2011 年。

② 杨瑞梅：《德国地方政府供给乡村公共物品的经验和启示》，《海南大学学报》（人文社会科学版）2006 年第 3 期。

目前，我国公共产品的提供主要以政府为供给主体，这一点与德国有所类似，因此德国在公共产品供给方面的实践经验为我国提供了较有价值的参考和借鉴。

四 日本：推进国有企业民营化、重视农村公共产品供给

（一）国有企业民营化改革缓解公共产品供给不足危机

日本在经历泡沫经济、陷入低迷状态以后，政府财力难以满足民众的公共产品需求，以国有企业民营化为主的公共产品供给机制变革成为缓解这一困境的重要举措。日本于 1985 年成立临时行政调查会，提出应减少行政干预，建立有竞争力的机构，放开国有企业经营。通过民营化改革，企业实现了服务改善、盈利增加、员工精简的目标。[1] 20 世纪 90 年代以来，随着新自由主义风靡全球，日本的行政体制改革也大踏步地向前推进，"应该由民间做的事情，就让民间去做"成为政府共识。为此，公共部门积极引进民间力量。从 2005 年起"市场化试验"正式展开，时任首相的小泉内阁把职业培训、国民年金保险的征收业务等 8 项公共服务作为示范型事业的对象，通过竞标委托给民间经营。这种在"市场化试验"中，由政府委托民间部门提供公共服务的行为，即是政府购买公共服务的活动。[2] 年，日本政府专门出台了《关于导入竞争机制改革公共服务的法律》，用于规范政府公共服务供给活动，并向民间开放公共服务市场，削减政府财政支出，促进经济发展。

（二）高度重视农村公共产品供给

相对于其他发达国家而言，日本政府十分重视农村公共产品的提供。尽管农业对于日本财政收入的贡献度低，但日本政府用于农村公共产品供给的财政支出规模相当庞大。通过财政资金的大力投入、低息贷款等金融工具的合理利用、政府—农协—农户三方的互动和一系列立法的保障，日本在农村公共产品提供方面取得了良好的效果。

在操作方式方面，日本政府对农业的投入呈现多渠道模式，投资规模也较大。具体来看，在直接资助方面，投资对象包括农村土地改良、农业基础设施建设和发展农业科学技术等；在补贴方面，大幅度提高对科研推

---

① 王健康：《中国公共产品有效供给机制研究——从服务行政的理念进行解读》，硕士学位论文，西南政法大学，2011 年。

② 韩丽荣、盛金、高谕彬：《日本政府购买公共服务制度评析》，《现代日本经济》2013 年第 2 期。

广、动植物防疫、农业灾害赔偿、农业劳动者补助和农业金融补贴等的资金支持力度。此外，政府还加强农村环境整治以及改善农村生活环境的公共设施建设。① 由政府直接提供面向农业、农村、农民的公共产品，对日本农业的发展、农村环境改善以及农民生活质量提高发挥了积极作用。

五　国外经验对我国的启示

他山之石，可以攻玉。虽然不同国家的社会经济文化背景不同，改革变迁的重点和手段等也存在着差异，但是多数发达国家在改革公共产品供给制度的原则、思路和目标基本一致，都以公共产品供给资源配置最优化和供给效率最大化为目标，坚持制度改革的政府主导权，不断调整政府、非营利组织和市场的关系，以适应社会经济发展的阶段性要求。②

通过对上述国家在公共产品提供方面的做法进行分析，可以发现，发达国家在公共产品改革实践中不约而同体现出"顾客第一、绩效取向、民营化和供给主体多元化"的特点，具体表现为以下几点：

第一，充足的财政资金支持和相对独立的地方自主权，是实现公共产品有效供给的前提条件；

第二，引入竞争机制、以垄断代替竞争、实现公共产品供给民营化，成为公共产品供给机制改革中不可逆转的趋势；

第三，供给主体多元化、合理定位政府职能、正确处理政府与私人部门间关系，是公共产品实现有效供给的关键内容；

第四，对公共产品供给实行绩效管理，成为提高供给效率的有效手段；

第五，顾客取向、注重公众需求和反馈是提高公共产品供给水平的必然要求。

这些经验对提高我国公共产品供给效率和水平具有极大的参考价值，但同时也应注意，充分考虑到公共产品自身的特点、经济和政治体制的变化，以及技术水平和组织能力等因素，不能够盲目照搬或套用。

---

① 廖红丰、尹效良：《国外农村公共产品供给的经验借鉴与启示》，《广东农业科学》2006年第4期。

② 阮萌：《中国公共物品供给转型的路径研究》，博士学位论文，南开大学，2009年。

第二节　流通领域公共产品供给国际经验

大部分发达国家将流通业作为竞争性产业，但是在法律、规划以及基础设施等方面，各国政府仍然承担了公共产品供给的责任，并且都非常重视对流通基础设施的投入，这对我国加强流通产业公益职能方面具有重要借鉴意义。具体来看，政府为流通领域提供的公共产品种类及主要方式，包括以下内容。

一　制定总体发展规划

（一）美国制定物流总体规划

作为政府的引导政策，美国运输部提出《美国运输部1997—2002 财政年度战略规划》成为美国物流现代化发展的指南之一，认为美国运输业发展的最大的挑战是建立一个以国际为所及范围、以多种运输方式的联合运输为形式、以智能为特性，并将自然条件包含在内的运输系统。

（二）日本统一规划基础设施建设

日本的物流业基础设施建设由政府统一规划并投资，包括高速公路、机场、港口、大型仓储基地等，绝大多数先由政府组织规划并投资建设，之后通过收取使用费的方式收回成本。这种做法使政府不仅能够宏观控制主要物流基础设施的整体规划和综合效应，而且能够快速推动建设成果付诸使用。例如，1999 年总吞吐量高达 8278 万吨的神户港人工岛港口建设项目的投资就是由四部分构成，即中央拨款、地方政府投资、国家免息长期贷款和港口企业的投资，投资比例为 3∶3∶2∶2。

在物流发展整体规划方面，日本政府积极推动组建物流园区，鼓励配送中心发展。日本是建设物流园区最早的国家，考虑到国土面积小、国内资源和市场有限、商品进出口量大等因素，在大中城市、港口、主要公路枢纽都建立了物流园区，目前已经建成 20 多个，每个平均占地 74 公顷。在这些物流园区内集中了多家物流企业，彼此可以形成产业链，大大提高了流通效率，例如，横滨港货物中心是日本最大的现代化综合物流中心，仓储面积约为 32 万平方米，具有商品储存保管、分拣、包装、流通加工以及商品展示、洽谈、销售、配送等多种功能，配备有保税区、办公区、信息管理系统等。

（三）日本制定系统化推进战略

日本政府于 1972 年成立了信息系统开发中心，该中心致力于流通信息化的研究、应用与推广工作，主要开展的业务包括流通系统的信息基础工作、业界的调查研究、系统的普及和企划、派遣海外调查团、与国际机构合作等，在日本流通业的信息化建设中发挥了极为重要的作用。

同时，日本政府制定《流通系统化基本方针》，被认为是日本流通信息化的经典文件，从流通的主体、客体、功能、地理范围等多个角度对流通系统进行全面分析，综合考虑流通软、硬件两方面建设，体现了由企业到行业、由地区到全国、由国内市场到国际市场的多层次的建设计划，明确了政府和民间两方面的责任和作用，强调了流通信息化建设的跨行业特性，规格化与标准化、系统化与竞争等的关系与重要性。

此外，在流通信息化建设过程中，政府不断加强与完善支撑条件的建设，包括基础设施建设、JAN 条形码的推广、通信网络的法规建设；流通业的上下游企业、信用企业、银行、保险、服务业等的支持与合作、流通信息专用设备的研制、批发与零售共同化的网络建设等，各方面条件的完善，推动了流通信息化建设的发展。

（四）日韩制定统一的农产品批发市场规划

日本、韩国都出台了《批发市场法》，并依据法律制定发展规划，确保农产品流通效率以及布局合理化。在日本，中央批发市场的开设，首先要由政府主管部门规划，然后报请农林水产大臣审批，同时要接受食品流通审议会的审议。地方批发市场的开设者必须是地方公共团体、株式会社或渔业协会等单位，在得到都、道、府、县知事的认可并发给许可证后才可进行，同时提交农林水产大臣备案。韩国的农产品批发市场，首先由地方政府根据当地经济和社会发展需要提出申请，经中央政府主管部门认可后，由中央政府责成有关部门设计市场规划方案[①]。

二　干预城市商业网点布局

商业网点布局背后是流通企业之间的竞争与合作关系，对商业网点布局加以干预，其目的是减少产业运行中自发性、无序性因素带来的不利结果。在城市中，商业布局与城市整体的发展密切相关。城市在发展演化过程中，会形成各个主要的功能区分工；而受到地域面积、基础设施承载能

---

① 莫少颖：《发达国家农产品批发市场发展经验及启示》，《价格月刊》2010 年第 5 期。

力的影响，功能区的发展会出现"瓶颈"，由此带来调整、拓展的需要。而城市要进行更新建设，离不开便利、高效的商贸服务业作为支持，这些设施不仅出现在专门的商业功能区当中，在其他以生产、休闲、居住为主要功能的区域中也必须存在。

总的来看，商业网点布局是流通企业自主选址决策的结果，可以由市场机制发挥作用。但在这一过程中，市场主体本身的缺点也会体现出来。例如，在城市中心区，商业设施过于密集，一方面形成激烈竞争，另一方面对周边的交通环境、卫生条件造成不利后果；而在新建城区、新兴功能区，商圈培育需要一定的时间和成本，零售企业往往不愿做第一个投资客。由此带来的外部性（负外部性或正外部性）都需要通过一定的干预手段加以矫正。此外，不论是对商业区、工业区、居民区以及周围村落的置换、更新，还是城市道路、管网、电路的整修，都与政府的公共产品提供职能密不可分。商业布局无疑需要与这些事项相互协调，其中必然离不开政府的参与①。

（一）美国

在零售商业的竞争布局行为方面，美国全国性的立法主要体现在土地规划、住房及社区建设以及环境保护等方面。其中，分别在 1922 年和 1928 年颁布的《州分区规划授权法案标准》、《城市规划授权法案标准》中确立了各州在发展规划上的自主性。于是在州一级层面就出现了诸多直接影响商业布局的规定，主要涉及店铺面积和选址区域，并且限制的内容也有很大差异。例如，旧金山市禁止中心商业区以外 1.1 万平方米以上店铺的开设；而奥克兰市（Oakland）则禁止在市内开设 9000 平方米以上的超级卖场。也有一些地区做出了事先评估的要求。例如在洛杉矶市，开设 9000 平方米以上超级卖场之前，需要对周边的商业、就业、价格等方面受到的影响加以预估，从而形成"许可"、"有条件许可"以及"不许可"的判断；在缅因州，也颁布了对 7000 平方米以上大规模零售店铺的开设影响进行必要调查的州级立法。此外，地方政府也会出于减少商业店铺空置的目的，针对个别情况采取提供开业保证金的专门鼓励措施。这些政策的主要目的在于影响城郊两区的发展及其中的商业竞争，之所以会出

---

① 张昊：《流通渠道中的双向竞合关系及其政策启示》，博士学位论文，中国人民大学，2013 年。

现巨大的政策差异，也与各个地区在城市郊区的发展程度以及中心市区空心化问题的严重性等方面存在差异有关。

（二）欧洲

多数欧洲国家都从规范商业布局等方面对流通环节的横向竞争关系加以干预。英国对零售商业设施布局的态度变化，主要与城市中心区外部零售业发展所带来的分散化过程（Retail Decentralization）相关。20 世纪 80 年代以前，英国对城市及周边商业布局基本采取自由放任的政策态度。但超级卖场、大型专业零售店（品类杀手）的先后发展给英国商业带来了两轮零售分散化过程[1]。此后，政府开始着手对城市中心外围的商业发展采取一定限制。尤其在 20 世纪 90 年代中期，PPG13、PPG6[2] 的修订体现了政府对城市外围地区商业发展的更加严格的态度。这些措施对避免"第三轮"分散化给中心地区居民生活与日用品零售造成更大影响，寻求内外区域之间零售业发展的平衡发挥了重要作用。德国则颁布了针对商品类型的零售布局规定，例如纺织品和鞋子必须在城镇中心销售，而开设在郊区的工厂直卖店则未受到约束。

（三）日本

日本在废除《大店法》后制定的《大店立地法》，主要对零售商业的布局进行干预，同样受到广泛关注。《大店立地法》的重要内容在于重新构筑城市中心街市。该法在颁布实施以后，又因为现实效果等原因进行了修订。包括"大规模零售店铺立地法"（《大店立地法》）在内的"街市构筑 3 法"是在 1998 年 5 月制定的；此后，《大店立地法运用指针》在 1999 年 6 月出台。2000 年 6 月，《大店立地法》正式实施，同时《大店法》废止。这一时期，大型零售商在选址时已经更倾向郊外，其原因除了大店法长期限制城市内部大型商业设施以外，公路建设、汽车普及、城外住宅建设等都为郊区大型零售店铺乃至购物中心的发展创造了条件。更加重要的是，城市中心街区开始出现衰落，即便是其中的大型零售店铺也面临业绩不佳的问题。在这样的情况下，城市内中小零售商对大型零售店

---

① 这与 1964 年英国开始禁止 RPM，导致零售业竞争加剧有关。

② PPG 是 Planing Policy Guidance（计划政策指针）的简称。PPG6 即为 Planing Policy Guidance Note 6，主要内容是城镇中心与零售商业开发。2006 年 PPG6 由 Planing Policy Statement Note 6（PPS6）取代，新规定继承了对中心地区发展予以充分重视的立场，并将休闲餐饮等设施纳入考虑范围。

的态度也由之前侧重于竞争的抵触转变为共同营造商店街氛围的合作与彼此依赖。在这三部法律当中,《中心市街地活性化法》侧重于支持旨在提升城市中心地区活力的组织及活动,在总体上建立了支援体系并明确了主要部门的职责;《大店立地法》、《都市计划法》修正案则侧重于规制和引导,前者规定 1000 平方米以上店铺在开设过程中需要就噪声污染、交通影响、废弃物处理等征询当地政府及相关组织的意见,后者通过地方性的城市用地布局规划影响商业布局,其结果主要体现限制郊外大型店铺的开设。三部法律实施之后,又在 2005—2006 年进行了全面修订,其直接原因是城市中心区衰落的态势没有得到明显改观,同时也在于这一期间内不同势力、观点的论争以及法律之间本身存在的矛盾和问题:新的《中心市街地活性化法》强化了政府的责任和主导性,并对专门机构的设置做出了规定;《大店立地法》的修改一方面体现在弹性适用、夜间营业配套措施等技术层面,另一方面对提倡商业、服务一体化设施以及大型零售商社会责任等方面加以体现;《都市计划法》则强化了对大型商业设施(1万平方米以上)建设以及大规模开发、调整等活动的规制。

三　对中小流通企业提供保护

流通业作为基础性产业和劳动密集型产业,中小企业是构成产业的重要部分,与大企业既相互竞争又相融共生是流通业的常态,由于中小企业资金有限、管理水平相对较差,因此竞争力较弱。各国通过专门机构或财税金融手段等资助和扶持中小型流通企业发展,成为近年来的通行做法,具有较强的借鉴意义。

(一)美国

美国很早就非常重视横向竞争行为的干预,并且建立专门机构以及相对完整的竞争政策体系。1953 年美国国会授权成立小企业管理局,属于独立的联邦政府机构,其主要职责是:反映小企业要求,维护小企业利益;利用直接贷款、协调贷款和担保贷款方式向小企业提供资金援助;向小企业提供咨询服务、管理训练等援助;帮助小企业参与联邦政府采购。其中,中小型商业企业同样受到保护和资助[①]。

在法律政策方面,除了以维护竞争为基本目标制定《反垄断法》以外,还有专门扶持中小企业的相关政策,包括在联邦政府层面设立"中

---

① 宋则、王水平:《流通领域公共产品的界定及供给方式》,《中国流通经济》2012 年第 12 期。

小企业管理局"，并对中小企业在融资、政府采购以及风险投资方面给予优惠规定，这些内容也适合于商业企业。美国虽然没有"大店法"，但是在限制大型零售企业方面有其自身的特色。例如，《罗宾逊—帕特曼法案》（Robinson Patman Act）就具有对大规模零售商经营行为进行约束的作用，该法案旨在限制大规模零售商价格歧视等不公平交易行为，尤其对大型连锁零售企业产生了巨大影响。美国还制定了专门针对连锁零售企业的措施，包括涉及连锁零售商纵向行为的一系列判例以及部分地区旨在控制店铺数量扩张的课税。

换句话说，美国对中小零售企业的保护更多地体现在限制零售连锁经营上，这与其他诸多国家引入并促进连锁经营发展时的取向有着明显不同。因为在美国，企业连锁本身是一种自发形成的流通形式，并且更多的是对其他非连锁经营的企业产生了冲击。在 20 世纪 20—30 年代"反对连锁经营运动"的背景下，有 40 多个州专门制定了对多门店连锁经营零售商征税的措施。这一做法在很长时期内被保留了下来，例如根据克劳利市（City of Crowley）在 1976 年实施的税收方案，连锁零售商需要根据市内的店铺数量支付 10 至 550 美元/店的税费。从全国层面看，联邦贸易委员会颁布的《特许经营规则》（Franchise Rule，目前实施的是 2007 年生效的版本）是连锁经营领域的重要法规，但是其主要内容在于减少特许人和被特许人之间欺骗行为。在法律层面对连锁经营这种流通形式的组织化优势加以肯定，经历了一个反复的过程，主要体现为将特许连锁中的纵向约束行为与一般产销主体区别处理的法院判例。在 1977 年大陆电视公司诉 GTE 西尔维尼亚公司案（Continental T. V.，Inc.，et al. v. GTE Sylvania Inc.）之后，连锁零售中纵向协议适用"合理原则"的做法基本得到确定，连锁经营通过整体统一形成竞争力的途径才得到了维护。当然，随着"合理原则"在 RPM 等纵向约束行为的反垄断干预中逐渐得到普遍采用，这种特殊处理所带来的优势也就会渐渐削弱。

（二）欧洲

支持和扶持中小流通企业，是欧洲国家调整大型零售商与中小流通企业之间关系的重要内容。德国为强化中小企业的竞争力，将这些企业组成的联合采购协定等作为适用《反不正当竞争法》除外制度的情形，专门予以豁免。对于中小批零企业，政府还给予促进合作、指导经营以及低息融资等方面的支持。

　　法国为保护中小型商业企业，也采取了一系列措施。1973 年，颁布
《鲁瓦耶法》，规定开设销售面积在 1000 平方米以上的商店必须经过授
权，1996 年颁布的《拉法兰法》更加严格，要求建造或扩建任何面积超
过 300 平方米的商店都需要得到许可①。在此基础上，政府还直接出资购
买了部分具有较长经营年限的小型商业门店或网点作为保护民族文化特色
的手段，对于夫妻店等不采用雇员的超小型商店还提供营业补贴；间接
地，政府为工商协会等中介组织提供资金，通过它们为中小企业开展咨询
培训等扶持活动。

　　值得注意的是，根据欧盟成员国有关建立统一市场的协定，为了避免
不同国家对企业支持的力度不同而造成成员国之间行业内竞争的扭曲，政
府对于企业的一般性援助是受到限制的；但是，《欧洲共同体条约》有关
鼓励中小企业创新与发展的规定，以及 2000 年通过的《欧洲中小企业宪
章》（European Charter for Small Enterprises）为政府对中小商业企业开展
的一系列政策性活动确立了合法性，这种"网开一面"的做法显然有着
保护中小商业的目的。

　　对大型零售店的开设加以限制，是调节不同规模零售商之间竞争关系
的另一个方面。虽然欧盟层面没有统一的规定，但不少国家都在这方面制
定了专门的法律规定②。其中，法国的大店限制措施具有典型性，并且有
越来越严格化的趋势。根据 1973 年起实施的"Loi Loyer"法案，按照城
市大小的不同，开设面积在 1000 平方米（居民数量少于 4 万人）或 1500
平方米（居民数量多于 4 万人）以上的零售店需要经过由当地零售商、
政员以及消费者组成的代表委员会同意。但由于石油危机等经济环境的影
响，规定出台后实际的限制效果并不突出。在 20 世纪 80 年代，大约有一
半的开店申请能够得到通过。1990 年，更改后的"Loi Doubin"法案使开
店规制更加严格，零售商逐渐将发展转向现有店铺的扩建。1996 年，新
的"Loi Raffarin"法案实施，规定面积在 300 平方米以上的零售店开设也
要经过多方委员会的讨论批准。另外，英国、德国等都分别制定了相关法

---

　　① 宋则、王水平：《流通领域公共产品的界定及供给方式》，《中国流通经济》2012 年第 12
期。

　　② 参见 J. Fernie，S. Fernie，C. Moore.，Principles of Retailing，Oxford：Butterworth – Heine-
mann，2003. Regulation and Performance in the Distribution Sector，OECD Economics Department Work-
ing Papers，No. 180，1997。

律，限制大型商店、保护中小型商业企业的发展。

大型零售商的全球化扩张趋势，也使一些国家从 20 世纪 90 年代起开始建立大店规制制度。西班牙从 1996 年起规定，面积超过 2500 平方米的店铺开设需要经过当地政府许可；爱尔兰也在 1998 年颁布政策指令（Policy Directive），停止发展面积超过 3000 平方米的零售业态。意大利则在 1999 年对原先的大店许可制度加以简化，将食品、非食品两类零售商的开设条件与面积限制和城镇大小联系起来，例如 1 万人以下的城镇可以开设 150 平方米的小型工厂直卖店（Outlet），而在 1 万人以上的城市开设 2500 平方米以上的大型工厂直卖店则需经过地区及省市代表委员会的批准。

（三）日本

日本对中小商业企业的保护和扶持力度更大。日本通产省中小企业厅是制定和实施中小企业法规，并管理和指导中小企业发展的政府管理机构。在中小商业企业保护方面，日本法律体系完备。

日本支持中小企业的政策目的经历了由早先的"保护"、到促进相互间合作以及促成竞争能力的转变过程。第二次世界大战前后，针对中小零售企业的促进政策已经形成了三个主题：一是以增进商店街活力为目的，对共同装修、共同买卖活动予以支持；二是对店铺间合作活动的支持；三是对自愿连锁等组织化经营方式的支持。1973 年制定的《中小零售商业振兴法》同样体现了这一精神：咨询指导、人才培养服务，资金援助以及税收优惠政策等成为主要的实施措施。1974 年，日本取消《百货店法》并颁布《大店法》，对大型零售商店的营业规模、开店时间、关店时间、开店日期、休假天数等进行了严格限制。1998 年《大店法》废止，同时颁布了"城建三法"，为中小企业发展提供全方位保护。同时，日本政府对中小型商业企业提供管理和技术援助。如为中小企业提供情报和进修机会；指导中小企业事业转向，并通过金融、信用担保、税收优惠等方式给予支援等①。

但是，从 20 世纪 70 年代以来的情况看，中小商业企业的衰落态势并未得到明显的遏制。近年来，日本开始在"市街构筑"的理念下重新审视中小商业振兴政策，并逐渐将其纳入到以城市及社区建设为依托的商业发展政策之中。

_____

① 参见《渡边達朗·流通政策入門》，日本中央经济社 2011 年版。

　　此外，日本曾专门制定促进物流环节合作的《中小企业流通业务效率化促进法》（1992）。其目的在于对中小批零企业的共同配送及物流标准化建设提供直接支持。2005 年，新的《流通业务综合效率化法》实施，主要内容在于支持运输配送的合作以及 IT 技术的运用，从而实现物流低碳化，并提升企业竞争力；同时，支持中小企业合作组织及中小企业个体的物流效率提升。这些政策与中小商业及其合作的支持政策共同构成了"流通振兴政策"的内容①，由此体现出既包括面向单个中小商业企业的"个别支持"，又注重支持商店街发展、店铺间合作与连锁以及物流活动效率化合作等"共同支持"内容的层次化特征。

　　相对于中小企业组建自愿连锁得到支持的情况，由于特许连锁近年来频频发生契约纠纷，相应的政策趋势主要体现为规范性立法的完善。20世纪 80 年代，日本特许连锁随着便利店的发展而逐渐普及，当时的法律纠纷主要在于契约内容的理解问题。进入 20 世纪 90 年代以后，这种经营组织形式已经不再是新兴事物，更多的纠纷是围绕经营过程中亏损责任的分担；同时，《反垄断法》中有关纵向限制的内容也需要针对特许连锁做出专门的解释。在这样的情况下，日本于 2002 年对《中小零售商业振兴法施行规则》进行了修改，新规定增加了总部需要在签约前向加盟店提供近 3 年期的财务情况、加盟店数量以及近 5 年期加盟店提起诉讼的数量等内容要求。目前实施的 2012 年 3 月修订版中，还进一步包括了营业时间、加盟费用、债务利息计算等多项详细内容。同时，2002 年发布的《反垄断法关于特许连锁的考量方式》（特许连锁指针，2010 年、2011 年修订）还对市场势力滥用，搭售、附加限制条件交易以及转售价格限制等行为给出了根据多项内容综合判断的规定。

　　日本围绕"大店法"及其废止问题的讨论也备受关注。这里主要提出两个方面的观点。第一，从《百货店法》发展而来的《大店法》作为调整不同规模零售商之间竞争关系的法律，其初衷在于对市场势力行为的调整，但手段上体现为对大型零售商开店的干预。日本战败以后受美国影响废止了战前的《百货店法》，制定了统一的《反垄断法》（《独占禁止法》），并在 1954 年发布了"百货店特殊指定"。这样的规定不足以限制当时百货店对中小零售商业经营的不利影响，也无法完全解决上游批发商

---

　　① 参见《渡边達朗·流通政策入門》，日本中央经济社 2011 年版。

在交易中被迫接受不合理要求的问题，于是重新颁布了第二次《百货店法》（1956年），对规模以上百货店（一般城市为1500平方米或指定城市为3000平方米）的开设，实行需要征询当地"商业活动调整协议会"意见的许可制。20世纪60年代以后，在资本自由化等因素作用下，以综合超市为代表的新兴业态快速发展，仅对百货店加以限制的做法已不合时宜，由此1973年制定并于次年实施的《大规模零售店铺法》取代了第二次《百货店法》。值得注意的是，前述《中小零售商业振兴法》也是在同一年制定的，这进一步印证了《大店法》在调节零售环节内竞争关系方面的目的。

第二，《大店法》经过了由制定实施到规制强化再到限制缓和的若干阶段，最后废止并由《大店立地法》取代，是受到诸多外部因素及现实发展影响的结果。1973年公布的《大店法》对《百货店法》有关店铺面积的规定未做调整，而在1978年11月修改（次年5月实施）的修订《大店法》中，除了之前规定范围内的店铺（"第1种大规模零售店铺"）以外，面积在500平方米以上的店铺被作为"第2种大规模零售店铺"纳入调整对象之中。强化规制的主要原因在于，当时专业量贩店等新兴业态开始兴起，同时在第一次石油危机以及滞胀的情况下，许多零售商以开设面积勉强小于规定门槛的店铺来规避限制，使得零售环节的竞争越发激烈。进入20世纪80年代中后期，《大店法》受到了诸多批评和非难，例如美国将其认定为"非关税壁垒"，日本国内也有观点认为，限制新建大型零售店面的做法实质上有助于那些已经建有"大店"的零售商维持垄断地位。这一时期，各种要求缓和大店规制的谈话、提议纷纷出现，成为规制力度转换的契机。1990年4月《日美构造协议中间报告》给出了分三个阶段缓和《大店法》规制的程序：第一阶段是开店过程的合理化，即缩短、简化相关手续；第二阶段是制定《大店法关联5法》①，将原先两种大规模零售店铺的面积界定分别上调至两倍（一般城市为3000平方米以上，指定城市及特别地区为6000平方米以上），改组"商业活动调整协议会"并调整其职能，组建充实更为专业化的"大规模零售店铺审议会"，以及限制地方公共团体的规制权限等；第三阶段是根据前一时期调整

---

① 包括修改后的《大店法》、制定针对进口商品卖场的《输入特例法》、修改后的《中小零售商业振兴法》（简称《小振法》）、新制定的《特定商业集聚整备法》、修改后的《关于发挥民间事业者能力及促进特定设施建设的临时措置法》（简称《民活法》），共涉及5个法律。

的结果进一步完善，主要体现为"原则自由、规制例外"，需要申报及调整的情形进一步减少，开设 1000 平方米以下店铺原则上可自由决定，大型店经营时间、休业日期等营业活动更加自主化。尽管如此，1996—1997 年间，作为当时"关贸总协定"成员国的日本仍在《大店法》问题上受到美国指责，直至最终作出彻底的改变。

四　适时的产业政策引导产业发展方向

（一）美国为产业发展提供引导性政策环境

美国制定流通产业政策以市场发展方向为切入点，通过市场竞争带来的价格变化和价格差异引导投资，进而推动产业结构升级，在此过程中，政府主要是营造适合于产业发展和产业结构合理化的经济环境。以第三方物流为例，20 世纪 70 年代以后，由于放松对汽车、铁路和航空货运等物流产业的管制，加剧了运输产业竞争，许多物流企业纷纷通过拓展业务领域以获取发展空间，像 FedEx（联邦快递）、UPS（联合包裹）等著名企业通过并购与战略联盟等方式进入供应链管理领域，为各种类型客户提供全面的供应链解决方案，成为真正的第三方物流企业，而美国政府在此过程中主要将力量放在建设完善物流基础平台上，直接催生并促进和引导美国第三方物流的快速发展。

（二）日本制定导向性政策引导物流业发展

日本政府一直十分注重对物流产业政策的合理规划和制定，1977 年日本运输省对策部公布了《物流成本算定统一基准》，这一政策的实施对推进企业物流管理产生了深远影响。同年，日本政府制定具有重要影响力的《综合物流施策大纲》，明确了日本物流产业的发展目标，并从放松规制、完善基础设施、物流系统升级、政府部门的协调促进机制及政府援助等角度出发制定了相应的政策。这个《大纲》是日本物流现代化和向纵深化发展的指南，对于日本物流业的发展具有重要的历史意义①。

其后，日本政府在 1997 年拟定了《综合物流管理》，1999 年又将物流产业发展纳入其国家经济再生战略之中。2001 年内阁会议颁布了《新综合物流施政大纲》，目标是构建具有国际竞争力的绿色物流系统。2003 年以后，日本开始完善物流信息网络，加强物流的全面质量管理，实现物流的高效率化。其他法律、法规主要有《中小企业流通效率法》、《容器包装循

---

① 梁燕君：《发达国家如何推动物流产业发展》，《中国包装》2008 年第 1 期。

环利用法》、《家电循环利用法》、《食品废弃物循环利用法》、《建筑循环利用法》等；有关物流的地方条例也比较健全，如《标准停车条例》、《环保条例》等。同时进一步整合物流资源，加强了相关部门的合作。此外，还完善了海、陆、空运输条件，发展区域物流和国际物流。可以看出，日本政府的物流政策导向对促进日本物流业的兴起与发展起到了不可替代的作用。

（三）日本积极促进标准化

日本在大力发展物流业过程中，十分注重标准化和规范化，并且将重点放在标准的国际通用性上。为此，日本设立专业团体负责物流标准化工作的研究、监督与推广，已经提出若干草案，包括物流模数体系、集装的基本尺寸、物流用语、物流设施的设备基准、输送用包装的系列尺寸（包装模数）、包装用语、大型集装箱、塑料制通用箱、平托盘、卡车车厢内壁尺寸等。由于日本物流标准化工作的实施与开展，使日本各方物流资源能够容易地交叉整合并与国际接轨，减少了因标准不同造成的额外支出，大大提高了物流效率。

（四）欧洲各国推进物流产业的标准化

欧洲各国的主要做法是：第一，针对物流基础设施、装备制定基础性和通用性标准。例如，统一托盘标准、车辆承载标准、物品条形码标准以及安全标准等，以保证物流活动顺利进行；第二，针对安全和环境制定强制性标准，如清洁空气法、综合环境责任法等；第三，支持行业协会对各种物流作业服务定相关行业标准。例如，欧洲物流协会制定物流用语标准、物流从业人员资格标准等。

五　政府支持平台建设

（一）欧洲国家为物流产业发展提供运行平台

面对物流产业的发展和物流业运作方式的一系列革命性变化，欧洲各国则努力促进对大型货物枢纽、物流基地、物流中心的公共配送中心等新型物流基础设施建设与发展。其主要政策措施包括：一是总体规划物流基础设施布局。二是政府给予土地使用方面的便利和优惠，并投入一定的前期开发资金，如意大利隆巴蒂地区政府即采用上述措施支持米兰城市周边各物流中心的发展。三是给予投资和经营方面的间接支持，例如，荷兰政府通过国际配送协会对荷兰建立欧洲配送中心的企业给予选址、规划、经营方面的指导，并给予一定比例的资金支持或贷款贴息。

（二）日本加大投入为物流业发展提供运行平台

日本政府一直比较重视物流基础设施的建设和完善。从 20 世纪 60 年代中期起，日本政府就开始在全国范围内开展高速道路网、港口设施、流通聚集地等各种基础设施建设。1965 年，日本政府在《中期五年经济计划》中强调要实现物流现代化，并把进行基础设施建设作为政府的首要工作来抓。对大中城市、港口、主要公路枢纽的物流设施用地进行了合理规划，在全国范围内开展包括高速公路网、新干线铁路运输网、沿海港湾设施、航空枢纽港、流通聚集地在内的各种基础设施建设，并且构造新型的物流运输体系和仓储系统。这些基础设施具有世界领先水平，为扩大物流市场和促进物流业的发展提供了有力保证。

（三）投资支持信息平台建设

综合信息平台是长线投资项目，因此需要政府直接推动。日本政府在综合物流信息系统政策中，对建立信息平台进行了整体规划，包括建立 EDI 平台、物流运行系统平台以及运送支援系统等。综合物流信息系统的建设则采取政府统筹规划，公开招标的方式进行。政府将整体规划项目分成若干子项目，并以社会招标的方式由拥有资质和开发能力的 IT 企业承担各子项目的研究与开发，而政府对其中好的项目建议方案给予相应资助，并积极引导成果推广。

（四）建立共同配送中心

在日本，物流中心、大型运输设备等物流资源具有准公共产品属性，主要是由于中小企业自建物流系统需要较高成本，因此一般生产企业、商业流通企业都不自设仓库等流通设施，而是采取共同配送的方式，将物流业务交给专业的物流企业，从而减少非生产性投资，提高物流资源的使用效率。在一定程度上，物流服务和物流资源已经成为社会的准公共产品。日本普遍存在的由整个供应链成员来分担物流建设成本的做法就体现了这一点①。例如，日本菱食公司的配送中心面向 1.2 万个连锁店、中小型超市和便利店配送食品，但自己不设配送中心，而是全部交由菱食公司的配送中心，实行社会化配送，统一采购，而且供货一般都是通过当地的物流配送企业或代理商按需要进行配送，各大超市只有很小的周转库，仅保持

---

① 王述英、王青：《美国、日本和我国台湾地区物流业发展比较》，《淮阴师范学院学报》（哲学社会科学版）2005 年第 1 期。

两三天的销售商品库存①，大大降低了超市的仓储成本。

六　农产品流通的各种投资和补贴

（一）政府补贴或直接投资农产品批发市场

从国际经验来看，发达国家和地区大都将农产品批发市场作为公益性设施，中央政府或者地方政府努力在流通领域提供各类公共产品，即使是在市场经济已经十分成熟的国家依然如此。具体来说，一是明确流通基础设施的公益性质；二是强化政府在期间的责任，不断增加财政的投入和其他优惠政策的支持；三是公益性的流通基础设施被纳入进政府公共服务的内容。如宋则和王水平（2012）分析了美国、日本、欧洲等地发达国家流通市场中提供公共产品的内容和方式，主要是政府提供补贴或直接投资农产品批发市场，其次是对农产品国内流通的价格、税收、融资优惠，再次是市场信息服务，为农产品流通主体免费提供必要的市场信息、储运技术咨询和培训、法律援助、产权保护等一般性公共产品和流通环节的食品安全质量监管②。具体来看，美国农产品批发市场多由农业合作组织出资建设并负责经营管理，政府给予相应的财政补贴。

在日本，中央批发市场直接由都道府县政府出资建设和管理，地方批发市场可以由地方政府开办，也可以采取株式会社、农协等组织开办，政府补贴的方式，仅1981年，日本政府对31个城市的56个批发市场提供的补贴资金就达到130.7亿日元。德国的乡镇市场中心（或称"市场广场"）也是由政府负责修建和管理③。

在印度，农村道路以及果蔬市场的投资由中央和州政府平均分摊，市场场地建设费用全部由州政府承担，农村定期市场的建设费用全部由中央政府承担。仓储、冷藏、运输、分级包装、出口导向型农产品园区建设以及农产品加工业的发展所需的资金则大量引入了私人资本投资，而且多数项目中私人资本占主导地位。如仓储设备的投资中私人投资占到一半，冷藏设备的投资中私人投资部分占到总投资额的75%④⑤。

---

①　孙仁中：《日本发展现代物流业的经验及启示》，《现代日本经济》2007年第3期。

②　宋则、王水平：《流通领域公共产品的界定及供给方式》，《中国流通经济》2012年第12期。

③　同上。

④　徐柏园、刘富善：《面对WTO海峡两岸农产品批发市场的二次创业》，中国物价出版社2003年版。

⑤　陈前恒：《日本政府对农村商品市场的调控与管理》，《经济要参》2006年第18期。

法国政府共设立了 23 家公益性农产品批发市场。如巴黎伦吉斯果菜批发市场是法国最大的公益性市场，当初投资 10 亿法郎，其中国家投资占 56.85%，巴黎所在的省、巴黎市政府、巴黎银行共占 28.5%，私营批发商、市场工会组织占 13.9%。

加拿大安大略省农产品批发市场建立于 1954 年，当初投资的 5000 万加元全部由政府投入，政府还以法律明确该批发市场是非营利性组织，批发市场开办者仅收取低廉的设施租赁费，且不需缴纳税收①。

在我国台湾地区，政府通过安排农业预算支持乡镇农会和基层产销班建立农产品流通场所，具备收购、分级、包装、储藏保鲜、统一运销等功能，政府机构一般占总投资的 40% 左右，基本不参与经营，仅收取少量市场管理费，其他则由农会等农民团体组织完成投资并负责经营②。台北第一果菜批发市场总投资 2 亿元新台币，其中由"农委会"和"台北政府"投资的公股占到 45.5%③。

各国和地区政府在农产品批发市场的投入，虽然投入的力度和领域有所区别，但是，所有国家和地区的政府都不是大包大揽，而是主要指向各种公共物品和准公共物品，这或许是所谓"公益性"的真谛之所在。凡是市场可以解决的领域，都交给市场。

（二）农产品国内流通的价格、税收、融资优惠

发达国家对农产品国内流通也提供了多方面的补贴和优惠，如制定农产品收购最低价格制度、对农产品流通企业的税收减免、提供低息贷款和信贷担保、实施农业保险补贴等④。在发达国家，一般都对初级农产品在所有环节均免征商品税或增值税。在美国绝大多数州，不仅对初级农产品免征商品税或增值税，对所有的农产品加工食品也都免征商品税和增值税。全面体现对农产品生产流通的扶持。在我国台湾地区，农产品批发市场建成后，明确由独立的市场法人统一实施运营管理，农产品进场交易的费用比较低，并规定对农产品交易实行免税政策。农产品批发市场的土地

---

① 丁建吾、赫静：《发达国家和地区农产品批发市场发展经验及启示》，《中国经贸导刊》2007 年第 9 期。

② 陈淑祥：《发达国家地区农产品流通的经验及启示》，《重庆工商大学学报》（社会科学版）2004 年第 8 期。

③ 闫华红：《我国产地农产商品批发市场的管理功能创新》，经济科学出版社 2007 年版。

④ 宋则、王水平：《流通领域公共产品的界定及供给方式》，《中国流通经济》2012 年第 12 期。

及房屋，减半征收房屋税、地价税（以上政策都是正式颁布的《农产品市场交易法》中明确规定的）。在欧盟的大多数国家，农产品同工业产品一样纳入增值税的税种征收，但在实际操作中，欧盟国家无一例外地都对农产品采取了优惠政策。通过免税、实行特别税率等方式，使农户基本上没有承担纳税的责任。在欧盟内部，农产品流通加工及进出口环节的税负也较轻①。在日本，对农产品批发市场建设，政府不仅在贷款利率、贷款期限方面给予优惠，在税收方面也提供优惠措施。加拿大安大略省农产品批发市场、巴黎伦吉斯果菜批发市场内，经销商虽需向政府纳税，但由于批发市场是具有公益性质的非营利组织，则不需纳税。

发达国家的税收体系一般都非常有利于农产品加工业发展。在欧盟、美国和日本等国家，农业往往都是真正受到高度重视的战略性基础产业，整个涉农产业链的税负水平均较轻。主要表现在以下几个方面：一是在农产品生产、流通环节，对农产品实行免税、低税率或财政补贴。二是在加工环节，一般都实行消费型增值税，给予农产品加工大量税收优惠。三是在出口环节免税，全额退还其为生产产品所支付的各种税额。

欧盟大部分国家设有农业贷款银行（基层组织称为农业信贷合作社），是一种互助合作性质的半官方农业信贷机构。提供信贷项目的要求一般为：凡符合政府政策要求和国家规划发展的项目，都给予优先贷款，并享受优惠利率，与国家正常利率的差额由政府补贴。在法国，粮食收购机构是粮食销售的必经之路，其收购资金多数来自银行贷款②。此外，粮食行业管理局还为农户提供优惠贷款。

另外，对于市场能够解决的投资项目，或者是能够在未来一定时期内能回收成本并有所收益的项目，国家财政采取的态度是，可以完全撤出或者是发挥"四两拨千斤"的引导作用。在这方面，日本补助金农政经验值得借鉴。补助金农政是指日本政府把推行农业政策所必需的经费（人员经费、材料费、补助费、补助金、委托费等）列入财政预算，交付给执行政策的地方公共团体、法人、个人或者其他团体实施，以求农业政策的落实。补助金农政包括两部分内容：一是无偿的财政性投入；二是有偿的政策性融资。无法回收投资的项目投入靠财政支持，能够回收投资的项

①　陈淑祥：《发达国家地区农产品流通的经验及启示》，《重庆工商大学学报》（社会科学版）2004年第8期。

②　孙烨：《欧盟农产品流通体制的特征及启示》，《调研世界》2003年第2期。

目靠政策性金融①。

（三）通过公共服务设法促进农产品出口

荷兰自 1999 年每年仅花卉出口就达 50 多亿美元，占世界一半以上份额；种用马铃薯占世界市场 60% 份额；鸡蛋、啤酒、番茄、奶酪的出口额名列世界第一。能够达到这样的出口规程，在很大程度上得益于荷兰政府高效的公共服务，其中包括对农业科研和先进科技的高度重视、持续资助与推广，不断加大对农业的智力投资，并给予农业种种优惠政策。美国为促进农产品出口，也提供了诸多公共服务。由于劳动生产率高，美国农业面临的主要问题是生产过剩，因此，政府大力促进农产品销售，特别是向海外市场出口。政府通过价格支持及其他多种形式的支持手段帮助农场主顺利出售所生产的农产品，使之得到合理的收入，从而稳定生产。同时，政府致力于开拓海外市场。美国农业部专设海外农业局，负责收集、分析和传播全球市场供需状况、贸易趋势和市场机会的数据和信息，为国内农产品生产者、加工者和进出口商提供决策参考，并采取各种措施促进农产品进入海外市场，不断开拓国际市场②。

七　注重提高流通产业技术水平

（一）美国

美国非常重视科技进步在流通产业中的应用。20 世纪 80 年代以来，美国一方面加强建设促进流通业发展的基础设施，其中最重要的是国家信息技术的设施计划，也称为信息高速公路计划，这一计划被认为是最具前瞻性规划之一；另一方面，美国政府积极推动先进技术的开发、应用和扩散，支持 EDI（电子数据交换）、GPS（全球定位系统）、GIS（地理信息系统）在物流运作中广泛应用，支持公路货运智能卡系统、港口集装箱自动化搬运技术的开发和推广等。

（二）欧洲各国支持物流技术创新

发达国家的主要措施包括：一是重视物流技术发展和创新活动。如荷兰运输部资助研究运输技术和物流供应链管理技术，年资助经费高达 1000 万欧元；二是倡导和支持新技术在物流产业中的应用和推广，特别是信息技术和自动化技术在物流企业中的应用。

---

① 吴华超：《重庆市农村资金配置绩效研究》，硕士学位论文，西南大学，2009 年。
② 胡芳：《美国农产品的流通体系》，《中华合作时报》2007 年 5 月 22 日。

第八章　政策建议

第一节　构建公益性产品供给政府扶持机制

政府对流通公益性设施的扶持，在公共财政方面，基本上分为财政支出方式与税收优惠方式，在此基础上，根据具体情况，又可采取不同的扶持方式。

一　财政支出扶持政策

财政支出扶持政策可具体分为直接的扶持政策与间接的扶持政策。前者主要采取政府直接投资的形式，这是一种力度最大的扶持方式，后者采取了诸如财政补贴之类的扶持方式，发挥财政资金"四两拨千斤"的特点，利用一定的财政资金，引导更多的社会资金投入到流通公益性设施的建设运营中去。

（一）政府直接资金扶持

对于纯公益性产品的供给，政府应全额负担，因此可采用政府直接投资形式。由于公益性产品具有地域性，也就是受益空间具有层次性，所以在政府直接投资过程中，需要根据受益空间的层次来确定不同层级财政的直接投资安排。对于全国性流通公益性产品，应由中央财政提供全额资金扶持；对于跨省区的流通公益性产品，其受益范围还达不到全国性范围，应当在明确由财政提供全额资金扶持的前提下，发挥这类公益性产品所在地的地方政府的积极性，将资金直接下拨给提供这类公益性产品的当地政府，由其相互协调并安排使用。

而对于受益范围局限在某一地域内的公益性产品，应由所在地的地方财政提供全额资金支持，例如，受益范围为一个省区内的，由省级财政提供全额资金支持；受益范围为市域级的，由市级财政提供全额资金支持；

对于受益范围限于省域内几个地区的，省级财政可以将资金直接下拨给提供相应公益性产品的当地政府，由其安排使用。

（二）政府间接资金扶持

实际上，流通公益性产品中，以准公益性产品居多，包括农产品批发市场、冷库仓储、废旧物品回收、公共服务平台等，对于这类公益性产品，政府不会全额承担其资金供给，而是对其具有社会效益的方面提供资助或补贴，其余部分通过市场向用户收费来解决。

在政府提供资金扶持的过程中，可采取财政补贴、财政贴息以及财政担保等多种补贴形式。具体来看，财政补贴一般用于弥补流通公益性产品发挥社会效益时所产生的成本费用，扶持力度较大，所需的财政资金也比较多，这种补贴方式被称为"明补"。财政贴息则是政府提供的一种较为隐蔽的补贴形式，被称为"暗补"，这种方式一般为政府对流通公益性产品的运营企业支付部分或全部贷款利息，其实质是向企业成本价格提供补贴。财政贴息包括两种方式：一是将贴息资金直接拨付给受益企业；二是拨付给贷款银行，由贷款银行以政策性优惠利率向企业提供贷款，受益企业按照实际发生的利率计算和确认利息费用[①]。

为了促进准公益性产品的发展，鼓励供应商提供更优质的公共服务，政府在补贴形式上往往引入一定的激励机制，即采取"以奖代补"形式。这实质上是一种间接补贴方式，即提供准公益性产品的企业要想获得这种补贴，必须符合政府制定的一系列产品和服务标准，包括所提供公共产品的质量标准、成本费用标准、营运收入标准等。在"以奖代补"的方式下，政府可经由财政先采取借款的形式将资金拨付给申请企业，企业只有达到了一定标准后，这种借款才能转化为补贴。"以奖代补"的优点是政府在提供资金扶持的同时，也给受惠企业一定的激励约束机制，这种方式将成为间接资金扶持政策的发展方向。

此外，财政担保也是一种重要的间接补贴方式。在目前财政投入有限且不能面面俱到的情况下，流通公益性产品大都需要通过向银行贷款来解决资金问题，在抵押或置换的资产偏少的情况下，政府可以通过准确评估该公益性产品项目的风险性，以财政担保的形式为其提供持续性的投融资

---

① 赵福昌、李成威：《促进战略性新兴产业发展的财政政策手段分析》，《经济研究参考》2011 年第 10 期。

制度支持，这样既可以不增加财政负担，又能够确保流通公益性产品发展获得所需资金。

二　税收优惠扶持方式

税收优惠是政府以减少税收收入的形式，按预定目的，采取激励或照顾性措施对有关项目给予支持。一般来讲，税收优惠在扶持力度上不及财政支出，但属于政府常用的政策扶持措施之一，常规的税收优惠措施包括减税、免税、退税、投资抵免、税前还贷、加速折旧、亏损结转抵补和延期纳税等。采取税收优惠方式的原则是对具有正外部性的行业或企业给予一定的财力支持，以补偿其正外部性，提高行业或企业发展能力。因此，对公益性流通基础设施的建设或运营而言，获取税收优惠支持成为重要的政策选择。

（一）充分利用现有税收优惠政策

近年来，为促进流通产业发展，政府出台多项税收优惠措施，因此在发展公益性流通设施的过程中，首先应梳理现有的税收优惠政策，了解并掌握具体内容，然后结合具体项目，充分利用相关政策，为公益性项目提供支撑。例如，目前政府已出台蔬菜流通环节免征增值税，免征农产品批发市场、农贸市场房产税和城镇土地使用税等多项优惠政策，在建设其他公益性流通基础设施的过程中，可以参照现行农产品流通享受的税收优惠政策，也可以在现有政策中寻找有助于项目发展的符合条件的优惠措施。

（二）完善促进公益性流通基础设施发展的税收体系

在完善税收体系的改革过程中，我国将逐步降低流转税比重，相应提高所得税和财产税的比重，这为公益性流通基础设施发展创造了良好的外部环境。

为了促进这类基础设施的发展，政府应对公益性流通基础设施给予明确定义，界定范围内容，对整个公益性流通基础设施实行一体化的税收优惠政策，而不是针对单个的某一种公益性流通基础设施。在此基础上，对于符合条件的公益性流通基础设施，在流转税方面，可以考虑减征甚至免征增值税；在所得税方面，对其经营所得，扣减按一定比例的收入后计入应纳税所得额，或直接按优惠税率缴纳企业所得税。对运用现代信息技术形成的固定资产或无形资产采取缩短折旧年限或加速折旧的方法，对用于信息系统建设的资金，允许提取技术开发准备金，并在税前扣除[①]；在其他税种方面，对符合要求的公益性流通基础设施需缴纳的城镇土地使用税、房产税等税费，实行税费减免的优惠政策。

三 构建财税措施扶持公益性流通基础设施发展的长效机制

公益性流通基础设施，除了需要建设时需要资金投入，在运营与维护时也需要资金。因此，无论这类流通基础设施的建设与运营、维护，一事一议形式的财税扶持方式难以实现可持续地促进纯公益性流通基础设施的发展。所以，在市场机制对资源配置发挥决定性作用的前提下，从公益性流通基础设施对扩大内需、促进流通业发展的战略高度，为了推动公益性流通基础设施发展的可持续性，建立财税政策扶持的长效机制就显得十分重要。

首先，建立公益性流通基础设施认定目录。对于经认定进入这一目录的纯公益性、准公益性流通基础设施，才有资格享受财税扶持政策的长效机制。

其次，对经认定进入目录的公益性流通基础设施，可考虑建立促进公益性流通基础设施发展专项资金制度。专项资金的来源是各级财政的预算资金，即每年在预算支出中拿出一定比例的资金，确保专款专用，并接受财政和审计部门的监督，以增强调控能力、保证重点需要、规范资金管理。

再次，对经认定进入目录的公益性流通基础设施，也可考虑建立"一揽子"的税收优惠政策，而非单打独斗的个案税收优惠措施。这种打包式税收优惠政策包括减税、免税、退税、投资抵免、税前还贷、加速折旧、亏损结转抵补和延期纳税等多种方式。凡是符合条件的公益性流通基础设施应该自动享受这些税收优惠政策，而无须再进行审批之类的程序。

最后，为了鼓励公益性流通基础设施走上自我发展的良好轨道，实现市场机制在资源配置中的决定性作用，对于长效机制应设立落日条款，比如以 5 年为期。当长效机制到期时，根据该机制实施的效果、进入目录的公益性流通基础设施发展的情况，以及新出现的公益性流通基础设施情况，对该机制的具体内容做相应的修订，对目录内的公益性流通基础设施

---

① 郭月梅、田文宠：《关于我国流通业发展的税收政策研究》，《税务研究》2013 年第 6 期。

种类做有增有减的完善，以避免政府的扶持政策对资源配置的影响超过市场机制。

第二节　建立健全流通公益性产品供给的法律保障制度

当前，有关流通公益性产品的法律体系不健全，对于什么是流通公益性产品，其范围是什么，采取什么样的供给方式、如何评估、政府等各利益相关者在其中的权责如何划分等一系列的制度安排，法律都应有明确的规定。这样一来，才有利于促进流通公益性产品供给的制度化、规范化，才有助于构建多元化的流通公益性产品供给体系，并使之具有可持续性。因此，法律保障制度应当包括以下内容：以保障、优化流通产业运行为目的进行法律法规建设，对市场流通主体、流通环节、流通过程中的行为规范予以规定；以便利信息共享、降低交易费用、服务统计决策为目的，建立完善流通领域的行业标准和业务规范。对于需要进行统筹规划的内容，需要通过法律或法规的形式来明确各级政府职责（规划立法的重点问题）；对于存在公益性的流通基础设施建设，要出台投资支持及管理办法（目前正在推进的农产品批发市场管理条例的制定）。对市场化发展较为成熟，现实发展需要进行规范的领域，应当加快立法进程（电子商务领域）。具体包括以下几个方面：

一　完善法律政策体系

由于我国流通产业政策体系不健全、相关立法滞后，导致流通领域的规范化、法制化程度比较低，因此应完善政策法律制度：①颁布保护中小企业相关法律。我国流通企业目前普遍面临来自国外大型流通企业的竞争压力，承受着各类不合理收费，虽然有关部门出台了监督管理办法，但是并未起到约束作用，因此应借鉴日本《大店法》和美国《罗宾逊—帕特曼法案》等成熟法案，制定相关法律，约束大型零售企业的行为，为国内中小企业提供更大生存空间，同时规范交易秩序，禁止大企业对中小供应商的盘剥和压榨，保护供应商的合法权益。②加强制定完善农产品批发市场以及质量安全监管法律，一是尽快制定《农产品批发市场法》及其相关法律法规，包括制定《农产品贸易法》、《农产品批发市场法》、《农产品运销监管法》等以及配套实施细则等，对市场准入、交易行为、交易规范、产品标准等方面做出严格规定；二是制定质量安全方面的法律法规，包括《农产品质量安全法》、《食品安全法》以及农产品质量安全标准体系等，为农产品质量安全提供法律依据和操作规范①。③健全进入与退出机制。政府应制定适当的产业进入标准，根据不同地区和不同行业，设置不同的市场进入标准；对新建大中型流通企业实行审批制度，并按照不同地区情况，制定总体规划，引导企业布局和发展规模。同时，应尽快完善流通企业退出机制，降低退出成本。

此外，在电子商务领域，监管缺失已成为制约电子商务健康发展的掣肘，亟须通过完善相关法律加以规制。从内容来看，电子商务监管体系涉及面较广，包括电子合同、消费者权益保护、电子交易规则、消费信用、资金支付、交易安全保障等。因此，需要明确执法机构，监督市场行为主体的活动，并运用法定行政权、调查权、处罚权和调解权，提高对电子商务行为主体监督和执法效力，防止出现损害消费者和竞争者利益的行为。同时还应调整、补充、完善现有法规、政策，修订消费者权益保护法，加强线上、线下法律体系的有效融合。

二　制定全国性发展规划

在农产品批发市场方面，建议由流通主管部门牵头负责，从流通产业运行角度进行统筹规划，内容包括：①根据地理位置、地域特点等实际情况，确定大型农产品批发市场的选址及规模、农产品拟建或改扩建市场的规模大小；②结合农产品优势产区分布，规划具有特色的、专业型的产地批发市场；③根据城镇居住人口、消费能力等情况，规划销地批发市场，同时注意同类市场的距离、数量及辐射范围，避免同类市场恶性竞争，从而保证良好的市场秩序；④建立严格的市场建设准入和退出机制，明确审批单位、严格审批制度，一旦发现经营不善或转作他用的批发市场要给予惩罚措施并严格限定退出②。

在物流基础设施领域，各地区、各部门都制定了与物流园区相关的发展规划。但从全局来看，往往造成重复建设，导致土地、人力、财力以及相关资源的严重浪费。因此，物流园区规划应该立足于物流业发展的实际

---

① 刘惠、胡小松主编：《我国农副产品批发市场发展战略与流通领域食品安全准入体系研究》，中国社会出版社 2008 年版。
② 依绍华：《国外农产品批发市场发展经验的启示》，《中国商贸》2014 年第 4 期。

需求，明确物流园区规划布局的基本原则。在确定总体建设规模的基础上，优先安排现有物流资源的整合利用和改造提升。规划统筹全国性中心城市、交通枢纽、物资集散地和口岸地区大型物流基础设施的建设和布局，加大西部和中部物流园区的建设，充分考虑物资集散通道的各种运输方式衔接及物流功能设施的综合配套，同时注重与交通运输规划、城市建设规划、行业资源配置等有效衔接，促进全国现代物流网络的完善。此外，统一规划好物流基础设施和公共信息平台的建设，重点是大型物流园区、大型物流中心和公共物流信息网络平台建设，打破地区封锁和行业垄断经营行为，实现信息共享，使各类物流企业能够平等地进入市场[①]。

三 对中小流通企业进行政策倾斜和扶持

我国中小流通企业众多，由于缺乏有效保护和经营指导，面临着巨大的过度竞争压力，举步维艰。因此应借鉴美国等发达国家经验，在商务部下面设立中小企业发展局，维护中小企业的利益，提供资金、技术、管理等方面援助，帮助中小企业在税收减免、获得贷款等方面获得平等机会，推进中小流通企业健康发展。同时应进一步深化金融体制改革，拓宽融资渠道，降低中小企业贷款门槛，使其获取更多融资优惠。建议设立中小流通企业风险基金，对有创新能力和发展潜力的流通企业提供资金支持，鼓励中小企业进行技术创新，并给予风险担保，激发企业活力。对将风险基金挪作他用的企业给予严厉处罚，除追回所提供的资金外，还将给予行政乃至刑事处罚。

第三节 培育第三部门介入流通公益领域

在公益性产品供给市场化方面，第三部门的发展至关重要。第三部门一般包括非政府组织（NGO）、非营利组织（NFO）等各类民间机构，是介于政府和企业之间的第三方机构，并且独立于政府和企业之外，因此其既接受政府管辖又监督政府行为，同时也不同于企业所具有的逐利性，其出发点是站在社会角度，关注生态环境保护、保障公平等问题。因此将第三部门引入流通公益性产品领域，构建政府—企业—第三部门共同参与的

---

① 依绍华：《流通产业公共支撑体系构成及政府介入方式》，《中国流通经济》2014 年第 3 期。

公益性产品供给机制，是公共产品供给市场化的重要方式。

目前，我国第三部门的法律体系尚不健全，关于其职能范围、权利和义务等还存在许多空白和模糊之处。因此，政府应在法律上明确第三部门的权利和义务，对不同类型的机构进行引导，健全第三部门的行为方式、运行机制，理顺政府与其之间的关系，逐渐实现从监督控制向培育发展的方向转变，为非营利性组织创造宽松、和谐的制度环境。一方面，政府应有选择地退出直接控制领域，给予非营利性组织适当的话语权和发展空间，并在服务机会、资金支持、税负优惠等方面给予政策扶持，帮助非营利性组织增强自身实力；另一方面，要不断促进非营利性机构提高自治能力，严禁其享有政府特权，以防政府化。

具体来看，包括以下几个方面：①政府对公益性产品供给内容进行分类管理，对可以实行社会化运作或不应由政府直接参与的公益性产品供给，交由非营利性组织提供；②出台相关法律政策为非营利性组织发展提供制度保障，将原来依托政府部门设立的非营利性组织进行分离，使之成为完全具有独立性的机构；③对一些实力较弱的非营利性组织提供必要的资金支持，并鼓励其与国有企业合作，逐步提高第三部门的实力，帮助其更加有效地完成公益性产品供给；④政府对第三部门提供的公益性产品进行严格监管，在其内部建立健全规章制度，将有关活动和财务等情况向社会公开，同时接受社会力量和公众的监督，防止其因为自身视角狭隘或能力不足而影响公益性产品供给质量。

在流通公益性产品中，政府和第三部门在商业网点规划和产品质量监督、管理等方面，可根据具体情况，在政府制定基本框架下，委托第三部门执行。或者在一些公益性产品中，由政府提供土地、设备等基础设施，委托第三部门进行市场化运作，同时其经营行为受到政府的限制。

第四节　实现投资经营主体多元化

一　有效激励社会资金流入

一是政府制定政策，放宽与降低市场准入门槛，主要做法是下放审批权，放宽准入条件，降低社会资本进入公益性产品领域的门槛，鼓励民间资本以直接投资、间接投资、项目融资、兼并收购、租赁、承包等多种形式进入流通公益性产品领域，从而拓宽公共服务融资渠道，在公益性产品供给体系中形成政府主导、混合经济结构、公私合作互补的投融资格局①。

　　二是政府提出公益性产品项目内容，引导社会资金配套跟进。公益性产品内容多以政府为主体来确定，在供给过程中仍应以政府为主导进行投资或提供支撑服务，在供给主体多元化趋势下，政府投资不再采取直接投资的方式，而是通过"项目补贴"、"以奖代补"等方式，为社会投资进行引导或起示范作用，带动社会资本更大程度地跟进。在流通领域中，有许多具有较高社会效益和一定经济效益的公共项目，但是由于政策不明确，社会资金往往不敢单独介入或者不愿直接介入，政府通过实施先导性投资，可以发挥财政资金的引导作用，吸引更多的社会资金共同进入公益性产品领域。

二　建立多种形式的公私合作关系

　　财政补贴是政府鼓励社会资金投资，改善公共服务质量的重要举措。恰当合理使用财政补贴，给予社会资本投入公益性项目关键性支持。许多公共服务项目的建设单靠政府或单个资金的投入难以实现，政府可适当发挥政府与市场"两只手"的合力作用，一方面鼓励社会资本进入，另一方面实施财政补贴政策，通过采用直接补贴、配套补贴或亏损补贴等多种方式，发挥补贴的杠杆作用，带动社会资金的投入。

　　大力发展 PPP 模式，PPP 模式是一项复杂的系统工程，包含多种运作方式，例如：特许经营、政府补助、凭单制等。其重点在于，政府通过与私人企业之间建立长期伙伴关系，监督私人企业按规定提供公共产品并支付服务费。而我国目前尚未在政策和制度层面给予 PPP 模式发展的外部环境，因此建议，一是政府从服务、管理、价格等方面，建立监督和激励机制，同时建立基础设施项目投资回报补偿的可操作性办法，如价格补偿机制、土地补偿机制等②；二是对不同的公益性项目采取不同的 PPP 模式，在设立项目之初，对采取哪种 PPP 模式做出规定，并对私营部门介入的阶段以及运营方式，做出明确的制度安排，从而保证项目的顺利实

---

　　①　王元京：《引导社会资本投资公共服务事业的五种方式》，《中国改革报》2007 年 7 月 2 日。

　　②　陆彩兰：《论 PPP 模式在我国城市公共品中的适用性》，《江苏广播电视大学学报》2006 年第 10 期。

施；三是建立完善的市场规则，给予不同所有制市场主体公平进入流通公益性领域的机会，消除私营企业进入公益性领域的隐性壁垒，建立公开透明的遴选机制，确保公司合作健康发展。

第五节　重视流通公益性基础工作

一　鼓励农产品批发市场公益性建设及配套设施升级

第一，对不同类型流通公益性产品采取不同介入方式。

对于流通法律法规和政策制度等纯粹公益性产品的供给，政府应全额负担，不能由社会和个人负担。对于准公益性产品中的农产品批发市场、冷库仓储设施、废旧物品回收、公共服务平台等，政府不必全额承担其资金供给，对其具有社会效益的方面提供资金，其余部分通过市场向用户收费来解决。

从我国农产品产销的地理布局及所在地经济状况而言，农产品主产地及销地面临不同问题，建议针对产地和销地批发市场采取不同方式：①对原产地（外销为主）、中转地市场，主要可以由国家控股或经营，政府主管部门的投资可采取设立专项基金或投资控股公司等方式运作，由政府统一管理，政府主管部门可设立管理委员会或国家公益市场集团公司，负责市场的运营管理，也可择机委托有资质的社会企业依据政府要求进行管理，这将会在根源上摒除目前农产品市场过度商业化带来的弊端；②对销地交易市场，可以采取国家、地方和市场主体多方控股运营的方式，积极探索以参股控股、产权回购回租、公建配套等多种形式，改造和新建一批具有公益性质的农产品批发市场、农贸市场、社区菜市场和菜店；③近期规划新建的以国家控股经营为主的农产品交易市场应主要集中在农产品主产区，发挥农产品外销职能①。

第二，完善传统农产品批发市场配套功能。

建议政府投入专项资金，引导传统农产品批发市场升级基础设施改造，完善市场信息服务、增加检验检测、统一结算等服务功能，建立冷库、配送中心、信息中心、结算中心、安全监控中心、废弃物及污水处理

---

① 依绍华：《国外农产品批发市场发展经验的启示》，《中国商贸》2014年第4期。

中心等，使批发市场自身成为一个较为完整的集信息、价格、质量、储存、配送、结算等功能为一体的综合体，同时加强批发市场与周边环境的融合，在住宿、餐饮、娱乐等方面相互补充，提升批发市场的综合辐射力和影响力①。

二 强化农产品流通安全中的政府介入

现行《中华人民共和国农产品质量安全法》对流通安全的监督检查和法律责任的规定，主要是对检测机构、农产品批发市场等责任主体明确职责和惩戒标准，其本质上是一种层层追溯的倒逼机制，即从消费者追溯到中间环节，再追溯到生产源头。但由于农产品生产呈分散化特点，与具有品牌标识的工业品有很大差别，通过农产品批发市场一类的中间环节很难追溯到源头，而且所谓"源头"在生产环节仍然处于松散状态，难以进行有效监管。因此，为更好地保障农产品质量安全，强化检测制度的落实，建议加强政府在农产品流通安全中的权责力度，发挥政府主导作用，具体建议包括：①建立农产品流通追溯的制度规范，强制要求批发商建立进货来源记录和索证制度，保证问题产品可追查到上游的每个环节；②建立农业局在批发市场派驻检测机构，出具具有法律效力的检测文件，对出现问题的产品交由专业的第三方检测机构进行复检确认，再进行处理；③对政府与批发市场共同建立的第三方检测机构，采取政府购买服务的方式，发生费用由政府"埋单"，企业提供场地和人员进行具体操作，政府对检测报告统一管理，并在出现问题时进行比对或出具权威解释，从而减轻批发市场经营负担。

三 改善物流基础设施及保障体系建设

第一，应充分发挥政府的宏观调控作用，结合我国国情，借鉴发达国家经验，建立政府、行业协会和龙头企业联动机制，制定国家农产品冷链物流发展规划。根据目前我国优势农产品区域布局和农产品冷链物流的特点，建立多种组织形式并存的农产品冷链物流体系。此外，在财政金融政策方面适当考虑冷链物流企业、批发市场、配送中心减免增值税和所得税；对农产品冷链物流企业实行优惠贷款政策，包括低息、贴息、放宽还贷期限、放宽抵押条件等②。

---

① 依绍华：《国外农产品批发市场发展经验的启示》，《中国商贸》2014 年第 4 期。
② 中国商业经济学会：《流通产业公共支撑体系研究综述》，《国际商报》2013 年 12 月 27 日。

第二，重点加强批发市场等重要农产品流通节点的冷藏设施建设，在大中城市周边加快建设布局一批农产品低温配送和处理中心，完善与冷链物流相配套的各类设施建设。鼓励企业在产地、销地建设低温保鲜设施，从源头实现低温控制，建立以生产企业为核心的冷链物流体系，实现产地市场和销地市场冷链物流的有效对接；鼓励大型零售企业开展生鲜食品配送中心建设，提供冷链物流服务。在存储设备技术方面，采用技术先进的自动冷库技术和气调库技术；在运输设备技术方面，使用新型的制冷和保温效果好、能耗低的冷藏车，还可使用冷藏集装箱，实现冷藏货物的门到门运输，提高冷链运输的速度和衔接紧密性[①]。

第三，加快发展共同配送中心和第三方物流。以大型连锁零售企业为突破口，或将为提升物流业发展开辟新的道路。因此建议：①采取税费优惠的方式，鼓励连锁经营企业尤其是连锁便利店企业发展城市配送业务，同时为自有网点周围的社区商业、便民设施提供配送服务；②鼓励连锁经营网点发展"塘鹅快递"（定点自取代收的快递）、社区配送等提高物流设施利用率的相关业务，实现城市流通低碳化；③加快培育第三方冷链物流企业，培育一批实力雄厚、经营理念和管理方式先进、核心竞争力强的大型冷链物流企业[②]。同时，将生产企业、第三方冷链物流企业及政府监管部门捆绑在一起，实行互相监督、互相合作的封闭化运作。

四　提高流通企业信息化水平

第一，推进农产品流通信息平台建设。

以拍卖为主的交易方式已经成为发达国家农产品交易的主要形式，其基础是信息化网络体系的构建，韩国正是依托市场这一载体，建立起全方位的信息网络，在批发市场实现拍卖成交的果蔬比率高达90%以上，在保障农产品供应品种、数量和价格形成上，信息网络起到了十分重要的作用。本书建议采取部省联合、跨部门联合等方式，协调中央地方两级政府及政府不同职能部门，重点建设一批覆盖面宽、辐射力强的信息网络平台，根据农产品种植销售情况及周期特征建立、完善涵盖多个品种、不同地域的统一的农产品产需及价格信息监测系统，建立农产品流通信息支撑体系，同时由商务部门牵头，协同工业与信息化部门、银行结算部门共同

---

① 中国商业经济学会：《流通产业公共支撑体系研究综述》，《国际商报》2013 年 12 月 27 日。

② 冉宝松：《农产品冷链物流发展规划》，《中国物流与采购》2010 年第 8 期。

制定电子交易规则，提高农产品批发市场的交易水平，同时为未来实现拍卖交易提供基础①。

第二，推动冷链物流信息化建设。

建立区域性农产品冷链物流公共信息平台，实现数据交换和信息共享，优化配置冷链物流资源。鼓励企业进行信息化建设，提升冷链物流业务管理的信息化管理水平。推广应用条形码、无线射频识别（RFID）、冷藏车温度记录仪等物流技术，实现冷链全程温度控制。此外，建立完善的冷链质量信息发布和责任追究系统，明确冷链物流信息报送和信息交换的责任机制，提高政府监管部门的冷链信息采集和处理能力，提高行业监管和质量保证水平②。

第三，推进流通企业供应链信息平台建设。

为减少各流通环节管理成本的重复投入，同时提升流通环节信息化的总体水平，本书建议：①将制定标准体系作为政府参与市场的一项重要依托。从推行行业标准开始，逐步过渡到国家标准乃至强制性标准。在农产品批发交易、电子商务安全等领域，根据实际情况设置"门槛"、"普通"、"先进"等不同标准层级③。②由政府联合行业组织与重点企业，定向补贴大型企业，采取生产、销售多类型企业分工合作的方式完成统一标准的制定与信息平台的开发，进而在全行业中加以推广应用。

五 加大基层社区商业支持力度

随着城镇化进程不断深入，新型社区大量涌现，社区商业作为以一定居住地为载体，以社区范围内居民为服务对象，以便民为目标，为社区居民日常生活提供基本服务的属地型商业，不仅是城市基础设施的重要组成部分，而且是构成社会商品流通运行的基本单元，具有综合性和便利性特点，具备一定的公益属性。因此在推进城镇化过程中，应对基层社区商业提供必要的政策支持和制度保障，并给予明确的功能定位、科学合理的规划布局，构建层次分明、功能完善的社区商业设施体系。

根据承载社区商业的物业主体的集散程度及整体布局不同，社区商业

---

① 依绍华：《国外农产品批发市场发展经验的启示》，《中国商贸》2014 年第 4 期。

② 依绍华：《流通产业公共支撑体系构成及政府介入方式》，《中国流通经济》2014 年第 3 期。

③ 中国商业经济学会：《流通产业公共支撑体系研究综述》，《国际商报》2013 年 12 月 27 日。

主要分为社区底商、社区商业街、社区商业中心三种形式。通常来讲，基层社区商业包括便利店、社区餐饮店、理发店、修鞋店、社区早市、社区夜市等生活服务商业设施。社区商业是城市规划与建设的必要内容，但现实中，大型商贸企业往往不愿意在商圈尚未成熟、配送成本较高的新建社区开设网点；同时，由于房屋租金上涨等各方面原因，使中小企业经营成本较高，导致其销售价格较高，无法满足社区居民方便快捷的需求。因此，对于基层社区商业网点，本书建议政府采取针对中小商户实行税费减免或租金补贴等措施，来鼓励设点经营；对于商业设施不足的地区，建议采取政府采购方式改建、扩建商业设施，根据社区规模建设"底商"、小型商店街等公共商业设施，并在一定时期内对区域内的经营网点进行补贴。具体措施包括以下几个方面：

（一）将社区商业定位为城镇基础设施

第一，坚持社区商业网点的科学规划和合理布局，社区商贸业的基本功能是便民利民，因此，政府及相关管理部门应该在房产开发前介入，统筹规划，并与社区开发商进行沟通，对商业网点、设施等进行预先规划，以便商贸业进入社区，向居民提供近距离的商品和服务；在开发建设的新居住区，要规划确定商业网点用房、用地、用水、用气等，作为小区公益性资产的便民网点，不得挪作他用。

第二，根据社区规模、地理位置和居民购买力状况，探索"沿街式、团组式、多点式（嵌入到各个住宅楼）"等多种类型的社区商业模式，加快大型居住区的配套商业建设，繁荣社区生活消费。

第三，以便利生活为导向，实施"便利消费进社区，便民服务进家庭"的"双进"工程；支持连锁企业进入社区新建和扩建的各类便民商业网点、物流配送中心和生活服务体系，逐步形成门类齐全、便民利民的城市社区服务网络；继续开展创建商业示范社区工作，以点带面，带动社区商业的发展。

（二）培育社区服务从业人员

随着新型城镇化的推进和居民生活质量的提高，对社区配套服务的需求加速扩大，而传统农村社区的服务人员基本为零，大力培育社区服务从业人员，既可解决农村劳动力的转移就业问题，又可满足其生活服务需求。因此，政府应积极引导，鼓励成立培训机构，培养保姆、保安、家政等服务员，全面提升从业人员素质，并开展就业信息咨询、职业指导、组织就业，加快促进农村剩余劳动力转移。

（三）推动现代商贸企业开拓农村市场

鼓励城市现代商贸企业积极开拓农村市场，加快连锁经营网点向农村全方位延伸，方便农村居民购物消费。改变传统摊位制、物业租赁制等单一经营方式，积极引进和发展连锁经营、仓储超市、物流配送、代理制、特许经营等新型流通业态，提高商贸流通业经营质量。同时，积极实践连接"中心城市—规模城市—农村社区—乡村"的综合城乡市场网络化商贸体系，便利不同市场主体角色（生产者和消费者）的双向转换，充分发挥城镇的集聚和辐射功能，运用城镇市场引导和带动农村市场的发展，提高农产品商品化程度和农业市场化程度，大力开拓农村市场。

专项报告一　农产品批发市场发展报告

随着经济社会的发展，我国农产品批发市场发展迅速，成为农产品流通环节的主渠道，在稳定价格、保障农产品质量安全、调控突发事件等方面发挥着重要作用。然而，现阶段我国农产品批发市场存在一些问题亟待解决，如公益性定位不足、法律法规体系不健全、缺少全国统一的规划、管理机制不完善、交易方式单一、食品质量安全无法保障、基础设施落后、改善环境的动力不足等，针对以上问题，政府需加强法律法规建设，加大扶持力度，合理规划农产品批发市场的布局。

一　发展现状

我国农产品批发市场作为农产品流通市场体系的中心环节，是连结"小生产"和"大市场"的重要渠道，也是农产品从田间到餐桌的重要关口。我国农产品批发市场的功能由简单的商品集散、辅助流通逐渐转化为较为复杂的综合功能，既包括常规性市场功能，又包括公益性市场职能，如形成具有竞争性的真实价格、稳定农产品市场价格、及时收集和发布有关信息、保障农产品质量安全、调节农产品供求、为各种突发事件提供农产品应急保障、提供金融、结算、仓储、配送等综合服务。与此同时，我国农产品批发市场科技水平不断提高，现代物流、连锁经营以及电子商务等广泛应用，服务功能日渐完善，发展模式趋向多元化。农产品批发市场的数量不断增加，交易规模逐渐扩大，基本形成覆盖全国、体系较为完善的分布格局。

（一）发展历程

我国农产品批发市场的改革发展经历了艰苦而曲折的历程，可以分为五个发展阶段。第一阶段是从1949—1978年，农产品批发市场的发展缺乏赖以孕育、生存的物质基础和体制环境，城乡集贸市场的发展面临多重障碍，屡遭遏制取缔；第二阶段是从1978—1984年，对开放集市贸易和"菜篮子"产品产销体制的改革率先取得突破，我国农产品批发市场在这一阶段开始萌芽；第三阶段是从1985—1991年，我国对农产品统购统销体制进行全面的改革，农产品批发市场逐渐蓬勃兴起和发展；第四阶段是从1992—2000年，农产品批发市场发展较快，以批发市场为枢纽的农产品市场体系基本形成；第五阶段是从2001年至今，农产品批发市场的发展模式由数量扩张向质量提升转变，在保障基础设施改造升级的同时，着重完善质量安全监管、市场信息化及现代物流功能。总的来看，目前农产品批发市场发展已进入成熟期，正在向完善市场交易体系、提供优质服务及配套设施等方面发展，为更好地保障市场供应和促进农民增收发挥更大作用。①

（二）基本类型

我国农产品批发市场根据不同的方式，可大致分为以下类型。

（1）按照经营农产品的种类，分为综合型批发市场和专业型批发市场。综合型批发市场交易多种农产品，如北京新发地农副产品批发市场同时交易蔬菜、水果、肉禽、水产品、调味品等。专业型批发市场交易的产品种类比较固定，如蔬菜批发市场、粮油批发市场、水产品批发市场等。据农业部2009年不完全统计，我国农产品批发市场中，蔬菜类有992个，水果类有390个，粮油类有212个，水产品类有182个，畜禽类有320个，特产类有246个，综合类有1264个。②

（2）按照市场的性质，分为产地批发市场、销地批发市场和集散地批发市场。产地批发市场是建在农产品生产比较集中的地区、以一种或多种农产品为交易对象的批发市场。产地批发市场的特征是"买本地，卖全国"。在蔬菜生产较为集中的地区如山东和河北，就存在大量此类批发市场。销地批发市场是建在消费量较大的地区，以多种农产品为交易对象的批发市场。销地批发市场的特征是"买全国，卖本地"。销地批发市场主要满足城市对农产品的消费需求，在北京、上海、广州、南京等地区大量存在。集散地批发市场是建在农产品的产地和销地之间的便于农产品集

---

① 农业部市场与经济信息司：《中国农产品批发市场发展总报告（2010）》，中国农业大学出版社2010年版。

② 农业部：《中国农产品批发市场发展总报告》2011年。

散的批发市场，以一种或多种农产品为交易对象。集散地批发市场的特征是"买全国，卖全国"。集散地批发市场一般具有有利的基础设施条件、地理优势以及品牌优势。据农业部统计，2009 年我国产地型批发市场有 2631 个，占农产品批发市场总数的 72.9%；销地型批发市场有 975 个，占 27.1%。①

（3）按农产品批发环节的关系，分为一级农产品批发市场、二级农产品批发市场以及三级农产品批发市场。一级农产品批发市场，是指从生产地收购农产品，向中间批发商或代理商销售的批发市场。二级农产品批发市场，是其批发商从一级农产品批发市场采购农产品，把这些采购的农产品销售给中间商或者零售商的批发市场。三级农产品批发市场，是指批发商从二级农产品批发市场采购农产品，并将其销售给零售商的批发市场，大多从事进口农产品的批发业务。

（三）发展规模及分布情况

1. 总体规模

我国农产品批发市场的数量在发展初期迅速增加，最近几年趋于稳定，交易规模不断扩大。1984 年我国建立了山东寿光蔬菜批发市场，这是全国第一家农产品批发市场。之后，农产品批发市场发展迅速，市场数量由 1986 年的 892 个发展到 2007 年的 4150 个，农产品批发市场年成交额由 1986 年的 29.35 亿元增加至 2007 年的 9300 亿元。② 有数据显示，2009 年我国农产品批发市场共 3600 多个，年交易额达到 14488.9 亿元，每个批发市场的平均年交易额约为 14 亿元③，全国年交易额最大的农产品批发市场是北京新发地市场，达 302 亿元④，交易量与交易额连续八年位居全国第一。据国金证券研究所研究数据，2010 年全国农产品批发市场总量已经发展到约 4300 多家，其中亿元以上的农产品批发市场达到 1570 个左右，农产品流通网络向全国 2.5 万家城乡农贸市场和 6000 多家生鲜食品超市提供产品和服务。⑤ 据商务部市场体系建设司农产品处副处

① 农业部：《中国农产品批发市场发展总报告》2011 年。
② 卢凌霄：《农产品批发市场现状及发展趋向》，《商业研究》2010 年第 2 期。
③ 农业部：《中国农产品批发市场发展总报告》2011 年。
④ 盛夏：《新发地谋变——专访新发地农产品有限公司董事长张玉玺》，《农经》2010 年第 7 期。
⑤ 廖伟斌：《农产品批发市场竞争力研究》，硕士学位论文，中国农业科学院，2012 年。

长肖荣臣透露，截至2013年，我国农产品流通中每年经由批发市场实现的交易额为3万多亿元，约占农产品流通总量的80%，批发市场是农产品流通的主渠道。

2. 分布情况

总体来看，作为农产品的集中消费地区，大中城市的销地批发市场发展较为充分，设施条件比较好；农村地区，尤其是西部特色农业地区，以及中部蔬果和粮棉油主产区的产地批发市场发展不够充分。①

（1）农产品综合市场

农产品综合市场是指经营两类及两类以上农产品的交易市场。2011年，全国共有702个成交额在亿元以上的农产品综合市场（以下数据均针对年交易额亿元以上的批发市场），其中东部地区最多，占71%，随后依次为中部地区（15%）、西部地区（10%）和东北地区（4%）。总摊位数、营业面积、成交额与市场数量呈正比，因此这三项的分布情况与农产品综合市场数量分布类似，东部地区占比最高，这三项均占全国65%左右，中部地区占16%—20%，西部地区占10%—16%，东北地区三项均在5%以下（如表1所示）。

表1   2011年东中西部及东北地区农产品综合市场情况

地区	市场数量 （个）	总摊位数 （个）	营业面积 （万平方米）	成交额 （亿元）
全国	702	470260	1779.52	6325.11
东部地区	498	300417	1171.63	4111.65
东北地区	29	19040	80.70	326.97
中部地区	102	73384	353.97	1073.89
西部地区	73	77419	173.21	812.60

注：东北地区包括辽宁、吉林和黑龙江，独立于东部地区。

（2）农产品专业市场

农产品专业市场指主要经营某一类农产品的交易市场。如表2所示，2011年全国共有1020个主营单一品类的农产品专业市场，东部地区635

① 农业部：《中国农产品批发市场发展总报告》2011年。

个，占比 62%，远远高于中部地区的 170 个（16.7%）、西部地区的 138 个（13.5%）以及东北地区的 77 个（7.5%）。类似的，在总摊位数、营业面积、成交额这三项，东部地区均占比为 70% 左右，远远高于其他地区，中部地区和西部地区均占比 12% 左右，东北地区占比 5% 左右。

表2　　　　　　　　2011 年东中西部及东北地区农产品专业市场情况

地区	市场数量 （个）	总摊位数 （个）	营业面积 （万平方米）	成交额 （亿元）
全国	1020	628303	4158.67	12595.26
东部地区	635	440693	2784.18	8730.79
东北地区	77	32533	275.68	882.14
中部地区	170	77690	503.12	1498.25
西部地区	138	77387	595.69	1484.09

其中，以蔬菜为主要经营品种的蔬菜市场全国共有 313 个，东部地区拥有 192 个，占比 60% 左右，位居全国首位，其次为中部地区、西部地区、东北地区；摊位数、营业面积、成交额方面，东部地区的三项均占全国总数的 60% 以上，中部地区三项占比 10%—15%，西部地区均占比 15% 左右，东北地区 5% 左右（如表 3 所示）。

表3　　　　　　　　2011 年东中西部及东北地区蔬菜市场情况

地区	市场数量 （个）	总摊位数 （个）	营业面积 （万平方米）	成交额 （亿元）
全国	313	254015	1536.87	3264.52
东部地区	192	182507	1057.49	2088.63
东北地区	24	9560	67.31	218.55
中部地区	51	26727	198.34	460.19
西部地区	46	35221	213.73	497.15

（四）兴办方式及治理模式

根据我国农产品批发市场的创办者划分，主要分为以下几种类型：

第一，由国营商业部门创建的农产品批发市场。具体包括以下几种：①国营粮食部门创建的批发市场；②由国营蔬菜和果品公司创办的批发市场；③由国营商业部门进入农产品批发领域建立的市场，例如浙江农都农产品批发市场是由包括浙江农发集团在内的两家国营公司联合出资创办的。

第二，由国家工商行政管理部门创建的农产品批发市场，例如寿光蔬菜批发市场。这类市场多数是在 1995 年政府要求工商行政管理部门实施管办分开之后，其原投资的部分归国有资产管理部门所有。虽然工商行政管理部门已经不是资产所有者，但是大部分市场的驻场工商所尚负责管理工作，并能分得一部分收益。

第三，由乡（镇）村集体创办的农产品批发市场。由工商行政管理部门创建的农产品批发市场在管办分开后，根据土地的归属权，有一部分市场的所有权由乡村集体所有。

第四，由私人投资创建的农产品批发市场。

我国农产品批发市场与韩国、日本以及我国台湾等国家和地区有所不同。我国的农产品批发市场主要采取企业经营的方式，没有把投资管理农产品批发市场看作是一项公益事业。因为创办者不同，除了一部分近几年新建市场之外，我国农产品批发市场形成了非常复杂的治理模式。因此，为了建立起相对规范的治理模式，必须明确产权归属，完成对农产品批发市场的改制任务。如浙江省已经对农产品批发市场进行了改制，明确了产权，国有资产或是集体资产逐步退出，个人尤其是经营者持有主要股份，管理职工持部分股份。并对原来就已经采取股份制或者经过改制的农产品批发市场设立了董事会。但在国有控股的农产品批发市场中，一般采取董事长与总经理分开管理的方式。但在改制后由经营者持大部分股份的农产品批发市场中，董事长和总经理一般是同一个人。尚未进行改制的集体所有的批发市场只有总经理，没有董事会，而总经理多数由村委会主任或村支书兼任。[①]

（五）政策指导

以上发展成就与我国政府的宏观调控政策是密切相关的。中央高度重视农产品批发市场的发展，出台了一系列相关的政策措施。1984 年，中央发布了《中共中央关于 1984 年农村工作的通知》开始建设正规的农产品批发市场；20 世纪末到 21 世纪初，国家颁布了大量政策措施促进农产品批发市场的发展、转型和完善；到 2006 年，商务部为解决"卖难"问

---

① 曾寅初：《我国农产品批发市场的结构特征分析》，《农业食品资源经济研究》2006 年第 2 期。

题，提出了"双百市场工程"，重点支持 100 家大型农产品批发市场和 100 家大型农产品流通企业；2008 年 2 月，商务部为贯彻落实《中共中央、国务院关于切实加强农业基础建设进一步促进农业发展农民增收的若干意见》（中发［2008］1 号），提出充分发挥"双百市场工程"的骨干作用，继续扶持一批大型农产品批发市场和流通企业。2012 年 9 月，财政部和国家税务总局在《关于农产品批发市场、农贸市场房产税城镇土地使用税政策的通知》（财税［2012］68 号）中对农产品批发市场的税收减免作了相关规定：对专门经营农产品的农贸市场和农产品批发市场使用的土地、房产，暂时免征城镇土地使用税和房产税；对同时经营其他产品的农贸市场和农产品批发市场使用的土地、房产，按照其他产品和农产品交易场地的面积比例来确定征免城镇土地使用税和房产税。商务部于 2013 年 2 月提出了《关于贯彻落实〈中共中央国务院关于加快发展现代农业进一步增强农村发展活力的若干意见〉的实施意见》（商建发［2013］51 号），文件指出：要加强农产品批发市场建设，统筹完善农产品流通网络布局；重点加强集散地农产品批发市场的建设，支持市场引进电子结算方式，编制发布各方面的信息指数，加快培育一批具有竞争力的农产品价格形成和交易中心，逐渐提升市场的信息服务能力；积极引导区域性集散地批发市场向全国性集散地批发市场转型，并构建集散地批发市场发展的长效机制。国家发展改革委办公厅于 2013 年 5 月颁布了《关于进一步降低农产品生产流通环节电价有关问题的通知》，文件指出：农贸市场、农产品批发市场的用电价格和农产品冷链物流的冷库用电价格，已经实现工商业同价的地区，按照一般工商业和其他用电价格执行，还未实现工商业同价的地区，执行普通工业、非工业用电价格。以上政策措施旨在扶持农产品批发市场的改造升级、降低运行成本，指明部分农产品批发市场的发展方向，对促进我国农产品批发市场的发展具有重大战略意义。

二　农产品批发市场存在的问题

虽然在政府政策的正确指导下我国农产品批发市场发展迅速，数量从快速上升到稳中有降，再到趋于平稳，交易规模不断扩大，信息化水平不断提高，服务功能日趋完善，但是由于缺乏直接配套的法律法规、统一规划以及政策措施，加之政府支持力度不够、批发市场投资管理者及各层级经销商的能力有限，导致我国农产品批发市场的常规性市场功能和社会公益性职能不能有效发挥，农产品批发市场发展滞后，继而使得农产品价格较高、质量安全难以保障，农产品供求不平衡、不稳定等问题频发。

（一）公益性定位不明确

农产品批发市场的公益职能主要是指保证农产品市场供应，稳定农产品市场价格，为政府提供完整、真实的价格信息，城乡协调发展，保障农产品质量安全。近年来，我国农产品的价格起伏不定，导致"菜贱伤农"、"菜贵伤民"等问题交替出现，"卖难"、"烂市"现象也屡有发生；[1] 农产品质量安全问题备受关注；遇到突发事件时消费者频繁发生疯狂抢购行为，农产品批发市场的静态储备商品在应对此情况时总是杯水车薪。这些问题的出现对我国农产品批发市场发展提出了更高的要求，即发挥公益性职能，但是，这一职能与批发市场"利润最大化"的目标相矛盾。

一方面，我国尚未以法律形式明确农产品批发市场的公益性地位，导致市场缺乏履行公益性职能的动力，无法保障其公益职能的有效发挥。结合其他国家的经验，韩国《关于农水产品流通及其价格安定的法律》明确规定，公营农产品批发市场的管理组织是受韩国政府委托的公共事业法人机构，或者由地方政府派出机构组成，代表政府经营和管理批发市场，从而能够更多地从社会公益的角度，发挥市场的各种职能。

另一方面，我国农产品批发市场建设以民营投资为主，资金缺乏问题严重。而韩国政府对农业的财政补贴中，有 30% 用于农产品批发市场建设。日本政府对新建的农产品批发市场给予总投资额为 40% 的资金作为启动资金，以吸引其他资金参与农产品批发市场的建设。[2] 因此，为保证公益性职能的发挥与"利润最大化"目标的相互平衡，需要政府切实承担起对公益性职能的支持责任。虽然近几年国家和一些地方政府出台相关政策，加大了扶持力度，积极投入支持资金推动农产品批发市场升级改造，但依然无法完全缓解市场实际运营的沉重负担，使得农产品批发市场无法保障食品质量安全问题，基础设施薄弱，改善环境的动力不足。

---

[1]　马增俊：《如何实现农产品批发市场的公益性》，《农经》2012 年第 Z1 期。
[2]　朱江林：《关于我国农产品批发市场法律地位的思考》，《中国市场》2007 年第 21 期。

（二）法律法规建设滞后

与农产品批发市场直接相关的法律法规建设的滞后，使得我国农产品批发市场无法得到法律的全面保护，也无法得到法律的有效指导，从而影响批发市场的规范运作。我国现有的一些法律法规和行业管理条例很不完善，不利于调节农产品批发市场的市场秩序，另外，有法不依、执法不严等现象也不利于市场发展。只有出台相关的法律法规，交易主体才会更加自律，才能避免农产品批发市场里各种不正规的入门费、出门费、摊位费，减少消费者的负担；同时，也能增加交易主体之间的默契，大大提高批发市场的交易效率。

（三）缺乏全国统一规划

市场重复建设问题严重。由于缺乏全国统一的农产品批发市场发展规划，各种形式的投资主体盲目地进行投资建设，通常是谁有钱、有地，征得当地政府批准，一个批发市场就可以投入建设了，缺乏通盘考虑。这种不规范的建设行为导致部分地区市场重复建设问题严重，市场经营惨淡，甚至出现"有场无市"的现象。例如，一些房地产开发商以投资兴建农产品批发市场的名义圈地，经营几年之后，甚至直接不经营就转为他用。市场的重复建设不仅造成资金和土地资源的浪费，而且不利于农产品批发市场交易规模的有效扩大，因为在农产品供给一定的情况下，农产品批发市场数量多，交易规模必然小。

不同地区的批发市场差距较大。我国中西部地区农产品批发市场的建设速度和发展程度远远落后于东部地区，由于全国范围内布局不合理，导致一些地区出现"有市无场"的现象。如我国广西地区是水果、蔬菜的集中产地，生产规模化程度较高，然而，该地区批发市场数量少、网点不足，规模小，基础设施薄弱，发展严重滞后。根据中东西部地区各自的区位优势，统筹规划农产品批发市场的布局、规模及数量，有利于实现批发市场在全国范围内的有效分配，也有利于缩小不同地区差距。

不同规模的批发市场分布需合理引导。近年来，超大规模的批发市场迅速增加，占地面积在600—1000亩的有近60家，在1000亩以上的有30多家，最大的可以达到6000多亩。例如，2008年4月，杭州市区杭州蔬菜公司等七大农产品批发市场搬迁至位于余杭勾庄的杭州农副产品物流中心，占地面积在6000亩以上；重庆双福国际农贸城于2010年9月8日开工建设，初期规划用地在5000亩左右等。在这股特大型农产品批发市场的新建热潮中，中小型批发市场向大型化市场扩建的势头也很强劲，例如，宁夏、湖南、海南、广西等多个省区纷纷计划在近几年扩建大批农产品批发市场。① 随着农产品批发市场规模的变化，制定全国统一的发展规划迫在眉睫。

（四）管理机制不健全，服务功能单一

农产品批发市场是具有公益性的批发市场，除了具备多项常规性市场功能外，还应该承担几种社会公益性职能。然而，目前我国农产品批发市场服务功能单一，经营管理水平低，管理者主要承担物业管理的职责，实行"摊位制"，出租摊位，以收取摊位费维持市场的正常运转。管理者一般采用扩建、兼并收购等外延式发展方式增加摊位数，扩大经营规模，提高成交量，增加经营收入。

（1）商品集散功能不够强大。"摊位制"的经营管理模式，使得批发商数量巨大，但是单个农产品批发市场交易规模偏小，市场集中度不高，从而商品集散功能不够强大。据农业部 2009 年不完全统计，平均每个农产品批发市场年交易额为 4 亿元。年交易额最大的市场也仅为 302 亿元，年交易额在 100 亿元以上的市场仅有 18 家；平均每个市场有固定摊位的批发商有 480 个，最多的市场甚至拥有超过 1 万个批发商。②

（2）乱收费现象严重。很多批发市场把摊位出租给经销商的同时，收取各种名目的费用，增加了经销商的运营成本。经销商再把这种费用转嫁给消费者，广大消费者不仅享受不到价格监管的正外部性，还要承担较高的农产品价格。

（3）信息反馈机制不健全。农产品流通标准化以及农产品批发市场自身的标准化程度均较低，加大了采集信息的难度；农产品批发市场的信息平台不健全，批发市场出于利润最大化的考虑，为了减少企业税费负担，避免上报交易量。这些因素无疑会影响到农产品批发市场的信息传递功能，使得通过互联网、手机、广播等手段发布农产品供求、品种、质量、价格等信息的功能无法有效发挥，不能为消费者、农民、零售商、中间商以及政府提供有用的信息。

（4）加工增值功能不完善。农产品批发市场以现代化、多元化为发

---

① 全国城市农贸中心联合会：《农产品批发市场亟须制定全国统一的发展规划》，《商场现代化》2011 年第 31 期。

② 冬晓：《农产品批发市场管理水平亟待提高》，《农业技术与装备》2012 年第 6 期。

展方向，开拓加工增值业务有利于加速我国农产品批发市场的转型升级，增加农产品批发市场的利润。然而，由于管理机制不健全，我国大部分农产品批发市场尚未开展初选、初加工、包装等增值业务，没有提供净菜净果上市、包装上市等拓展服务。

（5）商品配送功能需增强。目前只有部分批发市场建立了配送中心，鲜活农产品保鲜技术的应用较少，冷链流通率较低，第三方物流的发展还处于初级阶段。

（五）交易模式落后

农产品批发市场交易模式多种多样，从价格形成的角度来看，分为协商交易、协议交易、固定价格交易、竞拍交易；从交易形式来看，分为面对面交易、电话交易、网上交易（电子交易）；从交易主体来看，分为交易双方直接交易、委托交易和中介组织交易。我国农产品批发市场以交易主体的面对面协商为主。农产品批发市场的结算模式主要包括支付手段和结算方式。支付手段分为现金结算和非现金结算；结算方式分为统一结算和非统一结算。从支付手段来看，我国农产品批发市场主要采用现金结算；从结算方式来看，采用经销商自行结算。[①] "一对一"交易和简单的现金结算方式，不利于农产品批发市场有效承担其公益性职能。

（1）这种交易方式使交易主体双方的地位不平等，一方是对价格信息掌握不全面的处于弱势地位的小生产者，另一方是对市场信号反应灵敏的强势的采购商，这种地位、信息、能力的不对称使得交易价格难以达到公平的程度，对小生产者不利。

（2）交易双方通过讨价还价的方式来完成交易，批发市场无法跟踪记录每种商品的成交价格，也就无法监管价格并向消费者、农民、零售商、中间商和政府提供真实而完整的价格信息。

（3）根据蛛网定理，农民根据上期价格制定生产决策，但本期供求状况决定交易价格，生产决策的制定和产品上市之间存在一定的时差，在农民普遍缺乏科学分析的条件下，农产品批发市场现货价格的高低是农产品"买难"、"卖难"周期性循环的重要诱因。[②] 因此，根据农产品批发市场上农产品的供求状况形成交易价格，对农民的生产决策并没有指导意

---

① 马增俊：《农产品批发市场的发展模式及定位》，《中国市场》2010年第17期。
② 卢凌霄：《农产品批发市场现状及发展趋向》，《商业研究》2010年第2期。

义，甚至会造成"买难"和"卖难"。

（4）另外，这种交易方式虽然比较方便，但是每日交易数量很大，难免会发生抢劫、假币等危险事件，给经销商和消费者造成损失。

（5）同时，批零兼营十分普遍，纯粹意义上的批发市场较少，据统计不足20%，造成许多传统农产品批发市场与集贸市场相差无几，场内人声喧闹，商品包装简陋，摊位零散，交易起点很低，缺乏现代批发市场应有的规范与效率。①

（六）食品质量安全无法有效保障

随着经济社会的发展，消费者对食品的需求已经从数量上的满足转化为质量上的满足，越来越重视食品的口感、外观和质量安全。由于农产品批发市场是农产品流通的主渠道，对农产品的质量安全，承担直接的监管责任。但是，由于农产品批发市场机制不健全，抽检环节缺乏规模化、标准化和统一化，农产品供应链缺乏统一的市场准入体系，农产品没有"身份证"，冷链物流系统不健全等因素的存在，批发市场公益性职能的发挥受限，无法保障农产品的质量安全。

（1）大部分农产品未办理"身份证"。在农产品批发市场中，很少有农产品"携带"标明产地、品牌等信息的"身份证"，如果出现质量问题，很难追溯到生产商，因此无法从源头上治理农产品质量安全问题。

（2）农产品供应链是多环节、开放性的，缺乏统一的市场准入体系。由于在整个农产品供应链过程中，并未建立一套包括在主体资格、执行程序、监督管理和法律适用上都具有一致性的市场准入管理制度②，导致农产品批发市场上游环节的经销商流动性比较大，出于短期利益，他们提供的产品鱼龙混杂，大量劣质产品掺杂其中，尤其是对于那些发展规模小、监控能力薄弱的小批发市场更是如此。

（3）农产品批发市场机制不健全。一方面，农产品批发市场分层管理不足。优质农产品和普通甚至假冒伪劣农产品在同一市场销售，可食用农产品和不可食用农产品在一起经营，需要冷链系统的生鲜农产品和无需冷藏的农产品一起储存、运输。在这种情况下，监管主体难以规范和管理，不利于批发市场形成和运用统一的质量检测体系。另一方面，责任主

① 祝合良：《我国农产品批发市场发展的基本思路》，《经济与管理研究》2004 年第 2 期。
② 苟建华：《农产品批发市场供应链封闭化运行模式研究》，《浙江外国语学院学报》2012 年第 1 期。

体不明确。由于批发市场并不是农产品的直接经营者，真正的经营者是批发商，当农产品出现质量问题时，很难让安全管理意识淡薄、经营规模小、经营实力不强的经销商承担责任。以上原因，使得农产品质量安全责任难以追溯。

（4）农产品批发市场抽检环节缺乏规模化、标准化、规范化。抽检环节缺乏规模化，是由于农产品批发市场通过收取微薄的摊位费来维持市场的正常运转，在农产品抽检费用较高且由批发市场自身承担的情况下，为降低成本增加收益，农产品批发市场会减少抽检人员、减小抽检规模；缺乏标准化是指农产品供应链的各个环节没有统一的质量检测标准，许多农产品质量检测标准低，时效性差；缺乏规范化是因为在对农产品抽检时，与农产品质量安全程度直接相关的消费者没有发言权，不能参与到农产品的质量检测过程中。

（5）规模化、系统化的农产品冷链物流体系不健全。国家发展与改革委员会在 2010 年发布的《农产品冷链物流发展规划》中指出，发达国家已经建立了"从田间到餐桌"的一体化冷链物流体系，然而，目前我国鲜活农产品冷链流通的比例远低于欧美发达国家水平。我们国家的果蔬、肉类、水产品冷链流通率分别为 5%、15%、23%，冷藏运输率分别为 15%、30%、40%，欧盟各国、美国、加拿大和日本等发达国家肉禽冷链流通率已经达到 100%，蔬菜、水果冷链流通率也达到 95% 以上，我国大部分生鲜农产品仍在常温下流通，全程冷链的比率较低[①]，在运输、销售等环节又经常出现"断链"现象；另外，我国冷链物流基础设施能力严重不足，冷冻冷藏设施普遍陈旧老化，冷链物流技术推广滞后，第三方冷链物流企业发展落后，冷链物流法律法规体系和标准体系不健全等，使得鲜活农产品的质量安全无法保障，损失率高，这些受损农产品一旦流入下游环节，将会损坏中间商和消费者的利益。我国每年农产品损耗率高达 20%—30%，仅水果、蔬菜等农产品在采摘、运输、储存、交易等物流环节损失率就达 25%—30%。每年有总值约 700 亿元人民币的农产品在流通中损失。[②]

---

① 王小萱：《我国将建一体化冷链物流体系》，《中国食品报》2010 年 5 月 2 日。
② 李学圣：《农产品批发市场与冷链物流》，中国制冷学会冷藏冻结专业委员会：《2011 年全国冷冻冷藏行业与山东制冷空调行业年会暨绿色低碳新技术研讨会论文集》2011 年。

（七）基础设施薄弱，配套设施亟待完善

总体来看，目前我国大部分农产品批发市场停留在提供交易场地等简易设施条件上，多为露天或简易大棚市场，交易环境差，水、电、路等公共基础设施保障能力较弱，消防设施建设不到位，存在不良安全隐患。另外，相当一部分批发市场的服务配套设施建设滞后，信息服务、食品质量检测、电子统一结算、市场安全监控、环境保护、饮食、住宿等配套服务设施不健全；农产品初加工、包装、冷藏保存、冷链物流和配送等设施更是奇缺，而这些都是建设现代化和信息化农产品批发市场所必须具备的基础条件，是农产品批发市场履行公益性职能的基本保障。

（八）改善环境动力不足，存在社会负外部性

农产品批发市场作为理性"经济人"，追求利润最大化，尽量规避增加市场运营成本的措施。并且，国家对其公益性的定位不足，资金扶持力度不够，导致其改善环境、提供便利的动力不足，形成一定程度的负外部性。

（1）销地农产品批发市场为城镇居民提供了重要的食品物资保障，为居民生活提供了便利。但是，随着城市化进程的加快，一些批发市场所在位置划入了城市的主城区，水污染、物流货车的噪声污染、固体废弃物污染以及产品本身及其变质引起的气体污染，是农产品批发市场的主要环境污染。治理环境污染需要大量的资金和人员投入，会增加市场的运行成本，导致市场的短期利益将因之受损，使得农产品批发市场没有动力去改善环境。

（2）农产品批发市场路网规划不健全。我国大部分农产品批发市场在建设规划时，普遍存在交通设施不足、交通流线混乱冲突等问题，使得建成后的批发市场经常出现车位紧缺、乱停乱放、交通拥堵、人满为患等现象。长此以往，将严重影响农产品批发市场的发展水平，并给周边居民以及交易双方主体造成诸多不便。

三　对策与建议

针对上述存在的问题，借鉴国外经验，本报告提出以下对策建议。

（一）明确公益性地位，完善法律体系

农产品批发市场本应更多地体现为公益属性，相对于"利润最大化"的目标而言，社会效益应该是其追求的第一位目标。目前，我国对农产品批发市场的定位是有条件地承担部分行政职能的企业，这样的定位不利于农产品批发市场有效发挥公益性职能，政府在促进农产品批发市场回归公益属性的过程中应该发挥主导作用。虽然政府及相关部门推出多种政策促进农产品批发市场回归公益属性，然而，我国依旧缺乏一部对农产品批发市场进行明确定位的法律。因此，本报告建议国家制定统一的《农产品批发市场法》，把农产品批发市场纳入到国家公益性事业领域，让农产品批发市场成为实质意义上的公益性农产品批发市场。

国际经验表明，通过立法对农产品批发市场的开设、经营等行为进行规制，是农产品批发市场顺利发展的前提。然而，我国目前的法律建设略显滞后。《农产品批发市场法》的内容应涉及批发市场的建设、管理和运行，并且明确主管机关和运行方式，特别是对管理机构的设置和职能、软硬件设施及交易规则等做出明确规定。并以此法为核心，完善法律体系，规范相应管理，使我国对农产品批发市场的管理有法可依。除了政府应加快建设与批发市场有关的法律法规之外，批发市场的参与者也可通过交流和总结，制定一些共同的行为准则，以降低交易成本，提高交易默契程度，提高农产品批发市场的流通效率。

（二）加大扶持力度，促进市场回归公益属性

信息发布、价格监管、环境污染治理以及农产品质量安全检测等行为具有公益性和正外部性，然而，当公共物品由私人提供时，私人边际收益会小于社会边际收益，进而私人的最优决策将低于社会最优水平，使得私人对公共物品的供给不足，未达到社会边际收益等于社会边际成本的帕累托最优水平。① 因此，对于信息服务系统、食品安全检测系统等具有正外部性的公共物品，政府应给予相应的补贴，并且，补贴额应大于提供公共物品而产生的成本，否则农产品批发市场将没有动力提供公共物品。

首先，加大优惠政策范围，降低农产品运营成本。近年来，国家出台了一系列的政策措施，切实降低农产品批发市场的运营成本，促进其公益

---

① 刘雯：《加强公益性建设是中国农产品批发市场发展的方向》，《农村经济》2011 年第 4 期。

性职能的发挥。然而，为了使农产品批发市场更大程度地发挥其公益性，本书建议政府扩大农产品运输绿色通道范围，继续降低农产品运输成本：一是将执行绿色通道的农产品品种范围由鲜活类农产品扩大到冷冻、冷藏类等重要农产品；二是将免收农产品运输通行费的道路范围扩大到全部收费公路。除此之外，政府还可借鉴其他国家把农产品批发市场作为公益性基础设施给予免税的做法，在减免房产税、土地使用税的基础上，免征营业税和所得税。

其次，加大资金投入，完善公益性农产品批发市场的建设。我国批发市场数量庞大、分散，政府出资完善所有批发市场的建设是不可能的。政府应该吸引社会资本，有重点、有目标地对市场进行宏观调控。一方面，政府可选择一批农产品批发市场作为"菜篮子"商品定点调控市场，增加农产品国家储备品种，给予硬、软件补贴以及贡献补贴；另一方面，关于政府主管部门的投资，可考虑通过创办投资控股公司或者专项基金等方式运作。通过设立管理委员会或者是国家所有的公益市场集团公司①来负责运营管理工作，也可聘用具有市场管理经验的团队和优秀人才管理市场，实行现代企业管理制度，发挥政府和市场竞争的双重作用。这有利于从根源上摒除农产品批发市场过度商业化带来的弊端，使中国农产品批发市场形成自己的模式：公益功能、政府支持、企业投资、市场运作；② 另外，政府应投入专项资金，引导传统的农产品批发市场基础设施改造升级，改变交易环境差，水、电、路等公共基础设施保障能力弱，消防设施不健全的局面。改造建设信息服务、电子结算、食品质量安全检测、市场安全监控、环境保护、饮食、住宿等服务设施，投资建设农产品初加工、包装、冷藏保存等配套设施，提升农产品批发市场的现代化和信息化水平，保障其有效发挥公益性职能。

最后，政府和社会相关部门在对农产品批发市场进行投资后，应对市场建设资金的投资效率进行评价，并对建设资金进行严格的监督和审核，防止不法分子私自谋利，损坏公众利益。评价指标包括资金利用率、资金使用的规范程度等。

---

① 赵尔烈：《建议实施"国家公益性农产品批发市场工程"》，中国市场学会，2009 年。
② 全国城市农贸中心联合会：《农产品批发市场存在的问题及发展思路》，《商业现代化》2012 年第 35 期。

（三）制定全国统一的发展规划

迄今为止，农产品批发市场的各项政策依旧是政出多门，各个部门制定政策的出发点不同，直接影响着政策执行的效果。由于批发市场是农产品流通的主要渠道，流通主管部门应负责制定《全国农产品批发市场发展规划》，把农产品批发市场的发展与城市规划建设相协调，从全国"一盘棋"的战略高度出发，合理布局、统筹调控不同地区、不同规模的农产品批发市场，重点加强东西部地区的有效对接，农产品产销地的对接，根据合理的农产品批发市场布局，建设高效的全国农产品批发市场体系。各地应努力培育具有地方特色和优势的专业型批发市场，并把周边的小型市场作为依托，形成发达的区域性农产品批发市场网络。

另外，政府应建立批发市场的应急联动机制，有效应对突发公共事件。将产地和销地、销地和销地等各农产品批发市场进行有效的连接，形成完善的应急联动机制。① 各地政府相关部门应通过调研来分析自身城市需要的农产品来源基地，并鼓励农产品产地和销地批发市场构建稳定的供应链，也可以运用卫星遥感技术获知供应基地的收获情况，并对农产品产量进行预估，进而根据估计的结果实行应急预警。

针对市场重复建设问题，本报告建议尽快制定准入、退出机制。首先，应在农产品批发市场建设的准入机制中建立前置审批制度，明确新建市场在建设时应满足的条件。商务部门为负责前置审批工作的主管部门，同时，应充分利用行业协会的作用。本报告建议商务部门与行业协会联合建立专家委员会，负责农产品批发市场建设的前置审批和管理。其次，针对"有场无市"以及圈地后转为他用的现象，应建立退出机制并对其不作为的行为予以处罚。最后，商务部门应赋予行业协会一定的权力，由其负责对已经通过前置审批的农产品批发市场进行日常的监督管理；并建立考核评价制度，由行业协会综合评价市场的建设情况、硬件设施的配备情况，并对考核结果进行详细统计，为准入、退出机制提供反馈。

（四）健全管理机制，增强服务功能

培育一批能够引领市场发展的大型农产品批发市场。一般地，农产品批发市场的组织化程度越高，其传递的价格信号就越真实，就能更加有效

---

① 王嬴、梁娜、何雨竹：《展望我国农产品批发市场前景——2010 年下半年全国基本农产品价格失控性暴涨所引起的思考》，《农业经济展望》2010 年第 12 期。

地指导农业的生产经营活动。[1] 同时，组织化程度高的批发市场能有效应对市场压力，有较强的运作能力和应对突发事件的能力。

管理者除了承担对摊位进行"物业管理"的职责之外，还应提高其管理水平，增强公益性功能。首先，管理主体不能随意增加经营面积、增加摊位数量，以赚取更多的摊位费。应合理规划各个批发商的经营品种和经营数量，培育市场内大型批发商的发展，培养各个批发商的道德理念；其次，制定相应的管理条例，加强监管和惩罚措施，避免各种名目的乱收费现象，保证价格的公开透明；再次，积极探索农产品的标准化管理，有利于批发商上报交易量、交易额等重要信息，方便信息平台发布农产品的交易情况；最后，管理者应合理运用其预算资金，开拓初选、初加工、包装、品牌经营等增值业务，不仅可以改变其单一利润来源的局面，还可以更好地满足消费者的多样化需求。

引导农产品批发市场加快发展物流业务。加强农产品批发市场物流业的现代化水平，使运输和分销更加有序和简捷，加快农产品批发市场从单一的产品集散地向大型物流中心转变的步伐；[2] 加快建立大型的配送中心，引进冷链物流系统，增强农产品批发市场的商品集散功能。

（五）创新交易模式

传统的"一手交钱，一手交货"的简单交易方式，对农产品批发市场辐射范围的扩大有很大程度的限制。农产品批发市场需结合自身的实际情况，引入拍卖、期货、订单、电话委托、电子结算、网上交易、远期合同交易和远程交易等现代交易方式，保证价格的公平性，方便相关人员对价格进行监管和跟踪记录。远期合同交易和远程交易的价格，是通过众多买卖者的竞争形成的价格，能够相对有效地发挥价格信号功能。拍卖制是经过一些发达国家多年实践发展起来的交易方式，具有透明度高、价格合理、信息集中、成交迅速、交易规范等优点，同时，也比较适合我国国情和农产品批发市场的发展需要。[3]

发挥农村合作社组织的作用，提高交易效率。当地农村合作社不仅应

---

[1]　祝合良：《我国农产品批发市场发展的基本思路》，《经济与管理研究》2004 年第 2 期。

[2]　苏威：《关于提升农产品流通效率的思考——基于农产品批发市场建设视角》，《商业时代》2012 年第 13 期。

[3]　祝合良：《我国农产品批发市场发展的基本思路》，《经济与管理研究》2004 年第 2 期。

在网上为农民提供产品供求和价格信息，在实际工作中，也需整合所有农户的需求，帮助他们统一装卸、统一运输、统一销售农产品。到达农产品批发市场后，采取拍卖、竞标等交易方式进行销售，因为这些交易方式的价格是公开透明的，而且，可以在较短的时间内把同一批产品卖出最高的价格。由农村合作社代替分散农户在批发市场上交易，减少了市场人员的数量，避免人员拥挤，提高了批发市场的交易效率。

（六）保障农产品的质量安全

解决农产品质量安全问题，应从源头开始。首先，各级地方政府应积极推行"身份证"制度，为农产品配备身份证，标明产地，以此明确农产品供应链的各个节点上企业主体的责任，涉及政府管理、检测机构、流通、加工和种养等主体。[①] 其次，种养主体及加工主体应对农产品进行标准化和等级化管理，有利于农产品批发市场分层管理，进而有利于农产品批发市场形成和运用统一的质量检测体系。如优质农产品和普通农产品分类销售，无需冷链系统的农产品和需要进行冷冻冷藏处理的生鲜农产品分开储存运输。

政府加大投资建设农产品质量安全信息可追溯系统。可采用"政府补贴、市场化运作"的方法筹集追溯系统建设和运行所需资金；在建设时期，应以政府投资建设为主，农产品批发市场场内经营主体适当地交纳服务费用。追溯系统进入运行阶段后，主要依靠市场化运作，辅助以政府补贴，即各个独立的经营主体交纳一定数量的服务费维持系统的运行，政府进行适当的补贴。另外，还需加快追溯系统的制度建设，逐步推行"强制认证、行业准入、市场准入、产品准出、环环检查"等管理措施[②]，更好地发挥各个环节的监督管理作用。

批发市场内应建设农产品质量安全检测中心，中心内应配备农药快速检测仪器、农药及农药残留检测设施，肥料、土壤及重金属、硝酸盐、微量元素分析仪[③]，对农产品进行检测，检测合格后方可进入，对于不符合食品质量安全标准的农产品，一律不准进入批发市场。在检测环节，可接受消费者的监督，以实现抽检环节的规范化、透明化。

---

① 苟建华：《农产品批发市场供应链封闭化运行模式研究》，《浙江外国语学院学报》2012年第1期。

② 同上。

③ 于艳红：《农产品批发市场与现代物流的整合》，《商场现代化》2011年第1期。

加强冷链物流系统建设。农产品批发市场应结合政府给予的扶持资金，对已有的冷冻冷藏设施进行检查、修复、换代升级，加快推进全程冷链物流系统建设，避免"断链"现象的发生；另外，扶持第三方物流企业的发展，创新冷链物流技术，减少农产品的损耗率。

供应链各主体诚信经营，是农产品质量安全问题控制的关键。政府应该营造一种诚信经营的环境。从自律、宣教、监管、政策、法制等多个方面着手，使农产品供应主体不愿、不敢也不能触犯农产品质量安全法规，增加违法成本，使其犯法的成本大于犯法带来的收益。为此，需要政府完善农产品质量诚信经营的法律法规体系，加快奖惩制度的建设，参考金融业的诚信管理信息系统，制定诚信经营评价标准，进而建立诚信档案管理系统，实现诚信信息的共享，以质量诚信作为供应商的最低进入门槛。农产品批发市场各经营主体还应该树立以质量诚信为本的生产经营理念，增强自身的社会责任感。

（七）积极引导，减弱对社会的负外部性影响

为提高农产品批发市场治理污染的积极性，政府应对农产品批发市场进行补贴，补贴额度应高于治理污染所带来的成本。另外，政府还可引入奖罚制度，对于那些预防和治理污染批发市场表现突出的给予一定形式的奖励和表彰，对于享受过国家补贴但没有治理污染或者是治理不善的批发市场，应给予额度超过补贴额的罚款。

合理、高效的交通组织能提高批发市场的物流效率。在进行农产品批发市场规划时，应合理设置农产品批发市场的出、入口，避免在快速路及居民区附近等位置设立出入口，以免发生交通堵塞或者交通安全隐患。另外，在设计交通流线时，应遵循"客货分流、人车分流、供货购货分流"的原则①，还可以建立环形路网系统。同时，在配建停车设施时，应综合考虑交易需求、车辆的差异等因素，合理规划停车位。

子报告一　农产品批发市场流通成本分析

近年来，我国农产品价格波动频繁，"蒜你狠"、"豆你玩"、"姜你

---

①　龚蓉、谷洪波：《农产品批发市场规划中突出问题分析》，《现代装饰（理论）》2013年第7期。

军"、"糖高宗"等频现市场，农产品流通呈现出产地和销地价格的"非对称性"格局，产品收购的低价和终端市场的高价并存，农民"卖难"和居民"买难"的问题同时出现，"菜贱伤农"和"菜贵伤民"时常见诸报端。如据媒体报道，山东各地蔬菜流通呈现出产地和销地的非对称性价格，在产地销售价格为每市斤 0.1 元的蔬菜到了终端消费市场销售价格则接近每市斤 1 元[①]，也有记者调查，蔬菜从收购到批发一般要加价25%，从批发到零售加价往往在 50% 左右，流通成本占蔬菜价格比例70%。[②] 如何降低农产品流通成本，提升流通效率成为政府、学者、老百姓共同关注的焦点问题。

在农产品流通中，农产品批发市场是农产品流通中的重要主体和环节，对于产品的集散、价格的形成和商品的流通有着极为关键的作用。从概念上看，批发市场是为买卖双方提供经常性的、公开的、规范的进行商品批发交易，并具有信息、结算、运输等配套服务功能的场所（《批发市场管理办法》），是政府、企业或个人投资兴建的以批发业态为主的交易场所。目前，批发市场是我国农产品流通的主要渠道，每年通过农产品批发市场实现的交易额达 3 万多亿元，占农产品流通总量的 80% 左右。以北京新发地农产品批发市场为例，北京大约 70% 的蔬菜、80% 的水果和90% 以上进口水果都通过这个批发市场向全市输送。

因此，批发市场已成为我国农产品流通的重要一环，对于农产品价格的形成，以及整个农产品流通成本构成有着重要的关联作用，也成为破解整个农产品流通成本高企中的一个重要抓手和突破口，人们也纷纷将解决当前流通困局的目光转向批发市场，甚至有人指出当前流通的症结就在于以批发市场为代表的中间环节过多，将中间环节看作是流通成本高企的主要因素，认为流通中间环节过多，加重了流通成本，推高了产品的最终销售价格；而中间商的逐利性特征，每个环节的层层加价，吞噬了整个商品流通环节中的利润，形成"两头叫，中间笑"的格局。最早如姚今观、纪良纲等（1995）[③] 提出农产品流通中存在"两头叫，中间笑"的现象，而造成这一现象的主要原因在于中间环节的过多和中间商的剥削。真实的

---

① 赵竹青：《蔬菜流通环节层层加价，零售价超供应价 10 倍》，《人民日报》2011 年 5 月 8日。

② 顾克菲：《菜价：流通费用占近七成》，《消费日报》2010 年 12 月 7 日。

③ 姚今观、纪良纲等：《中国农产品流通体制与价格制度》，中国物价出版社 1995 年版。

情况是这样的吗？

为此，分析农产品批发环节在整个产品流通环节中的成本和收益，分析农产品价格的形成与传导、成本和收益的分配，认识农产品流通中批发环节所产生的成本在整个农产品流通市场中所占的份额，探索农产品批发市场未来的发展方向也就成为一个重要课题。

一 农产品批发市场流通成本现状

（一）以批发市场为核心的农产品流通环节

根据区位分布以及辐射对象不同，农产品批发市场分为产地批发市场、销地批发市场以及集散地批发市场。通常，以批发市场为核心的农产品流通模式包括以下路径：生产者—中间商贩（或者是经纪人、合作社等）—产地批发市场—销地批发市场（一级批发市场或者二级批发市场）—零售市场（农贸市场、零售企业、一些机构和单位企业）—消费者。

在这个过程中，产地批发市场通常由中间商贩如经纪人从农产品生产地收购，然后运输到产地批发市场，在此进行清理、包装等，进而出售给销地批发商，并运往销地批发市场。销地批发市场按照环节又可分为一级批发市场和二级批发市场，一级批发市场主要功能是向二级批发市场分销，如北京新发地批发市场，二级批发市场则有很强的配送功能，其销售对象则为农贸市场、超市、社区菜市场等零售商或者是机构消费单位，如北京的八里桥、岳各庄、大洋路批发市场等。

（二）农产品批发市场流通成本构成

流通成本是指农产品从生产环节到零售环节所形成的成本，包括农产品的运输、仓储、包装、分类、加工、搬运、损耗等成本，如果按环节划分的话则可以分为运输费用、批发费用和零售费用。

具体在批发环节内部，在农产品批发市场中所形成的流通成本主要包括：批发市场管理费用、摊位费、进出场费、税费、人工费、代理费、储运费、水电费、停车位费以及农产品的损耗费等类型。其中，市场管理费一般是按照农产品交易额的 2% 收取。以北京新发地市场为例，2012 年其主要的费用包括市场管理费（2% 的交易额）、标准仓库费用（20 万元每年）、摊位费（按照竞拍价格不一）、人工费用（大约 160 元每天），以及其他税金杂费。而八里桥二级批发市场则包括摊位费、管理费、装卸费、税金和其他杂费。产地批发市场方面，以山东寿光物流园区为例，2012

年该市场从买卖双方合计收取 3.3% 的市场管理费，每个蔬菜仓库每年费用为 1 万元（王绍飞，2013）。①

尽管近年来国家有关部门出台了对农产品批发市场的税收减免政策，如 2012 年起对蔬菜批发、零售过程的增值税进行了减免，2013 年起对农产品批发市场、农贸市场用地的土地税、房产税进行了减免，但在农产品批发市场中，上述各项费用仍然存在并成为批发商的重要成本构成。

（三）农产品批发市场流通成本占农产品全部流通环节份额

农产品价格的形成与各个环节成本及利润密切相关，农产品批发环节成本的高低对于农产品价格高低有着显著影响。现实农产品流通中，不同的农产品、不同地区的农产品批发市场的流通成本呈现不一样的状况，大部分农产品流通中，批发环节所占成本比例在 30%—40%，个别产品成本低于这个水平，也有少数农产品的批发环节成本比例高于这个水平，总体上看，批发环节的流通成本在整个产品流通中有着至关重要的位置。下面按照不同种类蔬菜及猪肉来梳理批发市场成本构成。

1. 蔬菜类

蔬菜类产品流通方面，王学真等（2005）②调查了蔬菜从山东寿光到北京的流通成本，其中北京批发市场环节的成本为 52 元每吨，所占成本比例为 7.7%，相对于其他环节来说，其所占比例是最低的，但是如果加上寿光到北京的运输成本的话，其所占比例将变为 22.4%。其中在北京批发市场的费用包括市场管理费、食宿费、损耗费、卸车费等，而市场管理费所占比例最大为 30.7%，其次是卸车费所占比例为 29.4%（见表 Z1）。

从广州市蔬菜（广州江南公司的大白菜、胡萝卜、黄瓜、西红柿、茄子、土豆）流通成本数据来看，流通成本在价格中的比重占据绝对地位，在蔬菜从产地到农贸市场（零售端）这个环节之中，处于批发市场环节的成本包括从江南公司到二级批发市场、从二级批发市场到农贸市场，其合计的成本所占比例超过 50%，达到 56.84%（文晓巍，2011）。③

① 王绍飞：《北京市蔬菜流通中的价格形成与调控》，《北京农业职业学院学报》2013 年第 3 期。
② 王学真、刘中会、周涛：《蔬菜从山东寿光生产者到北京最终消费者流通费用的调查与思考》，《中国农村经济》2005 年第 4 期。
③ 文晓巍：《农产品供应链流通成本与相关主体利益匹配：广州证据》，《改革》2011 年第 8 期。

同样的，在贵阳市蔬菜流通过程中，流通成本同样占据主要的部分。陈小静（2012）对贵阳市蔬菜从产地生产环节—产地批发环节—销售地批发环节—销售地零售环节的调研数据，获得了贵阳市10个品种蔬菜每50公斤在种植、产地批发、销售地批发和末端零售等环节的成本和收益数据。该调研数据显示，蔬菜每50公斤的种植生产成本平均为50.8元，占总成本比例仅为11.7%，而流通成本所占比例高达88.3%，其中产地批发环节、销地批发环节和零售环节成本所占比例分别为21.2%、27.2%和39.8%，产地批发和销地批发加起来的成本所占比例高达48.4%[①]。其中，在销地批发市场中，采购蔬菜支付款接近占总成本的93%，运输成本占2.5%左右，劳动力成本占3%，批发市场摊位费比重接近1.5%，大批发商的平均成本收益比为1:1.1，批发商没有获得超额利润（见表Z4）。

与此同时，在湖南长沙的蔬菜流通过程中，徐平等（2013）[②] 调查了长沙蔬菜的流通成本，比较了"生产基地—批发市场—超市—消费者"、"生产基地—批发市场—供应商—超市承包商—消费者"等流通模式中的流通成本和收益，两种流通模式中批发环节所占比例分别为13.60%和22.95%。其中在"生产基地—批发市场—超市—消费者"中的批发市场环节主要的费用包括运输费用（产品从产地到批发市场，平均0.3元/千克）、门面租金（4000元每月）、临时停车位（400元/天）、人工费用（包括长工3000元每月，短工每天150元）。折合计算，批发商的总成本为0.68元/千克，批发商的利润为0.8元/千克（见表Z5）。

表 Z1　　　　　　　山东寿光蔬菜到北京流通过程成本分配

	农户到批发市场	寿光到北京运输环节	北京批发环节	北京零售环节	合计
平均费用（元/吨）	312	100	52	214	678
所占比例（%）	46	14.7	7.7	31.6	100

---

① 陈小静：《农产食品流通体系的成本收益分析——以贵阳市蔬菜为例》，《农村经济与科技》2012年第4期。

② 徐平、蔡保忠、吴师师、戴巧玲：《不同流通方式对农产品价格形成的影响——以长沙市本地蔬菜供应为例》，《新疆农垦经济》2013年第4期。

表 Z2 北京主要批发市场费用调查（2005 年） （元）

	市场管理费	食宿费	损耗费	卸车费	合计	平均费用（元/吨）
大洋路（30 吨位车）	300	300	270	500	1370	46
万资聚（3 吨位车）	200	60	18	0	278	93
新发地（15 吨位车）	200	150	90	200	640	43
锦绣大地（4 吨位车）	30	40	24	0	94	24
平均值	183	137	101	175	596	52
所占比例（%）	30.7	23	16.9	29.4	100	

表 Z3 广州蔬菜供应链的流通费用 （元/公斤）

项目	产地到江南公司	江南公司到二级批发市场	二级批发市场到农贸市场	合计
成本	0.857	0.3896	0.7436	1.9902
价格差	0.6802	0.7334	1.2036	2.6172
成本/价格差（%）	126	53.12	62.81	76.04
成本/总成本（%）	43.07	19.58	37.26	100

表 Z4 贵阳市每 50 公斤蔬菜成本情况

	生产环节	产地批发环节	销地批发环节	零售环节	合计
成本（元）	50.8	91.9	117.8	172.4	432.9
比例（%）	11.7	21.2	27.2	39.8	100.0

表 Z5 长沙蔬菜不同流通方式下各个环节的成本和利润 （元/千克）

	生产基地—批发市场—超市—消费者	成本所占比例（%）	生产基地—批发市场—供应商—超市承包商—消费者	成本所占比例（%）
生产环节	0.52/0.4	10.4	0.52/0.4	9.45
批发环节	0.68/0.5	13.6	1.28/0.8	22.95
零售环节	3.8/1.2	76	3.8/2	67.9
最终售价	7.4		9.6	

2. 番茄类产品

国家农业部在 2008 年就山东寿光到北京的番茄价格形成的生产、收购、运输、批发、零售等全过程进行专项调查，调研数据显示，无论是以

农贸市场零售为主要的流通方式还是以超市零售为主要的流通方式，2008
年从山东寿光到北京番茄流通成本所占总成本比例均超过了生产成本，其
中以农贸市场零售为主要的流通方式的番茄生产成本平均为2.406元/千
克，所占总成本比例为33.70%，而流通成本平均为4.736元/千克，所
占比例为66.3%，其中批发经销环节和零售环节成本分别为61.60%和
4.70%。在批发经销环节中，一级批发和二级批发所占整个成本的比例
2007年和2008年分别为54.37%和53.21%。利润率方面，2008年一级
和二级批发市场的利润率分别为18.68%和10.35%[①]（见表Z6 - Z8）。

表 Z6　　　以农贸市场零售为主要流通方式的番茄的成本与利润分配

	生产环节	经销环节	零售环节
成本（元/千克）	2.406	4.4	0.336
比重（%）	33.70	61.60	4.70

表 Z7　　　　以农贸市场零售为主要流通方式的番茄的成本　　（元/千克）

年份	生产过程	收购过程	运输过程	一级批发过程	二级批发过程	农贸市场零售	合计
2008	2.406	0.26	0.194	0.146	3.8	0.336	7.142
2007	2.034	0.23	0.15	0.13	3.4	0.31	6.254

表 Z8　　　　以农贸市场零售为主要流通方式的番茄的成本比例　　（%）

年份	生产过程	收购过程	运输过程	一级批发过程	二级批发过程	农贸市场零售
2008	33.69	3.64	2.72	2.04	53.21	4.70
2007	32.52	3.68	2.40	2.08	54.37	4.96

3. 尖椒类产品

2008年农业部对海南到北京的尖椒价格形成过程所包含的各环节进
行专项调查显示，尖椒价格由生产、收购、运输、一级批发、二级批发、
农贸市场和超市零售等多个环节组成。调研数据显示，无论是以农贸市场
零售为主要的其流通方式还是以超市零售为主要的流通方式，从海南到北

---

① 许世卫、张峭、李志强等：《番茄价格形成及利润分配调查报告》，《农业展望》2008年
第5期。

京尖椒的流通成本所占总成本比例均超过了生产成本，其中以农贸市场零售为主要的流通方式的尖椒生产成本平均为 2.028 元/千克，占总成本比例为 44.28%，而流通成本所占比例为 54.72%。[①] 具体在批发市场环节内部，以农贸市场为主体的流通渠道之中，批发经销环节的成本是 1.386 元/千克，其所占成本比重是 30.26%（见表 Z9）。

表 Z9   以农贸市场零售为主要流通方式的海南尖椒的成本与利润分配

		生产环节	经销环节	零售环节
成本	成本（元/千克）	2.028	1.386	1.166
	比重（%）	44.28	30.26	25.46
利润	利润（元/千克）	0.472	1.114	1.634
	比重（%）	14.66	34.6	50.75

4. 油菜类产品

2008 年农业部调研了山东聊城到北京的油菜价格形成过程。油菜从生产者到消费者手中通常要经过生产、收购、运输、批发和零售 5 个环节。调研数据显示，从山东聊城到北京油菜的流通成本所占总成本比例均超过了生产成本，油菜的生产成本平均为 0.351 元/市斤，占总成本比例为 31.1%，而流通成本平均为 0.77 元/市斤，占总成本比例为 68.9%。[②] 具体在批发环节内部，流通成本所占整个成本的比例在 2007 年和 2008 年分别为 5.6% 和 4.8%，占整个流通成本的比例分别为 7.6% 和 6.9%（见表 Z10、表 Z11）。

表 Z10   油菜生产成本   （元/斤）

时间	生产过程	收购过程	运输过程	批发过程	超市零售	合计
2008	0.351	0.053	0.083	0.054	0.589	1.13
2007	0.233	0.041	0.062	0.049	0.495	0.88

---

① 许世卫、李哲敏、李干琼等：《尖椒价格形成及利润分配调查报告》，《农业展望》2008 年第 5 期。

② 许世卫等：《油菜市场价格形成及利润分配的调查研究》，《农业展望》2008 年第 5 期。

表 Z11　　　　　　　　　油菜生产成本分配比例　　　　　　　（%）

时间	生产过程	收购过程	运输过程	批发过程	超市零售
2008	31.1	4.7	7.3	4.8	52.1
2007	26.5	4.7	7	5.6	56.3

5. 茄子产品

孙侠（2008）调研了从山东寿光到辽宁大连茄子的价格形成过程。该调研数据显示，茄子的生产成本平均为 0.88 元/公斤，占各个环节总成本的比例仅为 14.8%，而流通成本所占比例超过 50%，达到 85.2%，其中批发环节成本所占总成本的比例为 47.7%[①]，具体来看，茄子在大连批发市场的成本构成为：一是市场管理费用（市场交易额的 6%）以及 15元每天的固定摊位费；二是人工费，大约每日 225 元；三是产品的损耗费，大致在 5%—6%；四是批发商的日常生活费，大约每日 50 元，包括房租和日常费用（见表 Z12）。

表 Z12　　　　　　山东寿光茄子到辽宁大连各个环节成本　　　　（元/公斤）

	生产环节			批发环节			零售环节		
	价格	成本	利润	价格	成本	利润	价格	成本	利润
寿光茄子	1.54	0.88	0.66	2.5	2.228	0.272	3.2	2.835	0.365
比例（%）		14.8	50.9		37.5	21.0		47.7	28.1

6. 大白菜

大白菜流通方面，刘思宇、张明（2013）[②]调查了长株潭城市群大白菜流通过程成本构成，发现湖南省外蔬菜和省内蔬菜的批发环节的流通成本占比分别为 29.9% 和 25.5%，高于生产环节，但低于零售环节，但利润率方面，批发环节的利润率高于生产环节和零售环节，省外蔬菜批发环节利润率为 29.80%，省内蔬菜流通批发环节利润率为 64.60%（见表Z13）。

---

① 孙侠、张闯：《我国农产品流通的成本构成与利益分配——基于大连蔬菜流通的案例研究》，《农业经济问题》2008 年第 2 期。

② 刘思宇、张明：《蔬菜流通的成本构成与利润分配——基于长株潭城市群大白菜流通全过程的调查》，《消费经济》2013 年第 1 期。

表 Z13　　　　长株潭城市群大白菜流通各个环节的成本与利润率　　　（％）

	生产环节			批发环节			零售环节		
	成本	利润	利润率	成本	利润	利润率	成本	利润	利润率
省外蔬菜（湖北神农架）	0.24	0.06	25	0.732	0.218	29.80	1.478	0.072	4.80
成本占比	9.8			29.9			60.3		
省内蔬菜（湖南常德）	0.212	0.088	41.50	0.577	0.37	64.60	1.48	0.072	4.80
成本占比	9.4			25.5			65.2		

7. 卷心菜

卷心菜方面，余佳能（2012）[①]调查了产地在浙江海宁的卷心菜流通至杭州的整个过程，包括产地农户、产地批发市场，二级批发商，杭州超市或者农贸市场等环节，从流通全过程来看，卷心菜从海宁农户到杭州市民消费者手中，批发环节的费用占流通成本的比重最高，大约占58.1％，高于其他环节，批发和零售两个环节的费用之和占流通总成本的81.2％，流通成本的比例远远高于生产环节。其中，在杭州市的销地批发市场的费用主要包括市场管理费、摊位费、工人费、损耗费和食宿费，所占比例分别为39.8％、4.4％、44.2％、10.4％和1.1％，其中工人工资所占比例最大（见表 Z14、表 Z15）。

表 Z14　　　　　　卷心菜从海宁到杭州的成本分配

	生产环节	批发环节	运输环节	零售环节
费用（元）	720	4522.5	744.13	1800
所占比例（％）	9.2	58.1	9.6	23.1

表 Z15　　　　　　卷心菜批发环节的成本构成

	市场管理费	摊位费	工人工资	耗损费	食宿费	合计
15 吨费用（元）	1800	200	2000	472.5	50	4522.5
单位吨费用（元）	120	13.3	133.3	31.5	3.3	301.4
所占比例（％）	39.8	4.4	44.2	10.4	1.1	100

① 余佳能：《关于浙江省蔬菜流通成本与利益的探究——基于卷心菜流通的案例研究》，《湖州职业技术学院学报》2012 年第 3 期。

8. 葡萄

在葡萄等水果的流通成果方面,杨宜苗、肖庆功(2011)① 调查了锦州市葡萄流通渠道中各个流通环节的流通费用率,也即流通主体执行流通业务所需支付的流通费用与实现的销售额之比。根据调查数据,葡萄流通中批发环节占整个流通成本比例为47.5%,零售环节占成本比例为52.5%,流通费用率方面,批发环节的流通费用率最高,为24.78%,高于零售环节。在成本利润率方面,生产者、批发商和零售商分别为28.88%、71.63%和42.01%,批发环节的成本利润率最高。具体到批发市场中,北镇市葡萄运到锦州市后,在批发市场中发生的费用包括:一是市场管理费(大致按照价格的3%比例收取),二是冷库费用(包括租赁费,每个是10000元/年,电费550元/月),三是人工费用(长工是1350元每月,短工是55元每天,平均支付人工费为155元每天),四是损耗费(大约为1%)(见表Z16、表Z17)。

表 Z16　　　　　　　葡萄流通以批发市场为核心的流通成本　　　　　　(%,元)

	批发环节		零售环节		合计		生产者
	流通成本	消费额	流通成本	消费额	流通成本	消费额	
成本数额	446.1	1800	492.8	2500	938.9	4300	
成本所占比例	47.5		52.5		100		
流通费用率	24.78		19.71		21.83		
成本利润率	71.63		42.01				28.88

表 Z17　　　　　　　　　葡萄流通在锦州市批发市场中的费用

	批发市场管理费	冷库费用	人工费用	损耗费	合计
每吨费用(元)	54	7.69	25.83	18	105.52
所占比例(%)	51.17	7.29	24.48	17.06	100

① 杨宜苗、肖庆功:《不同流通渠道下农产品流通成本和效率比较研究——基于锦州市葡萄流通的案例分析》,《农业经济问题》2011年第2期。

9. 猪肉

在猪肉流通方面，张磊等（2008）① 对北京市五个猪肉批发市场进行调查，生鲜猪肉经历生产—收购—屠宰加工—批发—零售等几大环节，在生猪生产、生猪屠宰加工、猪肉销售中，销售阶段主要包括一级批发市场、二级批发市场，以及商场超市、农贸市场的小摊贩、猪肉专营店等。从整个流通环节来看，批发环节发生的总成本，包括一级批发市场和二级批发市场的成本，所占比例为32.3%，这一比例超过了其他环节。其中一级批发商在批发市场发生的费用主要包括：设备使用费、雇工费、运费、损耗费。批发市场二级批发商即批发市场零售大厅的商户的费用主要包括：摊位费、水电费、国（地）税、包装费，如岳各庄批发市场商户的摊位费平均每个季度6820元，交纳税收每月305元，水电费（冷库租赁费）每月平均400元，每头白条猪的包装费平均为5元（见表Z18）。

表 Z18　　　　　　　　　　**猪肉流通各个环节的成本及比例**

	生猪养殖	猪贩子	定点屠宰企业	一级批发市场	二级批发市场	农贸市场
总成本（元）	1392.6	1141	1191.3	1219.7	1251.8	1271.9
环节成本（%）	18.6	15.3	16.0	16.3	16.8	17.0

二　农产品批发市场与批发环节的再认识

通过上文对批发环节中农产品批发市场的成本分析可知，批发环节中产生的流通成本在整个农产品流通成本中的比例并不低，其在整个农产品流通过程中至关重要，而且这部分流通成本是客观存在的，也是必不可少的。因此，解决流通成本问题的关键并不在于如何消除批发环节，而在于如何去提高效率，如何降低流通成本，而不是简单地消除流通环节。

（一）现状：流通成本超越生产成本在价格中的比重不断上升

现代经济运行过程中，流通在促进生产、生活资料流动，保障供应，满足人民群众生活需要等方面发挥着日益重要的作用。在农产品领域，流通成本在总成本中的比重不断上升，已构成农产品价格形成的基本要素之一，其在总成本和总价格中的比重已明显超过了生产成本。因为随着现代

① 张磊、王娜、谭向勇：《猪肉价格形成过程及产业链各环节成本收益分析——以北京市为例》，《中国农村经济》2008年第12期。

农业生产自动化水平的提高，农产品的生产效率不断提升，使得直接生产成本不断降低，生产环节日益向流通领域转移，而相应的，流通成本的比重不断上升。以美国情况为例，美国社会消费每1美元中有41美分属于生产领域，其余59美分则属于流通过程，即全部流通费用占物质生产近60%的比重。①

在农产品流通中同样如此，流通成本的比重日益提高，生产成本绝对下降，流通成本却是在绝对上升，在产品最终销售价格中，流通成本已超过生产成本。在这类产品的成果结构中，产品的生产成本在产品成本中的比重下降显著，远远小于产品的流通成本的比重。换句话说，产品的生产成本是呈现刚性的实质性下降，流通成本则呈现刚性的实质性上升，流通成本已经位居绝对比例的高位。②

实际上，1994年农业部对京津沪等10个城市的蔬菜价格调查中已经发现，流通成本占到蔬菜价格的60%—80%，流通费用日益显露出上升态势。马光远指出，农产品价格的70%左右在流通环节，在蔬菜价格中所占比重较大的就是流通环节，其流通成本高达70%。③

根据本报告第二部分对2008年农业部调研数据可知，粮食、肉鸡、牛奶、蔬菜流通成本占总成本的比重分别达到33.01%、23.33%、54.17%和57.43%④，其中从山东寿光到北京的番茄流通成本所占总成本比例达到66.3%，从海南到北京的尖椒流通成本所占总成本比例为54.72%，从山东聊城到北京的油菜流通成本所占总成本比例为68.9%。2010年广东蔬菜最终价格中，整个流通成本所占比例达到58%⑤，2012年浙江海宁流通至杭州的卷心菜的流通成本所占比例也达到80%以上。⑥

因此，一个不可回避的现实是，农产品流通成本与生产成本结构比例关系已经发生了变化，在农产品价格构成中，流通成本所占比例远远超过

① 李志强：《现阶段中国市场流通费用及交易成本研究》，《科学·经济·社会》2011年第4期。

② 宋则：《论商品流通成本的绝对上升和相对上升》，《北京财贸职业学院学报》2013年第2期。

③ 马光远：《物价"闯关"莫走回头路》，《新闻晨报》2010年12月1日。

④ 农业部调研组：《农产品价格形成及利润分配调查》，《农民日报》2008年4月29日。

⑤ 熊瑞权等：《2011年广东蔬菜产业发展现状分析》，《广东农业科学》2012年第4期。

⑥ 余佳能：《关于浙江省蔬菜流通成本与利益的探究——基于卷心菜流通的案例研究》，《湖州职业技术学院学报》2012年第3期。

了生产成本。一方面，如果为了降低农产品终端的零售价，那么就必须在流通成本方面下工夫；另一方面，城市居民或许在未来的很长一段时间，需要接受并转变观念承担这个成本，如果需要控制部分农产品最终销售价格，那么就需要外部的财政支持，比如政府对流通成本的承担和补贴。

（二）原因：多重因素导致批发环节成本的不可避免增长

从上文对农产品批发市场流通成本的分析可知，近年来批发环节流通成本的快速增长，更多的是一些外部因素所致，使批发商经营成本上升。宋则（2013）[①]认为，在当前"成本挤压"越来越从工农业生产环节向流通环节转移的大背景下，需要对农产品流通成本真相加以再认识。

第一，城市扩张加速，使得城市土地价格迅速上涨、城市生活水平大幅提高，进而使批发商的经营成本显著上升。随着城市快速发展，使得城市周边早已不再种植农产品，城市蔬菜自给率几乎为零；区域分工深化也在竞争中将农业种养殖业推向了利益相对较低的专业分工区域，进而蔬菜、水果等农产品远距离、长途跨区域运输的比重大为增加，而随着城镇化步伐加快，城里房地产价格、租金上涨，农产品采购、存储、销售的经营成本、人工成本和生活成本也随之大幅度上升，批发商的成本也随即增加。

第二，近年来劳动力成本快速上升，使得批发商在人工成本的支出急剧上升，这从本报告第二部分所述的一些调查也可以看出，而且实际上，很多批发商都是个体户，他们自身的劳动力收益还没有算入成本，否则成本将进一步增加。

第三，城市内各个批发市场的改造升级，一些大型批发市场的兴建，大规模的土地投资建设，使其面临着巨额的前期投入成本，进而批发市场自身也背负着巨额的债务和运营负担，这些都使得批发市场内的摊位费、管理费等增加明显，进而提升了批发环节的成本。如耿莉萍[②]调查发现，批发环节成本增加主要是高摊位费、高进场费、高人工成本，其中近年来北京蔬菜批发市场与菜市场的摊位费较之前上升了20%—30%。批发市场以进场费等形式存在的管理费也有上升的趋势，2008年新发地市场的

---

① 宋则：《论商品流通成本的绝对上升和相对上升》，《北京财贸职业学院学报》2013年第2期。

② 耿莉萍：《城市菜价中的高流通成本分析及解决途径》，《北京工商大学学报》（社会科学版）2011年第4期。

"进场费"每车菜为 300 元，2010 年年底已上升至 900 元①，相比之下，在没有摊位费和管理费的露天菜摊的蔬菜价格，每市斤蔬菜会低 0.5—1 元。

第四，我国农产品批发市场基本上采取"谁投资，谁建设，谁管理，谁受益"的原则，批发市场实行企业化运作，市场化经营方式必然会有对利润和盈利的需求，这些都会推高整个批发商的摊位费和经营成本，进而加重批发环节的成本。

（三）认识：流通成本是客观存在

流通成本是伴随着整个流通活动、伴随着产品的空间和时间的转移而客观产生的。农产品在流通环节的成本并不取决于产品的生产成本，即使生产成本降低了，但是流通成本依然会客观存在，进而表现在消费终端价格并不会必然降低，生产价格不能绝对地影响流通成本的存在与否。而且，流通成本有不同的表现形式，或者说是进入到产品价格中的方式，不同的产品或经济活动中成本分割的方式是不同的。对于一些产品，流通成本是与生产成本完全相分离，可以独立计算的。而另一些产品，流通成本是内置于产品的生产成本之中。因此，对于前者，可能现实表现出来的是流通成本极高，似乎是流通成本导致了最终价格的提高。对于后者，由于流通成本内置于生产成本之中，使得看起来流通成本较低，但是这并不能否定其流通成本的存在。例如，对于美国经济来说，其很多的产品成本是内置到生产环节之中，进而使得表现上的流通成本较小，但实际上是存在的。

因此，农产品流通中所产生的必要的流通成本总是需要一定的主体来消化，当政府为保障民生，平抑部分必需品价格，不可避免地需要财政对之进行补贴，通过各种政府公益性的投入来保障价格的稳定和低价。

（四）误解：价格的上涨并非是由于市场批发环节的层层加价所致

人们将较高的流通成本归咎于流通环节的多寡，认为是流通环节造成了整体成本的增多和价格的上升，实际上，现有的以批发市场为主的流通模式反而是一种市场的理性选择，因为，从现实的发展来看，并非是环节的过多导致了流通成本的增长，而且批发环节也并非如人们所想象的获得了超额利润。具体如下：

① 顾克菲：《菜价：流通费用占近七成》，《消费日报》2010 年 12 月 7 日。

第一，从产品价格弹性来看，农产品批发环节的层层加价，是否能够将之传导到零售环节中，取决于产品需求的价格弹性，对于大多数农产品其需求价格弹性较大，要轻易地转嫁成本也并非是容易和可行的。

第二，农产品批发市场的市场竞争性，几乎是完全的市场竞争，市场利润很微薄，几乎都很难有暴利的空间。根据市场经济规律，一旦存在额外市场利润的话，必然会有新的资本进入，进而利润会下降至社会的平均利润。从国家统计局的数据可知，2010 年我国批发业的总体资本利润率在 15% 左右，符合社会平均利润率水平，并没有人们想象中的超额利润。

第三，批发商的生存条件也面临着困境。如果批发商获得了超额利润，现实的发展不应该是如此图景。一些调查显示，许多运输商、批发商、城市的小商小贩经营日益艰难，在城市经营成本和生活成本不断上涨的压力下，那些"倒腾"生鲜果菜的小商贩们也基本沦为被边缘化的弱势群体。① 很多小型批发商生存十分困难，每天凌晨 3 点就去批菜，每月的人均收入仅有 2000—3000 元。②

（五）路径：回归批发市场与外部力量的介入

现实中，人们将较高的流通成本归咎于流通环节的多寡，期望通过降低流通的层级来降低流通成本，进而降低终端商品价格，使消费者获得福利，一定程度上也存在不确定性。一方面，流通环节，特别是批发环节，在整个流通过程中具有商品集散功能，而且经常有外部因素的影响，推高了流通成本，因此，解决问题的关键在于从外部来克服这些成本，而不仅仅是消除环节。另一方面，一旦在农产品流通的内部消除流通环节，就意味着生产主体在市场中的联合或者是获得了强势地位，在市场中拥有更大的话语权，同样的结果是，在终端的商品市场中，商品的价格并不会有太多的降低。

甚至，如今人们热议的"农超对接"也并不能解决所有的问题。国内著名的农产品流通专家徐柏园③指出，"农超对接"虽然减少了流通环节，但在"农超对接"中超市处于强势地位，农民是弱势一方，难以普

---

① 宋则：《充分发挥商贸流通业稳定物价的功能作用》，《中国流通经济》2011 年第 9 期。
② 耿莉萍：《城市菜价中的高流通成本分析及解决途径》，《北京工商大学学报》（社会科学版）2011 年第 4 期。
③ 徐柏园：《公益性：农产品批发市场性质的正本清源》，《中国流通经济》2011 年第 5期。

及推广。宋则也认为，农超对接虽然环节较少，但需要具备大规模精确供给与超市大规模精确采购为前提条件，而农民组织化程度还较低，农超对接目前难以大面积推广，批发市场依然是长期依赖的流通主渠道。[①] 耿献辉、周应恒则利用 2011 年 8 月对河北、湖北两地梨农的入户调查数据，发现"农超对接"对于梨农亩均净效益和单位面积产量没有显著影响，农超对接渠道反而利用市场势力压低了采购价格，加大了流通成本。[②]

因此，批发市场具有现实的不可或缺性和不可跨越性，且不论中国小农户的生产特性，在城市中，居民消费的蔬菜也是来自周边的农贸市场、便民店、社区中的蔬菜摊、街边流动的菜摊、公园周围的早市等，这些零售商不可能与产地批发市场，与产地对接，只能从城市批发市场获得，从这个角度看，跨越批发环节是不现实的，农产品流通依然需要通过批发市场来承接和中转。

三 结论与建议

农产品批发市场是当前我国农产品流通中最主要的模式，尽管从现实发展来看，批发环节的流通成本所占比例较高，但事实是，这样的一种方式反而是市场现实的理性选择。而批发环节流通成本的增加，很多时候又并非是批发商和批发环节本身的问题，批发商也并非获取了超额利润，而很大程度上是外部因素的叠加，以及农产品批发市场本身运行模式的问题。面对这一客观存在的批发环节的流通成本，需要做的是在不同的主体之间进行分担，而这就涉及农产品批发市场本身的运行模式和方式。更为重要的还在于，对于降低农产品如蔬菜的市场终端消费价格，是一个社会问题而并非是一种单纯的经济问题。因此建议：

第一，转变农产品批发市场的运行模式，增强农产品批发市场的公益性，或者是政府的补贴，或是筹划建设一批公益性的批发市场。通过借助政府介入，将农产品价格稳定在合适的水平，以保障城市居民、农民和中间商的福利水平。

第二，提升农产品批发市场的运行效率。批发环节流通成本的高企与诸多外部因素相关，但不可否认也有自身运行效率的问题，因此，通过各种技术化的手段，提升运行效率也是重要的突破口。

---

① 宋则：《稳定农产品价格须"反周期"调控》，《中国联合商报》2013 年 3 月 4 日。

② 耿献辉、周应恒：《现代销售渠道增加农民收益了吗？——来自我国梨主产区的调查》，《农业经济问题》2012 年第 8 期。

第三，将政府力量的介入延伸至零售市场。现实中零售环节同样成本高企，而且城市中农贸市场和超市的零售方式中，同样既有成本的问题，也有难以满足居民商业需求的能力；因此，政府的参与与介入零售体系也是重要的议题。

第四，允许露天农产品销售市场和流动摊贩的合理存在。在一些城市居民小区，早晚的菜市，以及流动商贩的存在反而是现有农产品流通中的一种很好的补充和形式。

子报告二 新建公益性农产品批发市场规模建议[①]

一 现有农产品批发市场特征

（一）现有农产品市场总体分布

我国30个省、直辖市、自治区（除西藏外）共有农产品批发市场3496个，其中成交额在亿元以上的农产品综合市场达到702个，大型批发市场在东部地区占比最高，约占全国65%，中部地区占16%—20%，西部地区占10%—16%，东北地区在5%以下。

而从全部批发市场所在区域的地理分布来看，数据有所不同，其中东部地区占比依然最高，但比例降至38.8%；其次为西部地区，达到32.3%；中部地区为17.6%；东北地区则为11.2%（见表Z19）。

从上述两组数据可以看出，亿元以上大型批发市场主要分布在东部地区，市场经营规模都较大；西部地区则数量多，规模较小；中部地区数量和规模相对匹配；东北部地区与西部类似，规模相对小。

（二）批发市场规模不同等级分布

根据统计信息，将农产品批发市场规模分为7个等级（见表Z20），从每个等级的数量分布来看，主要集中在300亩以下区间，其中10—50亩的数量最多，占总数的42.60%；50—100亩和100—300亩的市场数量分别占到18.40%和17.60%；而300亩及以上比重仅为5.3%；500亩及以上仅为2%；1000亩以上不足1%；表明我国农产品批发市场规模以中

---

① 本部分数据来源：（1）农业部市场与经济信息司《中国农产品批发市场发展报告（2010）》（中国农业大学出版社2010年版）中农产品批发市场基础数据，在此基础上计算得出。（2）全国第六次人口普查数据。（3）统计年鉴。

小型为主，而大型和超大型市场发展明显不足。

各地区规模等级分布和全国情况类似，但在不同区间内存在差异，东部地区 10 亩以下小型市场数量较多，100—300 亩和 500—1000 亩的市场数量也相对较集中；中部地区 50—100 亩市场数量较多，而 500—1000 亩市场较少；西部地区 10 亩以下市场最多，300—500 亩和 1000 亩以上市场较为缺乏；东北部地区 10—50 亩市场数量最多，500—1000 亩及 1000 亩以上市场较少。

表 Z19　　　　　　我国农产品批发市场在四大区的分布情况

	东部	东北	中部	西部	全国
10 亩以下	232	44	54	228	558
[10, 50) 亩	485	206	262	538	1491
[50, 100) 亩	244	65	154	182	645
[100, 300) 亩	293	63	118	143	617
[300, 500) 亩	62	12	19	22	115
[500, 1000) 亩	30	1	3	11	45
1000 亩及以上	10	2	7	6	25
占比（%）	38.8	11.2	17.6	32.3	100

（三）不同类型批发市场地域分布

农产品批发市场分为产地型、销地型和产销地型三类。目前，全国 3496 家市场中，产地市场 2236 个，销地市场 925 家，产销地市场 335 家，在绝对数量上，产地市场远远多于销地市场，在地区分布上，除北京和上海的销地市场占绝对多数，其余省市均为产地市场数量多于销地市场，可以看出，我国农产品市场仍以产地市场为主，销地市场多集中在大城市。这也反映了我国农业生产呈现小规模、分散化的特点。

在市场规模方面，产地市场和销地市场均以 10—50 亩规模为主。在其他区间，产地和销地市场呈现明显差异。

产地市场中，中部和东北地区以 50—100 亩居多，东部和西部地区以 10 亩以下小型市场居多。各地都比较缺乏 300—500 亩、500—1000 亩大型产地市场。

表 Z20   我国农产品批发市场规模大小情况的统计性描述

	产地	销地	产销地	占比（%）
10 亩以下	442	93	23	16.00
[10, 50) 亩	997	379	115	42.60
[50, 100) 亩	393	189	63	18.40
[100, 300) 亩	315	199	103	17.60
[300, 500) 亩	59	38	18	3.30
[500, 1000) 亩	20	14	11	1.30
1000 亩及以上	10	13	2	0.70
占比（%）	64.00	26.50	9.60	100.00

销地市场中，东部地区以 100—300 亩为主，中部和东北部以 50—100 亩为主，西部地区则以 10 亩以下为主，表明西部销地型批发市场规模普遍偏小。

在 500—1000 亩及 1000 亩以上市场中，东部占有明显优势，分别拥有 11 家和 6 家，东北地区则没有这类大型市场，中部和西部地区也仅有 2—3 家。因此，中西部、东北地区都需要建立 500—1000 亩及以上销地或中转地市场，尤其是中部和东北地区，亟须建设大型批发市场。

产销地市场差异较为明显，其中东部、西部和东北地区规模以 100—300 亩为主，而中部地区却以 10—50 亩的规模为主。

整体来看，300 亩及以上规模的批发市场在各个地区都相对较少，其中东北地区和中部地区的个数仅为 6 个，在全国的比重不足 20%。

表 Z21   不同类型不同规模等级批发市场地区分布情况

地区	东部地区			东北地区			中部地区			西部地区		
类型	产地市场	销地市场	产/销地市场	产地市场	销地市场	产/销地市场	产地市场	销地市场	产/销地市场	产地市场	销地市场	产/销地市场
10 亩以下	202	23	7	33	10	1	38	10	6	169	50	9
[10,50) 亩	326	116	43	141	52	13	147	79	36	383	132	23
[50,100) 亩	140	84	20	44	15	6	85	44	25	124	46	12
[100,300) 亩	154	93	46	33	15	15	59	42	17	69	49	25
[300,500) 亩	36	16	10	7	3	2	7	9	3	9	10	3
[500,1000) 亩	11	11	8	2	0	0	1	1	0	7	2	2
1000 亩及以上	3	7	0	2	0	0	3	4	0	2	2	2

（四）批发市场密度分布

农产品批发市场连接产销的中间聚集地，以满足所在区域人口需求为核心，因此，一定规模的市场将辐射一定地理范围，并为一定规模的人口提供服务。

本报告以全国332（除西藏外）个地级城市为基数，根据第六次人口普查城市常住人口规模数据，将地级市划分为东部、东北、中部和西部四个区域，计算不同区域市场覆盖密度。从每万人批发市场个数（密度情况）来看，虽然东部地区拥有批发市场数量最多，但城市平均人口规模最大，批发市场覆盖率和万人市场的密度从全国来看并不高。中部地区批发市场密度最低，充分显示出中部批发市场数绝对量不足。东北地区虽然市场数量最少，但密度最高，而西部地区市场密度低于东北，但是高于东部。

从常住人口规模来看，东部和中部500万以上人口城市最多，其中东部为40个占比近50%，东北和西部不足四分之一（见表Z22）。

因此，基于人口分布情况，我国的批发市场发展状况在地域上也呈非均衡状态。

表 Z22　　　　　　　人口密度和批发市场覆盖情况比较

	东部	东北	中部	西部	全国
地级以上城市个数	87	36	84	125	332
每个城市平均常住人口数	574.98	304.224	421.558	285.267	397.724
每个城市批发市场个数	15.586	10.917	7.345	9.04	10.53
万人数/每个市场（覆盖率）	36.89	27.868	57.392	31.556	37.77
市场数/每万人（密度）	2.711	3.588	1.742	3.169	2.648
500万以上人口城市个数	40	6	29	13	88

二　经验借鉴与理论推算

（一）发达国家批发市场布局借鉴

目前，日本共有70个中央批发市场，分布在全国34个县（行政等级相当于中国的省）的43个城市中，平均单个中央批发市场覆盖人口为150万—200万人；再加上覆盖全国的约1160个地方批发市场，大致匡算，单个市场辐射的城市人口在 50 万人左右。不难看出，日本的批发市场也是按照规模等级来进行计划建设的。

在规模方面，日本农产品批发市场的占地面积在 100 亩左右居多。以东京地区的中央批发市场为例，著名的筑地批发市场占地面积为 230836 平方米（约合 346.25 亩），日吞吐量为水产 1799 吨、蔬果 1163 吨；最大的大田市场占地 386426 平方米（约合 580.0 亩），日吞吐量为蔬果 3383 吨、花 294 万枝；葛西市场占地面积 74515 平方米（约合 111.8 亩），日吞吐量为蔬果 498 吨、花 69 万枝；其余位于东京的中央批发市场占地均在 100 亩以下，11 个市场平均占地 145.42 亩。

(二) 理论假设

结合我国实际情况，以单个市场辐射 100 万人进行测算，面积为 100 亩的市场覆盖人数为 100 万人口；100—300 亩市场覆盖人数为 250 万人；300—500 亩覆盖人口数为 500 万人（见表 Z23），从密度来讲也就意味着 100 万人对应 1 个批发市场（50—100 亩）；250 万人对应 1 个规模为 100—300 亩的批发市场；500 万人对应 1 个 300—500 亩批发市场；1000 万人对应 1 个 500—1000 亩市场。换言之，如果要转化为个数，则为不同规模等级批发市场的密度乘以对应的倍数（100 万—密度 ×1；250 万—密度 ×2.5；500 万—密度 ×5；1000 万—密度 ×10）（见表 Z24）。

表 Z23　　　　　我国不同地区城市常住人口规模和
设定不同（人口规模）覆盖层次的密度情况

地区分布			东部	东北	中部	西部	全国
地级以上城市个数			87	36	84	125	332
每个城市平均常住人口数			574.98	304.224	421.558	285.267	397.724
500 万以上 人口城市数	城市数		40	6	29	13	88
	占比（%）		45.98	16.67	34.52	10.4	26.51
100 万人	50—100 亩	密度	1	1	1	1	1
250 万人	100—300 亩	密度	1	1	1	1	1
500 万人	300—500 亩	密度	1	1	1	1	1
1000 万人	500 亩以上	密度	1	1	1	1	1

表 Z24　　　　　　　　　　　不同参照规模下的市场密度转为
百万人口密度的情况（理论假设）

人口覆盖数				对应	人口覆盖数			
100 万人	250 万人	500 万人	1000 万人		100 万人	100 万人	100 万人	100 万人
100 亩	100—300 亩	300—500 亩	=500 亩	转换为100 万人分别计算得出密度情况	100 亩	100—300 亩	300—500 亩	=500 亩
密度	密度	密度	密度		密度	密度	密度	密度
1	1	1	1		1	0.40	0.20	0.10
1	1	1	1		1	0.40	0.20	0.10
1	1	1	1		1	0.40	0.20	0.10
1	1	1	1		1	0.40	0.20	0.10
1	1	1	1		1	0.40	0.20	0.10

（三）推算结果

根据上述理论假设，结合我国批发市场现有分布情况，未来我国应在不同区域建设一批不同规模的批发市场。通过计算，考虑到我国现状和剔除近似值偏差，可以得出未来我国不同类型不同等级的批发市场建设数量处于 37—45 个。具体分布如表 Z25 所示。

表 Z25　　　　按照各个地区情况计算得出的批发市场建设规模（数量）

覆盖	100 万	250 万	500 万	1000 万	合计
规模	100 亩	100—300 亩	300—500 亩	500 亩以上	
东部地区	3	2	2	2	9
东北地区	2	2	3	3	10
中部地区	3	2	4	3	12
西部地区	4	3	3	4	14
全国	12	9	12	12	45

三　对策建议

借鉴国际经验，经过理论推算，课题组建议未来再建设 37—45 家中型和大型批发市场。在此基础上，结合各地实际情况，建议：①中部和东北地区加强 300—500 亩及 500—1000 亩批发市场建设，适当建设 1000 亩以上超大型市场；②由于西部地区整体地域面积较大，人口密度较低，但人口分布又具有集中性，以建设 50—100 亩和 100—300 亩规模的市场为宜，对重庆、四川省等人口规模大的地区，建议加强 300—500 亩和 500—1000 亩大型批发市场建设；③东部地区虽然批发市场数量较多，但是人口密集，因此在东部地区尤其要加强 300—500 亩批发市场建设。

与此同时，为了增强批发市场布局的科学性，可以考虑与流通节点城市和交通枢纽城市、中心城市等地理布局结合起来。一是应当加强西部地区产地市场的集聚，西部地区产地市场较多，但规模普遍较小，而且人口密度较低，因此建议建设一批中等规模产地市场，加强集聚功能；二是在中西部物流节点城市，设立中转批发市场，建议在呼和浩特、太原、昆明、贵阳、西宁、银川等地建设大型市场。

关于批发市场配套设施，参照目前情况，建议：500—1000 亩市场配套 8 万—12 万吨冷库；300—500 亩市场配套 6 万—8 万吨冷库；300 亩以下市场配套 5 万吨冷库。

子报告三　典型农产品批发市场调研情况启示

一　农产品批发市场调研情况

（一）北京新发地农产品批发市场

2013 年 11 月 17 日，课题组前往北京新发地农产品批发市场调研，与张玉玺董事长等就新发地市场的农产品价格、批发市场发挥公益职能及市场管理等方面进行座谈，主要内容如下：

1. 市场简介①

北京新发地农产品批发市场成立于 1988 年 5 月 16 日，市场建设初期只是一个占地 15 亩、管理人员 15 名、启动资金 15 万元，连围墙都是用铁丝网围起来的小型农贸市场，经过 25 年的建设和发展，现已成为首都北京，乃至全国交易规模最大的专业农产品批发市场，在全国同类市场中具有较大辐射力和影响力。

市场现占地 1600 亩，管理人员 1759 名，固定摊位 3558 个，定点客户 5000 多家，日均车流量 2000 多辆（次）、客流量 1.1 万多人（次），

---

① 北京新发地批发市场基本情况主要来源于网站资料。

日吞吐蔬菜1.6万吨、果品1.6万吨、生猪3000多头、羊3000多只、牛200多头、水产1800多吨。市场内现有年交易额亿元以上的商户32家，年交易额千万元以上的商户有883家。目前，市场已形成以蔬菜、果品批发为龙头，肉类、粮油、水产、调料等十大类农副产品综合批发交易的格局。

市场成立26年来，始终秉承"让客户发财，求市场发展"的宗旨；以"服务首都、服务三农"为己任；坚持以道德和责任做好农产品安全供应这个天大的事；用讲良心，守诚信，为百姓，承担了首都90%以上的农产品供应，2013年交易量1400万吨，交易额500亿元人民币，交易量、交易额连续十二年双居全国第一。同时，市场业务还辐射全国及蒙古国、俄罗斯等国家，是首都名副其实的大"菜篮子"和大"果盘子"。2011年7月，"新发地"商标被国家工商总局认定为全国驰名商标，这是全国农产品批发市场行业第一家被认定为全国驰名商标的企业。

近年来，为构筑首都农产品安全稳定供应的"护城河"，市场实施了"内升外扩"发展战略，市场业务正在稳步向生产源头和零售终端同步延伸，在北京周边和农产品主产区投资建设了10家分市场和200多万亩基地，在北京市区内建立了150多家便民菜店和200多辆社区直通车，有效平抑了市场物价，方便了社区居民，有效保障了首都农产品的安全稳定供应。

26年来，北京新发地农产品批发市场从无到有，从小到大，不仅成为带动中国农产品大流通的超级绿色航母，而且直接或间接带动近百万农民就业，为服务首都百姓、繁荣首都经济、维护首都稳定、促进"三农"增收、解决农民就业作出了重要贡献。市场先后荣获全国文明市场、农业产业化国家重点龙头企业等200余个荣誉称号。

2. 主要观点

（1）农产品价格偏高的原因

第一，农产品生产成本逐年上升，主要是农药、化肥等投入品成本的增加以及劳动力成本的上涨。在农资投入方面，中国土地土壤的质量呈逐年下降态势，化肥和农药的过量使用与土地缺乏休耕等破坏了自然状态下的良性循环。劳动力成本方面，新发地市场在越南、缅甸等地租地种植西瓜，雇用当地人担任生产队长，500元/月的工资在当地仍属于较高水平，目前国外一些农产品价格甚至低于国内，主要原因在于近年来国内劳动力成本上升较快。

第二，目前中国的农产品是"全国大流通"的格局，远距离运输本身导致运输及仓储等成本大幅增加，多数情况下甚至已经高于生产成本，从而导致流通成本上升。以北京为例，20世纪80年代之前，蔬菜供应主要是以近郊为主；近年来，北京的蔬菜市场已经呈现典型的输入依赖特征。每年12月到次年4月，主要以广东、广西、云南、海南的"南菜"为主，只有7、8月以河北和本地蔬菜为主，因此北京的蔬菜销售价格构成中物流成本占据较大比重，也是最终价格难以下降的重要原因。

第三，最后一公里的问题。从批发市场到零售终端之间的许多成本也会在蔬菜价格中得到体现。在北京，大量存在用"金杯车"运送蔬菜的现象，这种"客改货"带来的行政罚款最终也被纳入菜价，从而推高了终端销售价格。

（2）农产品流通中间环节是否过多

有观点认为，以农产品批发市场为主的流通方式导致流通中间环节过多，进而使最终销售价格偏高而且效率低下。

管理者认为，不同国家在农产品流通过程中存在批发市场、产地直销、连锁超市等多种形式，不同的流通方式主要是根据一个国家农产品生产与居民饮食结构情况决定的。我国农业生产现阶段仍以一家一户的小农方式居多，在生产过程中难以标准化，而且居民消费习惯、饮食结构等与西方国家不同，尤其是每天食用的蔬菜品种都非常多，对集采配齐的要求非常高，必然需要有十分完备、强大的中间环节来保障供应。因此，从短期来看，我国难以改变对手交易为主的批发市场流通方式，随着农业产业化进程的推进，产地直销及超市销售也将成为重要的流通方式。

对于中间环节多少的问题，管理者认为，农产品流通的中间环节总体上看趋于减少，主要是市场机制发挥了很大的作用，可以削减的环节在价格竞争中逐步被淘汰。也就是说，市场竞争的结果总会使产品找到符合现阶段发展的合理销售渠道。典型的例子是，过去曾出现的现象，即内蒙古地区的一些蔬菜往往先运往山东的寿光，再从寿光运往北京新发地，在中间环节"兜圈子"。究其原因，主要在于山东寿光的蔬菜批发市场有先发效应，吞吐量大，蔬菜运到这里能够更高效地销售出去，同时由于寿光批发市场集中了各类蔬菜，运输户又可以非常方便地将内蒙古地区所需的蔬菜运回去，降低空车率。而现在，中间商已通过各种渠道了解到北京市场需求，直接将蔬菜运往目的地新发地市场，同时新发地也聚集了品种齐全的各类蔬菜，中间商将不再需要曲线迂回。

3. 建议及经验做法

（1）出台批发市场法律及总体规划

目前，农产品批发市场存在重复建设问题，主要原因是缺乏科学合理、连续性的规划。因此建议出台农产品批发市场相关法律，通过法律法规约束企业市场行为，依照总体布局和规划来建设市场，包括地理位置和属性，并根据总的交易规模和进场客户数量来确定市场规模，建议政府再对冷链运输、冷库建设等基础设施给予一定补贴，减轻批发市场的负担。

（2）政府在农产品流通领域发挥公益性职能的若干做法

管理者认为，政府对已经存在的批发市场给予支持，是在农产品流通领域发挥公益性职能的一个重要方面，主要包括土地政策、水电、税收政策（营业税、所得税）等。另一个方面在于对价格的调控。就新发地市场而言，北京市政府设立了政府调控基金，对于大白菜、土豆、萝卜等八种基本蔬菜给予补贴；当市场价格出现波动时，批发市场对基本蔬菜品种采取免收进场费等措施，而进场费由政府埋单，从而平抑市场价格。

4. 新发地批发市场在保障北京蔬菜供应中的做法

主要包括三个方面：一是关注自给率，即掌握本地蔬菜的生产量，了解本地蔬菜生产状况，建立蔬菜基地，提高自给能力。二是提高可控率，在全国建立蔬菜供应基地或与产地批发市场合作，保障有稳定的货源供应，目前已经建设了 12 个产地市场，有效保障了北京的蔬菜供应，并且使蔬菜价格在全国处于较低的水平。三是提升调控能力，包括：①建设12 万吨的冷库，保证能够在大雾、冰雪等难以开展运输作业的极端天气下保障北京市民 3 天蔬菜供应；②建设环北京"农产品护城河"，在北京周边建立蔬菜供应基地，目前各基地蔬菜产量能够保障北京市民 7 天的农产品供应。这些做法是新发地市场发挥保障供应的公益职能的具体体现。

5. 农产品批发市场中的批发商规模化发展

近年来，新发地批发市场正向大批发商集聚过程转变。对于进场交易的批发商资格要求每年在不断提高，主要以一定规模的交易量为门槛。因此，目前市场内批发商数量逐渐减少，从之前的 10000 多家减少到了5000 多家，未来将减少到 2000—3000 家，市场管理者侧重"扶大、扶优、扶强"，尽量培养大批发商。目前，新发地已经拥有了一批具有较强实力的经销商，年交易额在亿元以上的商户已经有 30 多家，对于这些大经销商，新发地市场给予了更多的经营优惠和扶持性条件，包括市场担保和金融担保等，推动市场经营商户向规模化方向发展。

（二）深圳市农产品股份有限公司

2013 年 12 月，课题组与深圳市农产品股份有限公司陈小华副总裁、深圳海吉星农产品物流园伍汉文总经理等管理层进行了座谈，现场参观了深圳海吉星农产品物流园、福田农产品批发市场。对海吉星在发挥公益职能方面所做的工作以及面临的困惑与挑战，进行分析和总结，主要情况如下：

1. 深圳海吉星简介①

深圳海吉星国际农产品物流园（以下简称深圳海吉星）由深圳国有上市公司深圳市农产品股份有限公司（以下简称深农公司）投资建设，由深农公司旗下全资子公司深圳市海吉星国际农产品物流管理有限公司运营管理，是深圳市政府规划的唯一的一级农产品批发市场，是国家发改委国债项目、深圳市重大建设项目，深圳市"十一五"规划重点项目。一期占地面积 30.3 万平方米，规划建筑面积 82 万平方米，投资总额 20 亿元。

深圳海吉星作为中国第三代转型升级批发市场，以诚信、安全、责任、高效、环保的"绿色交易"理念作为批发市场转型升级的指导核心，引进效率优先的现代物流理念和先进的规划设计，应用高效率的物流组织；广泛和创新性应用电子信息技术，大力发展电子化可追溯交易模式并创新盈利模式；落实全方位的食品安全质量和卫生保障措施，在行业内首家引进第三方检测中心独立开展检测，并研发"农产品食品安全风险地图"加强风险预警；践行绿色环保和可持续发展的理念，建设节能减排的环保设施，加快发展批发市场的循环经济能力。深圳海吉星是一家通过全面的信息支持新模式、高效的管理交易新模式、绿色的能源利用新模式打造安全型、信息型、物流型、服务型、低碳型为一体的绿色市场。

深圳海吉星项目引入国际化的规划设计理念，已成为我国农产品批发市场行业升级改造的样板和深圳农产品物流枢纽中心，为深港两地 2200 万人口"菜篮子"供应提供重要保障，并起到平抑价格、促进农产品流

---

① 深圳海吉星基本情况来源于公司网站资料。

通、保障食品安全、促进食品进出口贸易增长、推广进口食品平价消费、带动农业及相关产业发展、促进就业的作用，并且为政府决策提供精确的数据支持，成为深圳农产品流通产业升级转型的典范。

深圳海吉星于 2011 年 9 月 29 日正式启用，经过几年的培育，蔬菜、冻品、水果、干货等交易区已全面运营，并形成了购销两旺的良好局面，日均总交易量过万吨，深圳海吉星现阶段有来自全国各地的经销商 3000 多家，汇集全国及世界各地数万种农副产品，蔬菜、水果、冻品、干货分别占深圳市民消费量的 90%、85%、90% 和 60% 以上，不但满足了深港两地居民的"菜篮子"所需，而且辐射整个华南地区乃至全国。

深圳海吉星将通过践行绿色交易，提高管理水平和运营效率，为广大深港市民提供更多品种丰富、物美价廉的农产品，成为中国最先进的农产品交易大平台和深港最可靠、最放心的"大菜篮子"。

2. 主要观点

（1）农产品批发市场的投资建设主体与经营导向

管理者认为，由于前些年各方对农产品批发市场的了解较少，重视程度较低，导致国内农产品批发市场投资乱，旧厂房改造、村民自行搭建简易大棚等，投资主体已呈现多元化特征。总的来说，可以包括三大类：第一类是国有控股或部分国有的集团公司投资建设，可以看作是政府通过国资委投资建设的批发市场。这一类市场的建设会考虑政府的需求，往往是经过了"市场运行—出现问题—领导重视—建设推进"的过程。第二类是民营化企业建设农产品批发市场，这一类市场更多地带有地产项目的性质。第三类是乡镇或村办的农产品批发市场，大多是根据当地的交易需求进行建设，或直接在自然形成的露天集市基础上进行简单的场地建设。

就海吉星农产品物流园而言，由深圳市政府推动，经过科学规划、选址、建设，依托原有布吉市场的经营商户搬迁而成。市场建设总共投入18 亿元人民币，其中通过上市公司定向增发募集 11 亿元。海吉星农产品物流园的投资建设是按照科学、先进、现代的高标准进行的，其中信息化建设投入超过 5000 万元。总的来看，海吉星市场体现了政府保障深圳乃至香港地区的农产品供应的公益诉求；但这一项目得以建成，在很大程度上利用了资本市场，发挥股权融资的低成本优势，从这一点来看，海吉星市场是公益性产品市场化供给的典型应用。

在市场的投资建设过程中，各级政府的意愿也是不同的。从基层政府的角度来看，建设农产品批发市场要占用大量土地，而这些土地将来提供的税收必然比其他房地产项目少得多，因而在供地上会存在一定的阻力。

（2）农产品批发市场收费与农产品价格

管理者认为，对于农产品批发市场收费，需要从多个角度加以认识。首先，批发市场收费与批发环节的价格加成是两个概念。据估算，在从产地到零售环节的价格形成过程中，批发环节占到10%—20%，其中包括了中间环节的成本和利润，但并不是说批发市场拿走了这一比例。以天津静海的海吉星批发市场为例，收取的佣金比例为5‰，其他费用加总到一起约为1%，低于国际平均水平（一般为2%—3%）。

据介绍，以深圳为代表的南方地区在农产品批发市场收费的方式上与北方存在不同。北方更多的是收取"佣金"，即交易额的一定比率；而南方更多的是收取"租金"，即按照批发市场提供给商户的场地和服务按时间（如一个月）收取固定额度的费用。

以深圳海吉星为例，市场每个月向经销商收取1万元租金，提供1个停车位，100平方米的场地空间，折合每天约333元。按照该商户每天销售1大车25吨计算，每公斤蔬菜不到0.015元。根据深圳农产品上市公司财务报告内容，在2012年年报中，公司旗下所有批发市场收入包括佣金、管理费等为人民币7亿元左右，当年市场总交易额（扣除电子商务）大约900亿元，只占0.78%。

而作为批发市场来讲，其存在具有必然性。我国农业生产的小规模、家庭化模式使得农民难以自发地组织流通渠道实现销售，只能由采购主体来发挥组织功能。但一个地区的农产品产量是不连续的，如果要实现连续稳定的供给，则需要中间批发商组织收购、储存和运输，而中间批发商作为市场主体将会获取合理利润。

批发市场之间竞争的核心是收取的租金和所提供的服务，也就是说，批发市场收费应当与其提供的服务相匹配。如果市场提供的交易设施简陋、配套服务不足，却要收取较高的摊位费或交易佣金，则必然容易引起场内交易商的不满；反之，让商户觉得物有所值，进场交易是利用了批发市场的物流设施，收费的问题就不会那么突出，这也是批发市场投资建设回收的必要条件。其实对于批发商户来说，市场的收费占成本比重并不高，关键仍在于获得的服务。恶性竞争下投资方必然难以收回成本，也就必然是无法持续的。因此，海吉星不主张，也不采用免费、补贴等降低收费的方法作为竞争手段来吸引商户。

（3）农产品上游的小生产与批发商户的规模化经营

在谈及农产品流通中间环节问题时，管理者认为，批发商户的规模化经营是目前对接农产品上游小生产方式的有效途径。

管理者认为，目前中国大部分农产品仍然属于农村分散的小生产性质，这种生产端的分散必然要求中间环节完成集采功能，中间商的发展有利于农产品流通成本的降低。目前，海吉星农产品物流园的进驻商户已经体现出规模化特征。一方面表现为采购额、采购量的增长以及规模化运输的实现，另一方面许多商户已经由单纯的采购变为自建基地，由代理经营发展为真正的批发商。这些大型农产品批发商对上游环节起到了统合作用，并且依托自身在产地的投资实现上游的初加工，农产品经过预冷、包装等环节后进入流通，大大降低了损耗。与之相适应，海吉星农产品物流园能够为这些经销商的大吨位乃至超大吨位运输车辆的进场流转与货物装卸提供高效服务。

相对于中间批发商的规模化，农超对接模式恰恰相反，即取消了中间环节。对于这种流通形式，受访者认为只在部分农产品品种上具有可行性。具体而言，农产品生产具有季节性、波动性等特征，加上当前中国农产品分散生产以及标准化水平较低的现状，超市若要实现多品种蔬菜的稳定供应，会遇到很大困难。主要原因在于，尚没有足够多品种的、分散化的生产者可以与大型超市建立起稳定的供销关系。而这一功能，目前都是由农产品批发市场来完成的。

农超对接模式比较可行的情形主要有两方面：一是标准化程度较高、保存期限稍长、生产区域相对集中的农产品，主要是苹果、香蕉等水果产品。二是超市通过自建基地生产、采购的农产品。但这只是农产品供应中的一小部分，全品种配齐与及时稳定供应的实现，仅靠农超对接模式是难以完成的，这也是农产品批发市场在当前中国存在的必要性和必然性。

（4）农产品"迂回"流通问题

管理者认为，农产品流通过程中需要经过哪些环节，应当是由市场决定的。类似于河南的蔬菜经过寿光再到北京的现象，也出现过部分海南的蔬菜先到深圳，再卖往广州的情况。对于中间商来说，销售的核心问题不是费用率的高低，而是快速、高效地实现商品价值，按照最有利的市场价值实现销售。只要能够实现这种价值，多付出 1%—5% 的成本是完全可以接受的。海南的蔬菜先运到深圳，背后必然是有市场决定的依据。如果市场设施完善、辐射面广、销售量大，中间商必然会选择这样的市场。否则，在不能确定销路的情况下到了一个并不了解的市场，一旦滞销，蔬菜就会腐烂损耗，这一损失反而更大。但从长久来看，如果了解广州的市场需求，直接运往销售必然成本更低，就会有中间商自动地选择这样的渠道，利差空间就会自动缩小。流通环节的问题应该由市场机制解决，事实证明市场竞争比人为干预有效得多。

3. 问题与建议

（1）中央制定的优惠政策在基层落地执行问题

管理者认为，目前中央有许多优惠政策，但关键问题在于基层的落地执行。在提出新的诉求之前，应该先把现有的政策真正执行到位。

从海吉星在全国拓展过程中的体会看，中央制定的优惠政策在基层执行时会被打上"折扣"。对于农产品批发市场建设，实际上有关部门在土地供应、水电价格（商业/工业）等方面都出台了优惠政策。但在不同地区并不一定能够不折不扣地执行。并且，许多政策是以文件形式下发的，其效力到了自来水公司、电网公司等企业单位，有时难以真正发挥作用，导致很多优惠措施在落地环节打了折扣，影响了实际效果。

（2）农产品安全中的政府公益责任

根据新颁布的《食品安全法》，农产品批发市场的经营者需要承担主体责任。在这一方面，深圳海吉星农产品物流园专门配备了经过认证的第三方检测机构，福田农产品批发市场有限公司则采取了市场检测与行政部门检测相结合的办法。但从实践运营情况来看，由批发市场经营者完全承担责任有待商榷。因为批发市场只是提供交易场所，对其中经销商户经营的产品既无所有权，也无执法权。

在介入方式上，管理者建议采取政府购买服务的办法。根据检测的样本数量、频率，政府向批发市场支付检测费用的做法比较可行。一直以来，政府采取设备投资等办法来介入食品安全检测，但对于中小规模的批发市场来说，仅有设备而缺乏日常运行所需的人员、经费，仍然无法实现必要的检测职能。

（3）拍卖模式推行的问题

深圳福田农产品批发市场是国内较早试验拍卖模式的批发市场。但拍卖模式的推行并不顺利，其中遇到了哪些困难，主要原因是什么？

　　管理者认为有以下几个方面：第一，一般来说拍卖模式需要以产品标准化为基础，而我国的农产品标准化目前还处于较为初级的阶段。第二，拍卖虽然是一种先进的交易方式，但现实操作中必然会有门槛，至少对于商户来说存在交易方式的转换问题（转换成本），部分商户会在开始时不愿意参与。第三，农产品进入城市的渠道非常多，无法在源头上归拢到一个场所进行拍卖，而一旦这一点无法实现，不经过拍卖途径的价格无法控制，整个拍卖活动的价格形成机制就会失效。第四，缺乏要求采用拍卖交易方式的强制性规定，如果以福田市场为代表的个别批发市场要求采用拍卖，则商户会选择到其他批发市场乃至场外进行交易，因为那里的约束会更少，要求会更低，也就更加便利。

　　4. 经验做法

　　（1）深圳"平抑物价惠民工程"的做法

　　深圳"平抑物价惠民工程"在政府介入农产品流通方面具有典型性。该项工程由广东省发改委牵头，省、市两级财政部分出资支持购买流动送货车，在深圳市选择900处商业配套相对较差的网点，定点销售固定20个品种的限价农产品。这些农产品的价格由深圳市物价局根据市场价格监测数据确定，依托中央大厨房由批发商提供，并建立供应基地。受访者表示，这些流动网点有固定的顾客群体，能够发挥便利消费的作用，具有积极意义。

　　（2）农产品批发市场升级改造中的政府介入

　　管理者表示，农产品批发市场的升级改造须由政府介入推动。随着城市的发展，一些农产品市场所处地理位置已由原来的城郊升级为城市核心地带，由于市场本身的集聚效应以及内部设计结构不合理，一方面带来市场内部运输效率低下，另一方面造成市场周边交通堵塞问题，给城市管理带来较大挑战。因而，农产品批发市场的升级改造一般都采取异地搬迁的方式，在城郊交通便利（如靠近高速公路出口）的地方选址建设。这一过程中，需要各级政府进行协调，在供地、规划等方面加以统筹考虑和保障，将农产品批发市场的建设与城市总体需求和功能区布局相结合。在原深圳布吉市场搬迁至目前海吉星物流园所在位置的过程中，交通、公安等部门的大力配合也是保障搬迁安置顺利完成的重要基础。

　　（3）农产品流通中的标准化推广

　　据管理者介绍，公司在农产品包装、运输等方面推行的各项标准目前已初见成效，部分已经逐步上升到地方标准、行业标准乃至国家标准。主要办法是让经营商户真正理解执行标准之后带来的利益。例如，公司推广蔬菜包装的标准材料：一是对经销商反复宣传、解释使用规定的包装材料虽然增加了包装成本，但能够减少运输途中的产品损耗，"算总账"来说是更为划算的；二是对经销商最初使用标准包装材料给予优惠和鼓励；三是在适当时期规定必须采用标准包装材料才能进场交易。可见，大部分标准在推行以后是能够为经销商带来好处的，因而可以借力市场主体"逐利"的本质加以推广，公司则应当在标准推广的关键环节起到推动作用。

(4) 市场主动引入第三检测实验室，确保食品安全

据管理者介绍，深圳海吉星物流园作为深港两地市民重要的"菜篮子"，为更好地保障市民餐桌上的食品安全，公司引入了第三方检测中心FQT，以付费方式购买检测服务，并组建了超过 20 个人的专业食品安全管控团队，负责组织管理物流园食品安全工作及抽样工作，目前海吉星物流园的日均送检样品量达 1200 个，检测范围包括蔬菜、水果、冻品、干货、茶叶等。深圳海吉星在食品安全管控方面投入了巨大的人力、物力，每年检测费用及人工费用达 1000 万元，免费为所有经营户的交易农产品提供检测服务。

(5) 市场广泛应用电子信息化技术，实施免费信息化服务

为提升市场内部运营效率和客户服务质量，深圳海吉星按国际标准投资约 5000 万元建设了一体化管理信息系统，包括电子交易结算系统、物业管理系统、门禁系统、在线档位管理系统、商品备案系统等。一体化管理信息系统深层渗透商户的日常交易需求，为经营户和采购商户提供大量免费的信息化服务，如公司通过系统交易数据分析为商户提供市场行情报告书、通过商品备案系统协助商户做好厂家商品三证管理、免费的移动短信服务实时为经营户提供市场报价及行业资讯、通过公司主页网站为商户推介商品等。

(6) 市场开展综合环保项目，践行绿色交易

深圳海吉星在园区内投资开发综合环保项目，包括中水回用、有机废弃物资源化利用等。目前中水回用项目工程已建设完毕并投入使用，每天对物流园 1600 吨废水进行处理，回收产生的 800—1000 吨中水主要满足物流园清洁卫生、绿化灌溉、工程建筑等用水，每年可节省自来水资源30 万吨。拟投资建设综合环保项目，对物流园每天产生的垃圾进行无害

化处理及资源再利用。规划建设规模为日处理垃圾约 200 吨、年产清洁电能约 580 万度、冷热能约 690 万度、固体有机肥约 5000 吨、二氧化碳减排约 9000 吨。

二 农产品批发市场调研启示

目前，我国农产品批发市场基本形成了全国性网络布局，在农产品的主要产区、大中城市分别建立了产地批发市场和销地批发市场，在全国 35 个大中城市构建了城市"菜篮子"产品批发市场（张明玉，2010），[①] 许多城市对原有市场进行升级、改善，在全国范围内建立起较为完善的一、二级批发市场销售渠道，不同层次的农产品批发市场在城乡农产品流通、交易和确保城乡市场供应中发挥着不可替代的作用。

从区域分布来看，年成交额亿元以上的农产品批发市场在东部地区最多，占全国总量的 65% 左右，中部地区占 16%—20%，西部地区占 10%—16%，东北地区在 5% 以下。[②] 市场规模方面，目前绝大部分市场占地面积 100 亩以下，大型和超大型销地市场主要集中在环渤海地区，大型产地市场相对缺乏。[③] 市场密度方面，不同城市带差别较大。长三角地区农产品市场密度较高，平均每 387.0 平方公里就有一个亿元以上农产品综合市场，单个市场辐射人口约为 38.2 万人。环渤海和珠三角地区的市场密度较低，单个市场辐射面积分别为 2012.3 平方公里和 1824.4 平方公里，辐射人口分别为 163.1 万人和 188.2 万人。[④]

近年来，农产品批发市场发展速度较快，无论是建设规模、硬件设施、配套服务，还是管理水平、市场规范程度等都有了较大进步，但从总体发展状况来看，农产品批发市场的硬件建设水平和管理水平呈现较大差异，既有像深圳海吉星这样与国际接轨的现代交易市场，还有相当一部分设施简陋的传统市场，目前多数农产品批发市场仍为露天交易，服务功能上也多以提供交易场地为主，物流配送仍处于自发阶段，加工、冷藏等仅有一些大型一级批发市场提供相应服务。但是，在发展较好的一级批发市

① 张明玉等：《中国农产品现代物流发展研究——战略、模式、机制》，科学出版社 2010 年版。
② 本数据根据全国农产品批发市场基本情况数据计算获得，统计数据见农业部市场与经济信息司主编：《中国农产品批发市场发展报告》，中国农业大学出版社 2010 年版。
③ 同上。
④ 本数据根据中国统计年鉴计算得出。

场也呈现比较好的发展趋势：一是建立第三方检测中心，包括深圳海吉星、山东寿光等，在农产品质量检测方面都与有关部门合作建立了第三方检测中心，由批发市场具体运营，并与政府部门合作，出具最终检测报告（一般是在蔬菜上市前进行初检，如发现问题将会立即封存，不予上市交易）；二是批发市场产地和最终销售两端进行延伸，像北京新发地、山东寿光以及深圳海吉星都建立了生产基地或与产地合作建立产销同盟，减少天气影响或产量影响的依赖，增强自主控制能力，保障市场供给；三是设立市场准入条件，像深圳海吉星、北京新发地对进驻批发商设立了较为明确的"进入门槛"，主要以达到一定交易量作为进入条件，通过逐渐减少批发商数量，实现规模化、集中化趋势，从而提高运营效率和管理效率。

国家有关部门先后出台多项针对农产品批发市场的土地使用、用电价格以及税费减免等优惠措施，但是由于地方经济发展水平存在差距，地方领导对农产品批发市场的重视程度不同，导致各类优惠政策在基层执行时会被打上"折扣"，在不同地区的落实情况存在较大差异。经济条件较好的地区，一般都制定了农产品批发市场规划，为批发市场建设提供各种补贴，对各类政策措施落实也较好，在经济相对落后的区域，对规划重视程度有限，更加注重促进地方 GDP 增长的工业项目，往往将批发市场视为营利性项目。从地域来看，南方省份普遍对农产品批发市场的建设给予的优惠措施力度较小，而北方地区对农产品批发市场在用地审批、税费减免等方面优惠较多。

通过实地调研，课题组对农产品批发市场发展状况有如下启示：

1. 缺乏统一规划，一些地方存在恶性竞争

一是市场重复建设问题严重。由于缺乏全国统一的发展规划，各种形式的投资主体盲目进行投资建设，同类型市场往往"毗邻而居"，"有市无场"的现象严重，从而造成恶性竞争，一些地方"买客户"已成为市场竞争常态，对农产品批发市场的正常运营造成极大破坏，扰乱了市场秩序。

二是不同规模的批发市场分布需合理引导。据不完全统计，目前占地面积在1000亩以上的批发市场共有 17 个，其中销地市场 11 个，主要位于京津地区；500—1000 亩的市场共有 28 个，其中销地市场 10 个（京津地区占 6 个）；100—500 亩的农批市场共有 658 个；其余约80%的农产品

批发市场规模在 100 亩以下，且分布在西部地区。① 总体上，大型批发市场主要分布在东部地区，多为销地市场；而西部地区批发市场绝对数量多，但规模普遍较小，且多为产地市场。因此需要及时出台国家统一规划，对各地区农产品批发市场的布局、规模以及类型予以明确规定，引导批发市场均匀分布，从而更好地满足不同地区的发展需要。

2. 缺乏批发市场法，收费标准不统一

一是我国尚未以法律形式明确农产品批发市场的公益性地位，无法保障其公益职能的有效发挥，而且现有农产品批发市场都以企业化方式运作，大部分由民营投资或村集体所有，有追求利润的内在动力，即便是由国资控股的批发市场（如深圳农产品、北京八里桥）也都有盈利利润指标作为考核标准，因此如何保证农产品批发市场公益职能的发挥与其"利润最大化"目标的相互平衡，需要政府切实承担起对公益性职能的支持责任。虽然近几年国家和一些地方政府出台相关政策，加大了扶持力度，积极投入支持资金推动农产品批发市场升级改造，但是未能在法律层面和政府考核国有企业的制定层面进行完善和调整，因此依然无法有效发挥农产品批发市场的公益职能，也使其保障食品安全问题、改善经营环境等方面缺乏动力。

二是与农产品批发市场直接相关的法律法规建设滞后，我国尚未出台法律法规确立农产品批发市场的交易规则，直接影响了对农产品批发市场功能的发挥及市场秩序的规范，造成一些批发市场存在收费混乱情况。目前，各批发市场名义上仅收取交易费（一般为交易额的 2%），也有的批发市场仅收取摊位费（南北方交易习惯有差别，南方多习惯收取摊位费，北方则收取交易费），无论从实地调研还是文献资料统计，目前各批发市场的收费在农产品价格中所占的比重都在 5% 以下，像深圳海吉星的收费甚至不到 2%。② 但是由于批发市场在所在区域多具有一定垄断性，而且市场中摊位的位置对业主经营效益有直接影响，因此一些市场采取对地理位置好的摊位采取招标、拍卖等方式，价格远远高出交易费，也就造成了所谓收费高现象，此外各项服务设施、服务功能等也进行多种类别收费，加重了经营者负担，进而推高了最终销售价格；还有的经营者经常出现相

---

① 本数据根据全国农产品批发市场基本情况数据计算获得，统计数据见农业部市场与经济信息司主编：《中国农产品批发市场发展报告》，中国农业大学出版社 2010 年版。

② 本数据为本次调研所得。

互间压价和倾销等现象，市场竞争无序，从而影响批发市场的规范运作。

3. 农产品质量安全检测负担较重

一是农产品质量安全检验覆盖范围有限。目前，批发市场在蔬菜上市前对场内各品类蔬菜进行检验，基本采取送检方式，而且能够对上市商品进行检验的批发市场基本上都是具有较大规模和影响的一级批发市场，中小规模的批发市场因资金、人力以及设备所限，无力对上市商品进行检验，导致农产品质量检测未能实现全覆盖，还有相当一部分上市销售的鲜活农产品没有经过质量安全检测，存在较大漏洞。

二是农产品批发市场负担质量安全检测成本，加重了负担。目前，农产品质量安全检测的场地、人员以及各类运营成本都由所在批发市场承担，虽然像深圳海吉星、山东寿光物流园都建立了第三方检测机构，但是日常运营支出，包括检测样本费用、人员工资等，均由批发市场负担，还有一些批发市场的检测机构为农业局派驻机构，场地由批发市场提供，其他费用由双方共同承担。由于农产品质量安全检测费用较高，包括试纸、药剂等用量较大，为降低成本，农产品批发市场往往会减少检验人员、减小检测规模，使质量安全检测的范围和品种都较为有限，而且难以实行抽检。

三是农产品质量安全责任主体不清晰。《农产品质量安全法》中将批发市场视为责任主体，规定农产品批发市场对场内农产品承担质量安全责任，也就是说，如果批发商经营的农产品出现质量安全问题，批发市场需要承担责任。实际上，批发市场主要承担集散功能，不是农产品的直接经营者，其功能是提供经营场地，规范市场交易秩序和行为，对批发商的进货来源及质量难以控制，仅依靠批发商对农产品上市前质量安全检测，只能是限制相关批发商入场或对有问题的产品封存、禁止销售，很难让批发商承担责任，更无法倒逼生产环节注重质量安全，建立产销一体化质量检测体系。

4. 农产品缺乏生产品牌和标准分级

目前，一些入场交易的农产品已开始采用品牌，但多以产品产地名称为标示，或者以经营者名字命名，而缺乏具体生产者品牌，导致某些产品一旦出现质量安全问题，其无法区分具体生产者，导致产品所在地的同类产品都受牵连，给当地经济和种植户带来巨大损失，因此应鼓励生产者树立品牌意识，减少因外来因素遭受损失。随着市场对农产品质量要求日益提高，一些农产品已采取标准化包装，像深圳海吉星、山东寿光以及北京新发地等一级批发市场，多数蔬菜都实行标准化包装，并进行分类，但是由于我国尚未实行农产品标准化制度，未对农产品包装规格、分类等级进行严格划分，大部分农产品在交易过程中未实行标准化分类，蔬菜等生鲜产品在装运过程中损耗较大，交易效率较低。

5. 冷链物流体系及流通加工等功能不健全

随着生活水平的提高，反季节蔬菜供应和长距离运输成为农产品流通的常态，因此低温保鲜成为重要内容。但是我国冷链物流基础设施能力严重不足，冷链物流技术推广滞后，大部分生鲜农产品仍在常温下流通，全程冷链比率较低，果蔬采用低温物流只有10%—20%，冷链物流肉类只有10%，水产品仅20%，导致我国每年果蔬产后损耗率高达20%以上（农业部市场与信息司，2009）。[①] 另外，第三方冷链物流企业发展落后，冷链物流法律法规体系和标准体系不健全等，使得生鲜农产品的质量安全无法保障，损失率高，无法满足现代流通的发展需求。

现有批发市场的加工、配送功能不完善。大部分农产品批发市场都没有初加工、包装等增值业务，多数由批发商自行解决；在配送方面，只有部分批发市场建立了配送中心，但都仅限于提供少量车辆，多委托给第三方承包经营，批发市场仅收取管理费或租赁费。

三　对策建议

1. 科学规划布局，引导批发市场良性发展

根据全国农产品产地、销地及中转地分布和需求情况，制定国家层面《农产品批发市场发展规划》，加强对不同地区、不同规模农产品批发市场的统筹调控，根据中东西部地区各自的区位优势，统筹规划农产品批发市场的布局、规模及数量，重点加强东部与西部地区的有效对接、农产品产地与主要消费地的对接，有利于实现平衡批发市场在全国范围内的有效分配，也有利于缩小贫富差距。

构建高效的全国农产品批发市场网络体系。本报告建议：一是全国建立20个左右重点市场，包括产地、中转地、销地以及口岸市场，形成国家控制的核心枢纽；二是对一级批发市场数量实现总体调控，在人口500

---

① 农业部市场与信息司：《关于加强农产品产地批发市场建设问题的调查报告》，http：//www. moa. gov. cn/sjzz/scs/sclt/201106/t20110614_ 2029305. htm，2009 年 9 月 4 日。

万及以上城市建设一个一级批发市场，两个二级批发市场，避免恶性竞争；三是引导各地培养各类具有地方特色和优势的专业型农产品批发市场，并以周边的小型农产品批发市场为依托，形成区域性农产品批发市场网络。

2. 完善公益性农产品批发市场建设与管理

从调研情况来看，政府直接投资建市场的做法需要慎重考虑。一是由于全国范围批发市场格局已基本形成，新建一批公益性市场将会对现有体系造成冲击，并引发新的不公平竞争，导致市场秩序紊乱，不利于农产品批发市场健康发展，而且 20 世纪 90 年代中期，国家也曾尝试过建设若干"中心批发市场"，但效果并不理想；二是从总体情况看，现有农产品批发市场有相当一批为国有资本投资或控股，以调研企业为例，深圳海吉星和北京八里桥市场都是国有企业，体现了公益特征，只是由于目前我国处于经济转轨时期，国有企业正在经历从代理政府职能到自负盈亏、追求市场利益，再到强调国有资本发挥公益职能，现有国有属性批发市场评价机制如何调整，由利润导向转为体现公益性，将是核心所在。

在建设公益性批发市场过程中，建议重点通过提升现有市场国有资本出资比例，实现国有控股，完成国有公益性市场布局，同时加大资金投入支持传统农产品批发市场基础设施改造，对现有一级农产品批发市场进行布局合理化升级，对内部结构进行科学化改造，对批发市场内的道路设计、车行道、环行线等进行科学规划，提高运行效率；在完善功能方面，为农产品批发市场配备冷库，实现全程冷链，加强仓储设施、配送中心的建设，提高综合服务能力，建设集配中心，逐步实现农产品批发市场的现代化和信息化，保障农产品批发市场有效发挥其公益性职能。

在对国有批发市场管理方面，建议设立专项基金或投资控股公司方式运作，通过设立管理委员会或国家公益市场集团公司负责市场的运营管理（赵尔烈，2009）[1]，也可委托给专业机构具体操作，由管理委员会对其运行进行监管，发挥政府和市场竞争的双重力量。

在政府对农产品批发市场投入资金后，应对资金使用进行严格的监督和后期审核，对不按规定使用资金的行为给予严厉的惩罚，同时还应重视对资金的使用效率进行评价，评价指标包括资金利用率、资金使用的规范

---

[1] 赵尔烈：《为了百姓的绿色餐桌》，中国财富出版社 2013 年版。

程度等，督促被投资企业更好地利用资金，为后续发展提供支撑。

3. 公平对待不同属性批发市场

为使农产品批发市场更大程度地发挥其公益性，同时避免造成新的不公平，在对批发市场给予优惠政策的过程中，应注重普适性，对不同属性农产品批发市场"一视同仁"，因此建议：一是由传统的"补市场"变为"补品种"，增加农产品国家储备品种，对大路菜品种给予硬、软件补贴以及贡献补贴，并对大白菜、土豆、萝卜、胡萝卜等10种大路菜进市场不收费，对其进行限价，通过价格基金来补贴，以降低最终售价。二是扩大农产品运输绿色通道范围，继续降低农产品运输成本：①将执行绿色通道的农产品品种范围由鲜活类农产品扩大到冷冻、冷藏类等重要农产品；②将免收农产品运输通行费的道路范围扩大到全部收费公路。此外，政府还可借鉴其他国家把农产品批发市场作为公益性基础设施给予免税的做法，在减免房产税、土地使用税的基础上，免征营业税和所得税。

4. 强化农产品流通安全中的政府介入

《农产品质量安全法》对主体责任的规定，本质上是一种层层追溯的倒逼机制，即从消费者追溯到中间环节，再追溯到生产源头。但由于农产品生产呈分散化特点，与具有品牌标识的工业品有很大差别，通过中间环节很难再追溯到源头，而且源头又难以进行有效监管。因此，建议：一是建立农产品流通追溯的制度规范，强制要求批发商建立进货来源记录和索证制度，保证问题产品可追查到上游；二是农业局在批发市场派驻检测机构，出具具有法律效力的检测文件，对出现问题的产品交由专业的第三方检测机构进行复检确认，再进行处理；三是政府与批发市场共同建立第三方检测机构，采取政府购买服务的方式，发生费用由政府埋单，企业提供场地和人员进行具体操作，政府对检测报告统一管理，并在出现问题时进行比对或出具权威解释，从而减轻批发市场经营负担。

5. 推进农产品品牌化和标准化发展

一是通过资金支持，鼓励大型批发市场率先推进农产品标准化，发挥引领和示范作用。目前一些批发市场已向产地市场和销地市场两个方向延伸，像北京新发地和山东寿光都已开始自建生产种植基地，控制上游生产质量，发展品牌农业。二是逐步推广农产品包装标准化，虽然标准化能够提高效率、降低损耗，但会增加成本，因此在推动过程中存在较大阻力，因此建议：①在初始阶段类比技术推广的方式进行补贴；②提高标准制定与标准推广的同步性，在建立行业标准、地区标准后，对批发商使用标准包装材料给予优惠和鼓励，并逐步过渡到强制性标准；③在适当时候规定必须采用标准包装材料才能进场交易。

6. 构建信息反馈机制

由于农业生产较为分散，农产品批发市场的信息传递的范围有限，使得通过互联网、手机、广播等手段发布农产品供求、品种、质量、价格等信息的功能无法有效发挥，无法对农业生产加以及时指导。因此建议，在农产品批发市场领域，重点建设一批覆盖面宽、辐射力强的信息网络平台，根据农产品种植销售情况及周期特征建立和完善涵盖多个品种、不同地域的统一的农产品产需及价格信息监测系统，建立农产品流通信息支撑体系，为消费者、农民、零售商、中间商以及政府提供有用的信息。

在此基础上，应建立批发市场应急联动机制，鼓励农产品销地与产地批发市场建立稳定的供应链关系，通过卫星遥感技术判断供应基地的收获情况并预估农产品产量，根据估计结果进行应急预警，有效应对突发公共事件，提高保障能力，确保市场供应。

专项报告二 电子商务在流通产业的公益性表现

一 电子商务对流通产业的影响

随着互联网经济的快速发展，电子商务对全社会经济活动产生了巨大影响，尤其在流通领域掀起了一场"革命"，给流通产业运行带来前所未有的冲击。2013 年，中国电子商务交易额达 10.2 万亿元，同比增长 29.9%，占 GDP 的 18%，其中，网络零售市场交易额达 1.9 万亿元，同比增长 42.8%，远远高于同一时期社会消费品零售总额的增长率①，以电子商务为载体的网络零售已成为经济生活中的重要组成部分，并引领着未来经济发展的方向和趋势。从流通角度看，电子商务借助信息技术构建电子化渠道，突破传统商业活动的时空限制，简化交易流程，增加交易机会，创新交易方式，降低交易成本，提升交易效率，推动商业模式变革。② 电子商务的迅猛发展，给传统流通方式带来革命性影响，进而改变了流通业的运行模式。因此在这个过程中，政府部门如何采取适当的方式引导电子商务发展，进而推动传统流通产业转型升级，成为当前面临的重要任务。

（一）电子商务引领流通模式变革

一是传统流通方式和业务模式发生变化，流通渠道趋向扁平化。在传统流通模式下，中间商处于非常重要的地位。由于时间、空间的限制以及

---

① 《2013 年度中国电子商务市场数据监测报告》核心数据，http://www.100ec.cn/detail--6161363.html，2014 年 3 月 21 日。

② 何先东、姜文波：《电子商务对流通模式的影响研究——以京东商城为例》，《商业时代》2012 年第 27 期。

物流体系的不完善，产品从生产商向消费者分销的过程中要经过较多的层级，其中包括了多级批发商和最终零售商，因此，流通渠道在整体上呈现多层次的金字塔结构。这种流通结构在传统流通模式中起到了积极的作用，帮助厂商克服了时空的障碍，将产品交付给消费者，并在一定程度上实现了规模经济。但是，金字塔结构的组织形态具有无法克服的缺点，比如流通渠道的中间环节过多造成流通信息失真率较高，使得供需双方无法实现有效匹配，产生了需求不足或者供大于求的情况；过多的流通层次抬高了消耗在流通环节上的时间成本和资金成本，造成流通效率低下。

随着买方市场的形成，生产商将消费者偏好作为生产经营决策的关键因素。为了掌握市场的变化，生产商倾向于跨越中间环节，直接控制分销渠道，从而获得消费者消费信息，更好地指导生产。借助现代信息技术的发展和应用，电子商务通过虚拟网络系统将买卖双方联系起来，为生产者和消费者提供了经济、及时而又高效的沟通环境和手段。电子商务的出现使得生产商可以更加便捷地直接面对最终消费者，越过各环节中间商，利用电子交易平台或者网络直销，直接将产品销售出去；消费者可以通过电子交易平台直接从生产商那里选购自己中意的商品，减少了一级批发、二级批发及多级零售等中间环节。生产商、批发商和零售商均可以通过网上交易销售商品，从而使流通运行方式不再按照传统分工来进行，也不再遵循传统商业购进、储存及运销的业务流程进行运转。网络技术的运用使得"批零一体"、"产销合一"的销售模式大量出现，"零库存"运营、凭订单采购、直接委托送货等业务方式已经形成，传统批发零售商的主体地位受到挑战。扁平化流通渠道结构节省了流通业者的交易成本和运营成本，也节省了消费者的搜寻成本，因此很快获得市场主体的认可，并广泛应用，在较短时间内迅速发展，推动了传统流通业的转型升级，也使流通体系面临重构。

二是销售方式变化倒逼生产经营方式改变，形成以消费者需求为中心的柔性生产方式。传统的批量生产、规模经营方式等生产流通领域面临挑战，一方面，由于网上购物为消费者提供了便利，把消费者作为主体的分散式订单生产强烈呼唤柔性生产技术的出现和应用；另一方面，电子商务的应用使人力成本在制造业竞争中的作用降低，故中小企业在网络营销中能够获得更大的比较优势。在个人商品消费领域，规模化、大批量生产及传统的工商关系将一定程度上被产销合一的高科技小企业取代。而且电子商务的发展使消费者"直接定制"生产成为可能，比如，淘宝"聚划算"团购平台曾举办面向万名消费者定制空调活动，消费者可根据需求定制空调功率、功能、外观等，厂商将在一个月内完成从下单到生产、送货、上门安装的全过程。①

三是以电子商务为依托的商业模式促进了全国统一市场的形成，加快流通国际化进程。电子商务依赖全国性或国际化互联网的交易网络，借助全天候网络虚拟在线服务，突破了传统零售业、批发业营业时间限制和销售半径的地域限制，实现跨地区、跨省以及跨国界商品销售，有利于打破市场分割，形成全国乃至全球性统一大市场，使交易方的对象选择扩展到最大化。电子商务为流通企业在全球范围内进行劳力、资本、技术、资源及信息管理等生产要素的优化配置提供了良好的条件，使得市场的概念得到了更新，加快了流通国际化的进程。②

（二）电子商务增强中小企业竞争力

在传统流通体系中，由于渠道的容量有限，能够进入主流渠道并在全国范围内分销的商品数量相对较少。传统流通渠道对于大多数生产商来讲具有强势地位，尤其对于大量中小型企业，由于其规模和产量较小，行业份额不高，作为卖方的中小企业在竞争中，往往只是价格的接受者。由于没有足够的资金开发市场、开拓流通渠道，中小生产企业自营产品面临规模不经济，只能依赖批发、零售等中间流通环节销售自己的产品，丧失了与终端消费者接触和沟通的机会，在商品流通过程中处于被动地位。

电子商务的出现和应用，使中小企业有机会以非常低的成本直接接触终端消费者，并且使消费者快速发现他们所需要的商品，对传统流通渠道产生替代作用，进而随着电子商务平台可以容纳更多的商品进入主流渠道，激增的商品种类增加了流通渠道两端的供给和需求，为中小生产企业提供了更多的生存机会，也提高了其市场竞争力。

（三）电子商务促进信息流居于主导地位

狭义上，流通由商流、物流和信息流三个相互关联的要素组成。随着经济发展水平的提高，社会分工进一步分化，现代流通实现"三流分立"，商流、物流和信息流在流通业中的地位也发生了显著变化。传统流

---

① 周岚、张俊：《电子商务对流通产业的影响和前瞻》，《国际商务财会》2012年第6期。
② 向欣：《电子商务对流通业的影响及对策》，《中国物资流通》2001年第7期。

通侧重于商品的流动，商流占据主导地位。而电子商务的出现和发展，使得流通中的信息处理功能形成质的飞跃，并以信息流规划物的流通，信息流对整个流通过程实现系统控制，物流则成为电子商务主导的流通过程的重要支撑。因此，电子商务主导的流通过程使商流和物流的运行都建立在信息活动的基础上，进而带来经营方式和商务模式的根本改变。具体如下：

一是信息流在流通中占基础性和主导性地位。在传统商品流通模式中，信息流在有形商品交换中发挥着管理性和服务性的作用，其目的是提高商流、物流的效率。随着电子商务的发展，商品信息发布、检索和订单反馈等都实现了高效化、实时化，凸显出信息流在商品流通中的重要作用；同时，商业合同也都可以通过电子数据交换系统签订电子合同，极大地节省了谈判成本和人员往来支出；在资金流方面，可以通过网上支付平台，将资金以电子货币方式瞬间完成支付，大大提高资金流通效率。上述这些变化都是电子商务给传统流通业带来的巨大影响，不仅改变了商业活动的运行方式，而且实现了信息流对部分商务活动的工具性替代，大大提高了流通效率和流通范围，在一定程度上颠覆了传统流通运行模式。

二是电子商务拓展了物流业新的功能。传统上，物流业属于从属部门，服务于商业部门，其作用仅限于实现商品在不同所有者之间的转移。但在信息技术影响下和电子商务的普及，物流业呈现出了信息化、网络化、自动化、柔性化等特征。一些新技术在物流领域得到广泛应用，包括条形码、电子数据交换、电子订货系统、有效客户反馈等，大大提高了物流企业效率；同时工业自动化与信息技术结合使物流企业实现了自动化，包括采用自动分拣系统、自动识别系统、自动存取系统、货物自动跟踪系统等①，很大程度地提高了物流作业能力，节约了人力资本的投入，提高了物流过程的准确性。物流信息中心通过网络平台与供应商合作，形成协作共同体，使生产部门可根据客户需求组织生产、安排物流活动，提高了生产效率，降低了库存压力。另外，电子商务推动了从事物流信息服务的第四方物流的发展，其通过具备的信息技术、整合能力及其他资源提供一套整体的供应链管理解决方案，降低了物流成本，提升了物流效率，促进了物流产业的发展。

---

① 贾春晨：《电子商务对商品流通业的影响》，《中国经贸导刊》2002 年第 7 期。

　　三是信息技术的应用推动流通进一步"三流分立"。从传统的"三流合一"到社会化分工带来"三流分离",再到信息技术应用推动"三流分立",是流通业专业化分工深化的必然结果。根据交易费用理论,"三流分立"需要低成本、迅速且有效的外部交易作为发展条件。[①] 电子商务依据人机对话方式,提供无时不在的便捷服务,使任何个人或企业都能够直接面对全球市场,购买需要的产品或服务,并且可以获得由"订单采购"、"直接委托交货"、"零库存运营"等新业务方式带来的便利。通过电子商务,企业可以快捷地完成由"三流分立"带来的外部交易。另外,在流通业分工与整合的过程中,商业生态环境和产业链结构都发生了改变,各类辅助性服务组织迅猛发展,快递公司、会计事务所、审计事务所、第三方支付企业等市场主体不断发育和完善,大大提升了流通效率和流通专业化程度。

（四）电子商务推动产销一体化整合

　　信息技术的发展和快速推广,促进流通企业管理水平的提升,推动了现代流通产业的发展,为电子商务的发展提供了技术支撑。简单来看,以信息技术为核心的电子订货系统（EOS）、电子数据交换系统（EDI）、销售时点管理系统（POS）和管理信息系统（MIS）等基础设施的出现和应用,是电子商务发展的前提;在此基础上,供应链管理系统（SCM）、决策信息系统（MRS）、全球卫星定位系统（GPS）高层次技术设施的应用,进一步提高了传统流通企业管理能力,使营销、采购、配送能力和企业内部的管理水平得到大幅度提升,也为发展电子商务打下坚实基础[②],尤其是电子商务供应链的应用,将生产商、批发商和零售商链接在一起,实现产供销一体化整合:生产商可以直接了解产品的销售信息,并及时按消费者需求组织生产,减少库存积压;批发商通过产品采集和信息发布,对生产商和零售商进行价格指导和库存管理;零售商可以通过供应链管理向生产商采取订单式生产,降低经营风险,增加利润。

（五）电子商务有利于改善流通秩序

　　由于市场体系正在不断完善过程中,商业信用体系不健全,导致市场秩序混乱,假冒伪劣、商业欺诈等现象屡禁不绝,零供矛盾等问题也十分

---

① 纪宝成、晏维龙:《电子商务下的商品流通》,《经济理论与经济管理》2000 年第 4 期。
② 汤云、龙伟:《电子商务对现代流通业发展的影响》,《中国市场》2008 年第 6 期。

突出。而电子商务带来的商业模式创新，非常有利于流通秩序的改善，主要表现在：①规范流通主体交易秩序。借助电子商务平台进行的招标、竞价系统使交易更加透明，减少了腐败和"寻租"行为，使市场交易更加规范。②缓解零供矛盾。电子商务的发展为生产商与消费者直接接触提供了便利，生产商直销日益普及，降低了对零售商的依赖程度，提高了与零售商的议价能力，在一定程度上缓解了零供矛盾。③加强市场主体对商业信用和诚信体系的建设。由于网络销售中顾客反馈迅速，由此带来的口碑效应直接影响产品销量，因此网络商家对售后评价极其重视，开发各种审查及评级系统以及通过留言板和网络论坛等方式，塑造企业形象，提高消费者的信任。在此过程中，大大提升了生产商、销售商对商业信用的认知，强化了市场主体对诚信体系的重视。

二　电子商务公益领域面临的问题

近年来，我国在电子商务基础设施方面的投入力度较大，有效地推动了国内流通企业的电子信息化。我国电子商务企业迅速增加，截至 2013 年年底，我国电子商务企业共有 47549 家，同比增长 12%，其中包括网络零售企业 29303 家，B2B 电子商务服务企业 12000 家，网络团购企业 6246 家①，电子商务显示出了生机勃勃的态势。人们对电子商务的意识和热情也有了很大程度的提高。然而，电子商务也存在着法律法规不健全、基础设施不完善和监管缺失等问题。这些问题如果没有及时解决，将极大地制约我国电子商务的发展。电子商务与传统流通融合发展的过程，出现了如下一些问题：

（一）网络虚拟性导致商家和商品的鉴别与认证困难

近年来，电子商务发展迅速，给消费者提供了诸多便利，同时也给商家带来丰厚利润。但是，由于网络本身的虚拟性为交易主体实行网络欺诈提供了便利条件，导致各类网络欺诈、假冒伪劣等问题层出不穷，有数据显示，消费者对互联网服务的投诉量位居服务类投诉的第二位。电子商务

---

① 中国电子商务研究中心：《2012—2013 年度中国电子商务市场数据监测报告》，http://www.100ec.cn/zt/2010bgdz/。

企业的诚信缺失问题已成为整个行业发展的桎梏，即使一些著名企业也同样受到诚信的严峻考验，解决诚信问题刻不容缓。[1] 常见的网络欺骗行为主要有以下几种形式：

（1）虚假宣传。一些电子商务企业利用广告或者其他对商品或服务做出与实际不符的虚假信息误导消费者，违反了诚信实用原则。如2013年9月，当当网在"当当简介"中称"当当网是全球最大的综合性中文网上购物商城"，其中"全球最大"属于虚假内容，涉嫌虚假宣传，误导了消费者，遭到投诉。[2]

（2）以次充好。网络销售中，消费者对商品质量的判断基于商家提供的图片和对商品的文字描述，由于我国目前缺乏对网络销售商品的质量认证和审查机制，给不法商家造成可乘之机，一些商家往往在网上承诺正品保证、过分夸大商品的质量、对图片进行美化处理或者直接盗用其他商家的图片，而消费者拿到的商品与网上描述的商品信息或图片不符，这是目前网络销售中存在的最主要问题之一。

（3）价格欺诈。这是目前电商经营过程中广泛存在的问题，也是很多电商企业进行促销的主要手段，即使知名电商企业也普遍存在价格欺诈问题。据相关部门调查显示，2012年由京东、国美、苏宁三方参与的"8·15电商大战"中，一些企业在促销宣传过程中涉嫌虚构原价，欺骗消费者，其中京东有440个降价商品，平均降幅为9.75%，涨价商品有120多种，平均涨幅为15.82%，从种类上看降价商品数量多于涨价商品，但是降价商品中约有一半处于"缺货"状态。实际上，京东商城所售商品总体价格上涨了约1.2%，此事最终导致京东向消费者道歉，并承诺制定整改方案。[3]

（4）虚假企业低价诱骗。一些不法分子利用未经许可的网站、虚假的公司名称和地址等诱导和欺骗消费者。他们通常在网上提供虚假的商品信息，以低价诱导消费者，当消费者向指定的账户汇款后，个别企业在收到货款后便销声匿迹；还有一些企业还会要求消费者预付"定金或保证金"（一般为货款的10%左右）再发货，之后以各种理由诱使买家追加定

---

① 孙佳强：《电子商务企业诚信问题分析及对策研究》，《企业导报》2013年第5期。

② 中国电子商务研究中心：《2013—2014年度中国电子商务法律报告》，http://b2b.toocle.com/zt/2014flbg/，2014年7月9日。

③ 孙佳强：《电子商务企业诚信问题分析及对策研究》，《企业导报》2013年第5期。

金，给消费者造成损失。也有一些企业拒绝使用第三方安全支付工具，谎称"账户出故障，不能使用财付通收款"，或是"如果不用支付宝付款，可以降低价格出售"等，逃避监管体系，骗取消费者钱财。这类网站既未在工商行政管理部门登记注册，也未获得通信管理部门颁发经营许可，利用服务器托管等方式逃避执法部门的监管①，使行政部门追查执法面临困难。

（二）消费者个人信息安全得不到有效保护

由于相关法律不健全，一些企业将个人信息作为牟利工具，导致消费者的个人信息得不到有效保护。近年来，用户的账户信息和隐私被暴露事件频繁发生，被泄露或恶意收集，给消费者的个人隐私、财产乃至人身安全带来巨大的风险。而电子商务平台的软硬件安全、支付与结算的安全性，也影响着消费者对网站的信任程度，进而影响到网络购物的快速发展。2013 年中国消费者协会发布的《信息消费与安全调研报告》指出，受访者对现阶段信息安全的满意程度不及格，平均值仅为 3.7 分，而满分是 10 分。② 消费者个人信息丢失主要有两种方式：一是电子商务企业将消费者信息作为牟利手段，将消费者信息打包出售给不法分子，包括采取低价促销方式吸引消费者，套取消费者姓名、电话号码以及家庭住址等个人信息，并将这些私人信息转卖给他人，从中获利；二是利用木马病毒和钓鱼攻击等技术手段入侵网站，盗取用户信息数据库，给消费者造成财产损失。

（三）忽视整个交易链的构建

从电子商务的发展模式来看，电子商务运营企业大多集中于交易过程的电子化，也就是说将平台建设作为发展重点。这是我国传统零售业主要注重卖场经营的思维的延续，对售前体验和售后服务缺乏关注。其原因主要在于：一是电子商务的售前体验服务缺位，只有 O2O 餐饮业和住宿业等可在消费前去线下实体店体验真实的服务环境，而网络零售业还未提供售前体验服务。二是对商品售后服务重视不够，消费者满意率较低，据《2013 年中国电子商务企业诚信度调查》显示，约 53.96% 的受访者对电子商务企业在售后服务环节的诚信度表示满意，26.52% 的消费者表示不

---

① 邓辉：《电子商务的诚信问题分析及对策探讨》，《管理观察》2008 年第 7 期。

② 中消协：《信息消费与安全调研报告》，http：// www. cca. org. cn/web/xfxx/picShow. jsp? id＝65598，2013 年 12 月 23 日。

满意，与 2012 年的 31.23% 相比有明显下降，但仍位列各环节最低。由于网络购物一旦出现商品质量问题，都需要消费者将商品寄回商家进行退换，不仅浪费大量时间和必要的费用支出（运费多由消费者支付），而且常常无法得到有效的售后服务保障，或推诿扯皮，或置之不理，极大影响了消费者的购物需求和购物体验，因此电商企业应加强对售后服务的监管，更加关注消费者的全程购物体验，提高消费者满意度，树立良好的企业形象，实现健康发展。

（四）电子商务法律法规不健全

为了加强市场监管，近年来行政主管部门颁布多项法规、意见性文件，包括 2007 年商务部发布的《关于网上交易的指导意见（暂行）》，2010 年发布的《商务部关于促进网络购物健康发展的指导意见》，2013 年 2 月国家质量监督检验检疫总局和国家标准化管理委员会发布实施的《信息安全技术公共及商用服务信息系统个人信息保护指南》，2014 年 2 月国家工商总局发布的《网络交易管理办法》，等等。这些文件对提高网络销售服务水平，推动行业自律起到积极作用，但大都限于技术性标准，缺乏对违反标准的惩罚性措施，导致犯罪成本相对较低，降低了惩戒措施的威慑性，使消费者的合法权益未能得到有效保护。在这方面，虽然 2004 年 8 月 28 日通过了《电子签名法》规范电子签名行为，但是电子合同存在难以证明、容易编造其有效性等问题，目前尚未有法律法规来有针对性地解决这些问题，而且由于电子商务活动的特殊性，以往传统流通活动中的法律法规难以界定电子商务交易中有关税收、知识产权、电子合同的法律效力、电子证据的认定等问题，因此，需要出台一部完整的电子商务法律，规范电子商务有序发展。

（五）缺乏电子商务商业诚信体制和国家信用管理体系

我国诚信体制和信用管理体系不健全，缺乏有效的失信惩罚机制，导致信用缺失行为盛行，制约了我国电子商务的发展。信用是市场经济的基石，美国以及欧盟各国普遍建立了较为完善的国家信用管理体系，并形成了尊重信用、重视信用的社会氛围。比如在美国，社会征信中介机构十分完备，并秉承公正、客观的态度为需求方提供服务，使信用成为社会生活中的重要组成部分，如果个人没有信用或者信用记录不好，将在社会上举步维艰，既无法获得贷款，也无法找到工作；对于企业来讲，信用是其生存和发展的前提和基础，如果有不良的信用记录，将难以获得融资支持，而且其他企业也不会与之合作，最终将陷入困境。因此，我国应尽快建立完善的诚信体制和信用奖惩机制，这既是市场经济走向成熟的标志，也是电子商务健康的基础条件。

（六）融合线上、线下的商业监管体系

在电子商务活动中，由于买卖双方不能真实见面，并且很多卖家缺乏固定的营业地址，故对其进行质量监管比较困难。也正因为如此，在买卖双方发生纠纷时，处理成本会非常高。由于线上交易的特殊性，线下商业监管的方式如签名、盖章和文件备份、存档等不再适用于线上交易。现行《电子签名法》为电子签名与手写签名或者盖章具有同等法律效力提供了法律保障，也明确了电子认证服务的市场准入制度，但对电子商务领域的监管来讲远远不够，目前比较集中没有解决的问题包括电子证据的法律认定，侵权行为的认定，电子支付、电子商务中消费者保护，隐私权保护等。因此，如何完善电子商务线上监管体系、融合线上和线下的商业监管体系，是一个需要深入研究的问题。

（七）电子商务运行平台不足

一是网络自身的局限性，对商品信息的展示不够全面。网上商家展示商品主要通过图片或者视频进行展示，最常用的方式是借助多个不同角度图片提供商品情况介绍，由于图片呈现的是平面信息，相对于实物商品的立体形象，消费者感知上具有差异，而且由于商家为突出商品特色，往往采用多种手段美化产品，并选择最有特色或最具吸引力的图片，尽量规避商品存在的不足，尤其是商品质地、手感等，导致网上展示的商品与实物商品效果差别较大。

二是网站搜索功能不够完善，顾客在网上购物时，需要在众多销售相同商品的商家中进行选择，如何在海量信息中花费较少时间和精力挑选中意的商品是电子商务发展过程中不可回避的一个较大的问题。目前，主要电子商务网站多采用导航栏搜索和关键字搜索方式，帮助消费者筛选自己想要购买的商品，但是还有很多电商企业的搜索界面尚未建立搜索引擎，有数据显示，互联网上约有 10 亿个网页需要建立索引，而现有的搜索引擎尚有一半网页还没有索引功能等，增加了顾客网上购物的搜寻成本，一定程度上削弱了网络购物的优势。

三是电子商务的支付与结算安全风险较高。目前，各大电子商务网站普遍使用网银、快钱、支付宝、财付通等具有良好口碑和用户基础的第三方支付手段，力图加强用户使用在线支付的安全感，保障消费者的支付安全和便捷。但由于我国在身份认证、数据加密、通信安全控制等各种技术参数方面，尚未形成较为完善的国家标准，各银行在营业活动中使用的网上平台并不统一，银行之间的结算、支付和通讯存在着很大的问题，从而增加了电子商务交易活动的安全风险。

（八）税收征管面临两难困境

一般认为，电子商务漏税问题严重。然而核心问题是，由于电子商务的交易具有可记录性，一旦对其征税，便可实现应征尽征。但根据中国目前的实际情况，小型实体店税收的征缴率不高。如果追求形式上的公平公正，对电子商务征税，就会导致实质上的不公平，这很容易使电子商务的经营陷入困境，扼杀创新精神。

（九）物流业发展无法完全满足电子商务的需求

物流业是电子商务发展的基础和支撑，我国电子商务的高速发展与快递业的迅速增长密不可分，但是当前物流业还存在运力不足、覆盖范围小、与网上信息流通不畅、快递人员的素质良莠不齐等问题，还不能满足电子商务发展的需求，主要问题包括：

（1）社会化物流需求不足和专业化物流供给不足并存。由于物流业市场准入门槛低，导致物流行业呈现"小、散、差、弱"局面，大部分物流企业经营规模小，市场份额少，经营不规范，服务功能少，竞争力弱，难以提供专业化、高质量的物流服务，导致生产企业更倾向于自建物流设施，"大而全"、"小而全"运作模式比较普遍，一方面自家物流企业吃不饱，另一方面有需要的企业难以找到合适的物流服务。

（2）物流企业的管理模式较落后，服务水平亟待提高。物流企业整体服务水平和运营效率比较低。多数经营管理粗放，缺乏服务规范和内部管理规程，往往只能提供简单的运输和仓储服务，在物流成本控制、物流方案设计和全程物流管理等高层次服务方面，还处于初级阶段。

（3）电子商务与物流企业权责不明确。大多数网上交易平台企业及网络零售都采用物流外包模式，由快递企业承担送货服务，由于社会物流整体发展水平相对滞后，快递企业与网上商家的权责不明确，增大了物流配送的经营风险，使消费者遭受不必要的损失。

三 政府在电子商务公益领域的作用

针对电子商务发展面临的各类问题，政府应根据电子商务发展的阶段性特征制定有针对性的政策措施。总的来看，在电子商务发展起步阶段，规模小、商业模式不成熟、对经济领域各部门的渗透力较差，其发展的核心要求是快速扩大交易规模，增加影响力。在此阶段，政府应对电子商务给予财税政策和金融措施优惠，推动电子商务科技创新和商业模式创新发展。当电子商务进入高速发展期，已对社会经济生活的方方面面产生深远影响，政府应通过市场规范、标准制定等法律政策措施，规制电子商务相关主体的市场行为，推动电子商务整体向规模化、规范化方向发展。

（一）完善法律法规，建立在线仲裁机制

一是在严格执行现有法律法规的基础上，健全电子商务领域立法体系。根据电子商务特点及发展需要，一方面对现行法律法规进行及时修订并完善实施细则，包括票据法怎样适用于电子商务凭证、广告法应如何管理网络广告等，增强这些法律在实践领域中的适用性和可操作性，使一些电子商务发展中出现的新问题有法可依；另一方面借鉴发达国家电子商务相关法律，参照电子商务示范法，结合我国实际情况，遵照市场化与去行政化原则，加快制定专门的电子商务法，并留有更新空间，以便适应电子商务快速发展过程中不断出现新问题的需要。

二是建立在线仲裁机制。在现有法律体系框架内，网络交易纠纷处理的难度较大，而在线仲裁具有无地域管辖限制、非公开审理、专家仲裁、低成本、及时等优势，是能够较好解决小额电子商务争议的一种选择方式。因此，应借鉴国际经验，构建在线仲裁的相关立法体系，明确法律程序，结合我国在线仲裁实践，出台在线仲裁规则和示范法，并制定相关的技术标准，为在线仲裁提供技术保障。

三是制定并扩展应用领域的电子商务技术标准。电子商务得以快速发展的核心是标准化，国际标准化组织制定了一系列安全标准，我国也建立了国家电子商务标准体系，包括"基础技术标准"、"业务标准"、"支撑体系标准"和"监督管理标准"四部分。但是这些标准多集中在基础技术层面，应用技术方面的标准还较为滞后，像在线支付标准、电子税务标

准等尚属空白，一定程度上影响了电子商务的规范化发展，而且还有一些现行标准存在内容交叉、重复等问题，因此应加强与国际标准接轨，并根据实际发展尽快更新、扩展相关标准，在电子商务标准制定过程中，应采取开放的方式，尽可能吸引企业、用户代表及相关机构参与意见，共同商讨标准内容，增强标准的实用性与可行性。

（二）建立完善的社会信用体系和评价机制

完善的社会信用体系，是市场经济的核心要素，也是维护消费者权利的重要保障。长期以来，我国一直没有建立起较为完善的社会信用体系，因缺乏相关法律规定，掌握企业或公民信用情况的各类机构基本不公开信用状况，而信用中介机构大多没有自己的信用数据库，已有的数据库规模也普遍偏小，很难对企业信用做出准确评估。因此，我国应尽快建立完善的社会信用体系，具体内容包括以下几个方面：

一是尽快出台相关法律，界定信用信息的开放范围，允许政府部门和一些专业机构向社会开放掌握的企业信用信息，包括公安、海关、工商、税务及统计等部门，部门间实现信用信息共享，包括工商、海关、质监、商务部门等政府相关机构的有关信息实现互联互通，并对专门的信用服务机构公开企业和个人信用信息，信用服务机构可以通过请求回复或协议等方式取得和检索相关信用信息。

二是整合政府部门、行业协会和企业等各方力量，或授权给中介机构，建立全国性大规模企业信用数据库，逐步完善信用评价系统，通过对电子商务企业合同履约率、商品质量、售后服务、顾客评价等多方面评价，对其进行信用评估并进行信用等级认定，鼓励电子商务企业诚信经营。同时建立有效的、可操作性强的惩罚机制，对于能够提供证据证明缺乏诚信的商家与个人，可以采用降低信用等级甚至限制其交易等办法进行惩罚。

三是分阶段、分步骤、有重点地推进信用记录的采集和统计，明确各地方、各部门信用信息记录的基本分工，避免重复记录和缺漏记录；对电子商务企业进行实名注册和域名核实，保证线上品牌和线下品牌的一致。同时，采用先进的认证技术，如数字证书、数字签名、数字时间戳、信息摘要等技术，实现对用户的信息认证，保证每个用户都能被准确无误地识别出来。

（三）完善电子商务线上线下监管体系

电子商务的监管政策涉及范围广泛，包括电子合同、网上税收、知识产权、个人隐私、电子交易竞争规则、电子消费信用、电子资金支付、电子交易安全保障、计算机犯罪和证据等。政府应当将工商行政管理机关定位为，监督电子商务主体进入市场并合法经营的中性执法机构，对电子商务的市场行为进行监管。工商行政管理部门应运用法定的行政登记权、调查权、处罚权和调解权，提高电子商务领域商业行为的合法性与可信度，防止出现损害其他市场主体利益和消费者权益的行为。

在电子商务企业运营过程中，政府的主要责任是构建良好的宏观外部环境，一方面为企业发展提供政策支持和金融扶持，另一方面要为企业提供公平、有序的竞争环境，对诚信守法企业给予鼓励，对违法失信企业进行惩戒，同时提高违法成本，增强企业的社会责任意识，营造规范、诚信的社会信用环境。具体来看，一是健全电子商务企业诚信监管机制，一旦发现企业有商业欺诈或假冒伪劣等违法行为，在依法进行惩戒的同时，还要督促企业守法经营，加强自律；同时加强电子商务监管信息系统的建设，对电子商务企业的经营活动实行实时电子监管，及时了解不法经营行为并随时处理，提高处罚效率，避免不法企业存有侥幸心理。二是加大对网络交易违法行为的惩治力度，尤其针对网络商业欺诈、虚假广告、侵犯个人隐私等，采用刑罚手段进行严惩，以震慑不法分子。三是制定第三方支付平台的监管措施，严格控制和监督其经营活动范围，目前，第三方网络交易平台普遍存在超范围经营问题，有的甚至突破法律规定的特许范围，因此需要按照相关法律规定严格执法，及时纠正违反法律规定的行为，并给予相应处罚。

（四）构建多重信息沟通渠道平台

建立信息公共平台，可以跨越时间上和地域空间范围上的阻隔，及时沟通供求信息并随时反馈产品质量评价及消费者反应，使生产者能够及时获得市场信息，合理安排生产保障供应，同时还可以对产品性能质量等做出及时调整，从而更好地满足消费者需要。因此应构建多种类型信息共享平台，由于信息平台涉及利益相关主体较多，并面向公众，具有一定的公益性，建议由政府主导建立多重信息沟通渠道和信息（政府信息、采购信息、技术信息）共享平台，探索多种流通交易机制，根据不同需要和内容建立各类信息平台系统。具体做法：一是推进产品竞价、联合采购电子平台建设，借助电子商务平台集合数据的优势，发挥价格发现功能，提高产品定价过程中的话语权；二是建立农产品电子商务平台，实现从生产、保鲜、包装、深加工、仓储、运输到分销一条龙的电子化，同时实现信息公开化，使卖家和买家都能查询到实时信息；三是利用电子商务平台建立全国性的商品追溯体系和认证体系，融合政府质量检测和公众信息查询，建立商品认证体系，依此实现商品的可追溯这一目的，确保食品质量安全。

（五）提升电子商务基础设施软硬件水平

一是加快建立先进、完备的通信基础设施。电子商务的发展建立在信息基础设施之上，我国在这方面发展很不均衡，不同地区差异较大，因此应加快建设高速宽带互联网，同时提高通信服务质量，降低网络使用费用，为电子商务的发展提供良好的运行环境和外部环境。

二是提升电子商务的技术水平。电子商务技术起源和最早应用来源于美国，我国的电子商务发展多属于技术应用领域及其拓展领域，近年来，随着国内电子商务的迅猛发展，拥有了一批自主研发的互联网技术，但尚无法满足电子商务市场发展的需要，因此应大力推动电子商务企业实施技术创新，尤其是结合我国实际情况，加大对网络安全、电子交易安全协议、电子交易身份认证等技术领域的研发，为网上交易安全提供技术保障，维护网络安全。

三是改进和完善电子商务支付结算体系。针对各银行网络结算平台和操作模式的差异所导致的支付和结算困难，相关部门需尽快建立统一规范的标准化结算体系，促进银行、企业单位及第三方支付平台之间的良好合作，拓展电子商务的使用范围，提升网上交易的结算水平。

四是在软件设施方面，扶持建立电子商务售前体验连锁机构和售后责任担保公司。在税收、财政、土地、房屋等方面，支持建立以大学生创业为主要发展模式的社区体验连锁机构，加强用户黏度；在政府支持或主导下，成立公私协力模式的售后责任担保公司，提供全方位、专业化、连锁式的电子商务售后服务。

（六）分类制定电子商务税收政策

对电子商务进行合理征税，在制定电子商务的税收政策，不但要考虑电子商务的征管成本问题，更要从促进中国电子商务做大做强的战略高度去思考。美国电子商务之所以处于世界领先水平，很大程度是对电子商采取了轻税政策。例如，根据现行的美国法律，只有当某家零售商在美国某个州有实体店的情况下，该州政府才能向用户征收销售税。

首先，考虑到税收法律法规的一致性和完整性，对电子商务的征税可直接纳入现行的税收法律法规的框架内，按已有的税收法律法规征税。

其次，现行税收法律法规中的有关税收优惠政策可直接拓展到电子商务，比如，根据《国家税务总局关于小微企业免征增值税和营业税有关问题的公告》，月销售额或营业额不超过 3 万元（含 3 万元）的，免征增值税或营业税。据统计，目前淘宝平台上有 95% 以上的商家其月营业额在 3 万元以下，按此规定当然属于免征范围。

再次，对电子商务征税应考虑它的征管成本。电子商务的从业者，大多数规模较小，分布较为分散，如果对这些从业者征税，往往导致征税成本大于征税收益，因此以成本收益来衡量，不妨采取"放水养鱼"的做法，鼓励小规模从业者发展壮大。

最后，在电子商务税收政策上，宜算大账。近些年中国电子商务发展迅速，正成为可以与国外进行强势竞争的新型业态，并为大众创业、万众创新提供了一个全新的平台。在"互联网＋"时代，电子商务不仅提供了大量的就业机会，也带动了相关产业的发展。在经济下行压力依然存在的情况下，电子商务的健康发展，对于激发中国经济的活力具有重要意义。所以，税收政策应从大处着想，给予电子商务更大的发展空间。

（七）促进电子商务与物流业融合发展

电子商务的发展离不开物流业的支撑，物流配送是电子商务得以实现的基本保障，同时电子商务的发展也促进了物流业的快速发展，使物流业不断更新技术并提供更好的硬件设施网络，以满足电子商务对物流业发展的要求。在电子商务环境下，物流企业需要适应网络购物数量少、批量多的特点，以更加灵活的方式组织配送，与生产商、商家及物流上下游企业紧密协作，统筹安排，并根据顾客要求安全、快速、准确地送达目的地，这对物流企业的反应速度、配送管理质量都提出了更高要求，因此物流企业需要创新业务模式，提高管理水平，尤其是为满足电子商务发展的新要求，与时俱进提升柔性管理技能，构建电子商务环境下的物流配送联盟，更好地为消费者服务。具体如下：

一是提升物流业技术水平，将高新技术广泛应用到物流领域，构建基于电子商务的信息化、智能化和集成化的物流信息系统，提高物流管理效率。电子商务条件下的物流配送模式一般需要通过网络系统，实现整个配送过程的适时监控和决策、货物流转的状态、配送信息的处理、问题环节的查找等，因此高新技术在其中发挥着至关重要的作用。而配送系统的自动化处理、配送过程的动态化控制，将大大提升物流配送的透明度和效率，有助于整个物流过程的统筹和优化，并提升顾客满意度，促进电子商务更好的发展。

二是创新物流服务模式，推进第三方物流发展。一般来讲，电子商务环境下物流配送包括：企业自营物流配送模式、第三方物流配送模式、物流联盟配送模式、物流一体化配送模式。第三方物流是现代物流发展的新兴服务模式，一方面可以使生产企业专注核心业务，另一方面第三方物流可以根据企业需要，提供"一揽子"解决方案，大大节约物流成本，并为顾客提供更好的服务。发达国家经验显示，企业使用第三方物流会使物流成本下降11.8%，存货总量下降8.2%，同时显著提高运营效率，使订单周转时间由7.1天缩短至3.9天。目前，我国第三方物流发展迅速，但总体上服务功能单一，技术设备相对落后，市场占有率较低。因此，我国应加大力度推进第三方物流的发展，加强物流基础设施建设，尤其是物流网络和信息平台建设，降低企业之间衔接成本，扶持大型企业整合优势资源，建立战略联盟，创新服务方式，不仅给客户企业带来利润源，而且提供自身运营效率，从而实现"双赢"。

三是大力推动物流信息化和标准化进程。在物流信息化方面：其一是建立全国性或区域性物流信息平台，完善一体化递送网络，实时传递配送货物跟踪信息，实现信息网络化，这类设施主要为企业提供公共信息，具有一定公益属性，因此一般应由中央或地方政府主导；其二是升级企业物流管理信息系统，引入全球卫星定位系统、地理信息系统、无线通信技术等，提高物流业在线化、精细化管理水平，从而降低企业交易成本，提高物流效率。在物流标准化方面，应尽快制定物流信息代码及与物流相关的设备、设施的标准，同时还要注重与国际有关标准相联结，如条形码、物流信息传输（设备和语言）、货物包装规格等，避免额外支出对接成本。

四是重视物流专业人才培养，提升从业人员素质。其一是要加强高等院校物流专业人才培养，根据物流管理需要更新课程设置，结合网络技术和信息管理在物流业的应用，培育复合型人才，满足物流产业发展的需要；其二是鼓励科研院所、咨询机构与企业合作，按照企业需要培养

"订单式"人才，实现产学研有机结合，满足物流专业人才短缺的现实问题；其三是加强在职人员培训，鼓励高校、行业协会、社会办学机构等开展职业教育培训，讲授国外先进物流管理理念和操作方法，提高从业人员在管理和技术等方面的专业技能，并积极引进国际物流培训体系，推行物流从业人员的资格管理制度。

专项报告三　物流基础设施公益性及多元化供给

一　物流基础设施特征及属性

物流是通过一定的手段实现商品和物质在空间位置上的转移，这一过程涉及商品从起始点到目的地的包装、仓储、运输配送等多个环节。发展现代物流、加强物流基础设施建设，对国民经济健康发展具有重要的意义。首先，物流业及其设施涉及公路、铁路、航海、航空、仓储、运输以及配送等多个产业，是国民经济健康发展的重要支撑；其次，我国物流总成本占 GDP 比重相对较高，较高的物流成本会占用企业流动资金，提高物流效率、降低物流成本是企业增强竞争力和盈利能力的重要手段；最后，随着信息技术和交通运输设施和技术水平的提高，物流过程的运输、采购等各个环节的效率大大提高，物流业的发展对工业化进程和产业升级发挥着重要作用。目前，物流业已形成信息化、社会化、专业化的运行方式，并成为推动经济发展的基础产业。随着全球经济一体化进程的加快，通过物流产业的发展提升整体经济竞争实力已势在必行。

（一）我国物流产业发展的现状分析

随着经济的发展，我国物流业发展也取得突出成就，物流整体规模扩大、效率提高、与互联网等新兴产业融合发展。物流现代化水平迅速提升，随着物流产业信息化、智能化水平的提升，物流产业的效率逐步提高。

第一，物流产业专业化水平快速提升。改革开放以来，我国物流产业的服务模式从初期的单一化向多元化模式转变，越来越多的主体参与到物流产业中来，既包括提供专业化服务的物流公司，也包括企业自有的负责采购和销售的物流部门，物流产业的服务职能也从单一的运输功能转变为提供多样化、精细化的专业服务。目前，我国许多大型企业都拥有自己负责物流职能的部门，形成了从原材料采购、存储到成品销售的物流配送链。面对企业内部物流的竞争压力，专业物流企业必须提高效率，通过提供更专业、高效的物流服务赢得发展机遇。随着产业升级带来的需求以及国外企业的竞争和示范效用，我国物流产业逐步实现转型，形成了规模化、专业化、信息化等经验模式。

第二，物流企业效率大幅提高。专业物流企业要吸引客户，必须能够为客户提供更快更优质的服务，节省企业的金钱成本和时间成本。随着道路交通系统改进、信息化水平提高、物联网技术的发展以及管理能力的提升，现代物流业在速度和效率上都快速进步。随着经济分工的深化，人们对物流过程中的质量要求也越来越高，对特殊产品的运输环节中，有时需要对一些易破损、易腐烂的商品进行运输，这对物流产业发展提出了新的要求，在降低物流费用和时间的同时，还要在流通环节保障商品的质量。

第三，物流产业现代化和智能化水平提高。现代物流产业发展和进步的基础，不仅包括道路交通系统和运输设备，也包括现代化的信息设备和信息平台。信息技术、互联网与物流产业的融合，大大促进了物流产业的发展，信息化既为物流产业提供信息的存储、处理服务，也为物流产业发展扩大了需求，促进了物流产业新业态的出现。同时现代通信系统与网络信息系统的发展为物流业实现信息监控和管理提供了快速、便捷的信息渠道，成为物流产业发展的重要推动力。

(二) 物流基础设施基本特征

物流产业不同于一般产业的特点是，既不像一般制造业那样将商品价值凝结于产品中，也不像服务业通过直接作用于人或组织而体现价值。物流产业由多个维度共同构成。一般体现为三个维度：保证质量不在流通过程中受损（如农产品保鲜、食品安全保障）、速度（从生产到消费的中间环节减少、时间缩短）、成本（交通基础设施和运输工具的改进、仓储成本）。高效完善的物流基础设施，是保障产业活动运行和居民生活需求的基本支撑。

物流产品和服务具有独特的消费机理与特征。交通设施上的消费者是流动的，因为物流设施的使用者的根本目的就是实现商品的空间流动。对物流设施的使用者来说，其目的并非是长久地使用物流设施，而是期望通过物流设施实现商品流通，而且商品流通过程越快越好。同时，在一定范围内，一个消费者对物流基础设施的使用，并不影响其他消费者对物流基础设施使用，因而，物流基础设施具有公共物品属性。因此，消费者或企业对物流基础设施的使用，一般情况下并不导致物流设施的损耗。在对物流设施的使用不超过一定限度时，使用者越多越好，物流基础设施的供给具有"俱乐部"公共产品的特征。随着经济的高速增长和经济结构的转变，物流设施的供给往往满足不了经济发展对物流设施的需求，容易陷入低水平均衡。物流设施供给不足可能导致相关产业发展滞后，而相关产业发展滞后，使已有物流设施难以发挥规模经济，反过来不利于物流基础设施的进一步投入。

根据物流基础设施的特点，从理论角度看，其具有公益性、垄断性、收费性以及竞争性等特征。

1. 物流基础设施的公益性

公益性产品的根本目的不是通过提供产品获得商业利润，而是以满足生产和发展的社会需求为根本目标，使全社会公民都有机会享用，提高全体公民的福利。物流基础设施是专为满足生产经营和个人需求而提供给市场或社会公民的。例如，城市物流配送体系的建立，不仅方便了公共交通工具的乘客，同时也对整个城市的生产和生活、对整个城市的正常平稳运行具有正外部性，对城市的发展具有非常重要的意义。如果仅仅由市场提供这类基础设施，将可能导致公共服务的总体供给不足，因而就需要采取政府行政干预或财政补贴等措施。政府在物流公共基础设施领域的投资在根本上有助于弥补市场失灵，其原因正在于物流基础设施的公益性。

2. 物流基础设施的垄断性

垄断根源是缺乏来自其他企业的竞争，产生垄断的原因有三个：①自然垄断，自然垄断的产生是技术因素，产生垄断的原因从技术上讲，由一个企业提供某基础设施比大量生产者生产的成本更低；②资源垄断，一般是某产业所需的某项关键资源被单个企业占有，导致其他企业无力进入该行业；③行政垄断，政府通过合同、授权等方式赋予某家企业某项产品或服务在市场上的专营权。由于物流基础设施对国民经济的健康发展影响重大，为避免基础设施重复建设和相关经济资源的浪费，政府赋予某些物流基础设施的所有者或经营者以垄断经营的权利，但对其提供产品和服务的内容、经营范围和价格进行管制。在物流基础设施中，铁路、公路和港口等设施都具有一定程度的垄断性，铁路建设及其权益长期以来都归铁道部所有；从公路来看，连接两地的高速公路一般是唯一的且使用者需要付费。

3. 物流基础设施的收费性

一方面，物流基础设施具有排他性，即物流基础设施可以为特定的服务对象服务，物流基础设施的提供者可以对使用设施的个人或企业收费，对未付费的用户可以拒绝其使用。虽然物流基础设施具有公共属性，但是，在使用基础设施时，受益者是特定的企业或个人（物流基础设施的使用者）。因而，物流基础设施的成本不应全部由社会承担，而应由具体使用者承担部分成本，对物流基础设施的使用者进行直接收费。如果不对物流基础设施使用者收费，或收费过低，则物流设施的实际使用者不承担自己消费的相应成本，而将成本转嫁给整个社会，容易造成物流基础设施的过度使用和低效率使用。对物流基础设施的使用者进行合理的收费，在一定程度上能够提高物流基础设施的使用效率，并降低财政负担。

另一方面，对物流基础设施的使用者收费，还能够起到显示消费者偏好的作用，有助于政府判断企业和消费者对特定类型物流基础设施和服务的需求偏好，从而提供更多市场需要的、高质量的相关设施。由于企业或个人承担了相应的成本，他们会更关注物流设施的数量和质量，成为政府提高物流基础设施供给水平的外在推动力。当然，在物流基础设施的收费上，应注意适度合理，在收费期限和盈利水平上充分考虑消费者的利益。

4. 物流基础设施的竞争性

物流基础设施既具有排他性又具有公益性，在总体上介于纯公共产品和纯私人产品之间，可以归为布坎南所定义的俱乐部物品。物流基础设施既在某一区域或某一领域具有一定程度的垄断特征，又面临着来自其他企业的竞争。比如，从 A 城市到 B 城市，可能只有一条高速公路，但同时也有普通公路连接两城市，也可能存在铁路、水路等其他交通基础设施的竞争。特别是当两地经济交往较为频繁的情况下，原有物流基础设施可能会达到其所能提供运输能力的上限，产生新的物流基础设施需求。这就使得在特定领域难以形成完全垄断。在经济发达区域，对物流基础设施的需求很大，对物流设施的投资能够产生可观的利润，这有助于吸引民营资本进入，缓解政府投资的资金压力，并提高运营效率。这就使得市场的力量增强了，除非公共基础设施投资因某种人为的进入壁垒（如行政管制）而受到庇护，企业并不能依靠维持垄断而维持超额利润。如高速公路、铁路、物流园区、农产品批发市场等都具有收费性和竞争性特征。

物流基础设施同时具有收费性和竞争性特征，因而物流基础设施的建设和运营在一定程度上是可以由市场主体进行的，即在特定的市场领域内，企业以营利为目的，参与到物流基础设施的供给中来。但物流基础设施具备的公益性和垄断性的特征，决定物流基础设施的投资和运营具有一定的非市场特征，则意味着不能完全依赖市场来提供物流基础设施，政府应该进行适当的干预，来保障这类设施的供给。因此，在物流基础设施的投资运营方面，既应该依靠市场的力量，政府的适当的干预也是必要的。因而，在某些领域或特定的物流基础设施项目上，既可能有私人资本，也可能有公共资本的介入，还有可能出现公私合营制度（PPP 模式）。因此，如何处理物流基础设施的投资主体的多样化这个问题，在很大程度上是如何处理公共资本和私人投资的边界问题，以两类资本协调、促进物流基础设施有效供给。流通基础设施的收费性和竞争性为引入市场化力量提供相关产品和服务提供了可能。流通基础设施投资多元化的前提是对流通基础设施进行细分，根据其公益性和产品特征合理选择投资模式。

（三）物流设施公益性与供给主体

长期以来，经济学家们将公共产品或公益性产品的提供与政府干预联系起来，认为由于部分产品或服务的公共产品特征，只有政府才能够确保这些商品和服务的有效供给。经济学的鼻祖亚当·斯密早在其经典名著《国富论》中就意识到了公益性产品的存在，他指出某些物品"可能会为全社会带来最大程度的利益，但这类物品的性质却决定了其产生的利润无法弥补由个人或某个由少数人组成的组织为此所投入的成本，因此任何个人或由少数人组成的组织都无法提供此类产品。"新古典综合派萨缪尔森在其论文《公共支出的纯理论》中从公共物品的非竞争性出发对公共物品的概念进行了阐述，非竞争性是指"每个人对这种产品的消费，并不能减少其他人对该商品的消费"。后来，萨缪尔森在《经济学》第 16 版中对公共物品进行了完善，认为公共物品对每个社会成员都是有益的，无论该成员是否为公共物品付费。公共选择学派代表布坎南在《俱乐部经济理论》一书中认为，在现实中有大量的商品公益性特征介于纯公共产品和纯私人产品之间，即"俱乐部产品"，这种产品在一定范围内具有非排他性和非竞争性，当消费者超过一定数量之后就会产生排他性和竞争性。新制度经济学派代表科斯在其经典论文《经济学的灯塔》一文中认为，并非只有政府组织才可以提供公共物品，从交易费用和产权的视角对市场提供公共物品和由政府组织提供公共物品的成本进行了比较，认为在某些领域，私人资本也可以有效率地提供公共物品。因而，不能因为某类物品或服务具有公共物品特征或具有"公益性"就断定该类物品应该由政府提供，事实上，政府应该找准定位，在保障公益性的前提下，探索公益性物流设施的多元化供给路径。

公益性具有阶段特征和范围属性，因而公益性和市场化这两者的关系也处于动态调整的过程之中，其方向取决于一个社会的基本价值体系和政府对公平、效率这两个基本价值的判断标准。最终的表现是：在讨论政府干预与市场配置的边界时，更多地倾向于更具效率的市场配置，党的十八届三中全会就采取了"凡是能由市场形成价格的都交给市场"这样的表述；而在考虑具体的产品应当如何提供时，将政府以类似市场主体的方式加入分析框架，适当地借助市场机制，成为政府更好发挥作用的潜在要求。

目前，我国物流基础设施的多元化供给模式和机制仍有待于进一步完善，在公共性物流基础设施的供给中仍存在政府主体供给制度缺失、介入不到位、财政投入资金不足等问题，而市场主体由于缺乏保护和约束机制，导致去"公益性"问题严重。

1. 物流基础设施的供给主体：政府还是市场？

政府对流通基础设施供应的介入程度较低。首先，由政府直接供应物流基础设施的数量太少。由中央政府或地方政府投资和运营的物流基础设施很少，即使部分基础设施在最初是由政府投资建设的，但是，在后期的管理运作中，也通过转租、转让等方式，转变为通过纯商业模式来运作。比如，在很多地区，有些具备公益性特征的农产品批发市场被私人资本控制，成为商人逐利的工具，而在批发市场的具体经营过程中，经常出现摊位费过高、乱收管理费，增加了农产品流通企业或个体户的运营成本，提高了农产品的成本，进而提高农产品市场价格。其次，由于政府没有意识到物流基础设施的公益性特征，某些由私人资本主导的物流基础设施投资被作为非公益性设施对待，在税收、土地使用等方面得不到优惠政策，导致这类设施供给不足。

从市场投资主体来看，由于缺乏激励和保护机制，私人资本缺乏投资物流基础设施的愿望。例如，农产品冷链系统是农民、经销商、批发零售终端可以共享的配送设施，具有公共性，这类设施需要一次性、大规模地投资，投资资金回收周期长。因而，私人资本缺乏相应的激励，导致国内农产品冷链物流服务供应大大低于应有的水平。农产品质量与安全检测设备在农产品批发市场具有非营利性，如果由企业承担测试成本和测试人员的工资，将会大大增加批发市场的负担，造成农产品质量检测无法得到市场的积极响应，其对农产品质量安全检测设施投入不足，监管效果差。

由于缺乏约束机制，私人资本的追求利润最大化的目标会损害由私人资本控制的流通基础设施的公益性特征。鼓励私人资本参与物流基础设施的投资与运营管理，可以引入市场竞争机制，提高设施的运营效率，并在一定程度上减轻政府投资的财政负担。但是，私人资本和公共资本的目标存在差异，私人资本的目标就是追求利润，如果政府加以相应的规制，私人资本可能会造成公益性物流基础设施的公益性特征丧失，损害公共福利。比如，农产品批发市场，大多是采用市场化模式运作，在客观上增加了农产品流通成本，导致农民卖菜难和城市居民买菜贵的问题。

公益性流通设施供给的质量和数量与企业生产销售以及公民生活密切相关，关系到整个社会的福利。政府作为增进社会公共福利的代表，要不断优化物流基础设施资源的配置，通过直接投资等方式介入公益性流通设施的供给环节，改善供给制度、完善监管体系，提高公益性设施的供给效率和质量。

2. 物流设施供给多元化机制不完善

在基础设施的供给中引入多元化主体，一些地方已经展开了有益的探索。例如，北京地铁建设中不仅有政府通过国有企业直接投资的模式，还将 PPP 模式引入港铁公司，就是一个在公益性设施中引入市场主体的成功案例。目前，港铁公司在运作模式上，探索出"轨道交通 + 物业"的地铁经营模式，通过地铁物业综合开发获得的利润来补贴在轨道交通建设和运营中出现的亏损，从而在不依靠政府补贴的情况下实现盈利。为了保障公共服务质量，在 PPP 协议里，政府对京港公司所提供的服务水平、质量、安全保障有着非常细致明确的要求。

但是，总体上，我国物流基础设施的多元化供给机制仍未完全建立起来，突出表现为以下三点：

（1）公共产品缺乏有效竞争平台。当前在公共产品供给中，政府主导的格局未发生根本性改变，政府依然是公共产品供给中居于支配地位的供给主体，多元化主体结构发育程度不够，公共产品市场准入的门槛较高、审批较严格、垄断性强，在很大程度上限制了私人部门的进入。

（2）政府与市场关系尚未理顺。一是在公共产品提供领域存在着政府大包大揽的问题，造成政府财力在提供公共产品方面面临资金不足、供给数量有限、供给质量欠佳等问题；二是在公共产品提供领域也存在过度迷信市场的倾向，导致部分公共产品需求得不到有效的满足。

（3）非营利组织发展相对滞后。非营利组织等在西方发达国家的公共产品提供中发挥着重要作用，承担了部分公共产品的补充供给责任，以满足部分公众的需要。而我国的非营利组织发展相对滞后，没有能够充分发挥自身的补充提供作用，阻碍了公共产品多元主体供给机制的完善和发展。

二 物流基础设施的内容

在这里，物流基础设施是一个更广义的概念，泛指影响物流产业发展的各类物质基础或制度环境。物流产业基础性设施包括：①基础体系（宏观政策和法律法规等）；②保障体系，涵盖基础设施（储备设施、交通设施、物流园区建设等）；③平台体系，包括实体平台体系（如批发市场）和虚拟平台体系（如电子商务平台）等。上述每类设施都具有其自身的特点，这些设施的供应中表现出来的问题和解决方案也可能不同。要真正改善物流设施供应不足的问题，有必要分类对物流基础设施的供给中存在的具体问题进行分析。

（一）物流信息化发展水平仍不足

1. 缺乏物流产业信息化标准

目前大多数物流企业信息化建设都建立在他们既有业务的基础上，整个物流行业都缺乏规范的、国际化的物流流程标准和信息技术存储传输标准。大多数企业的物流信息系统往往是针对本企业定制开发的，这使得与其他物流企业进行信息交换存在很大的障碍，物流信息由于缺乏统一的标准，在不同企业间信息传递的效率很低。此外，出于保护商业机密等考虑，企业也缺乏共享信息的激励。但是，从全社会看，建立物流产业信息化标准，加强信息整合，有助于为社会提供更高质量的物流服务。物流信息化标准有两大作用：一是管理职能；二是协作职能。管理职能是政府需求，政府只有掌握了充分的信息，才能更好地行使其管理职能；协作职能是企业为了加强产业内协作而对信息化的客观需求，物流信息化标准中有许多属于协同类标准。协同类标准建设之后一方面表现为物流企业间运输装备标准（如装箱标准、包装材料的规定等）缺乏统一的标准；另一方面则表现为企业间的信息系统在仓储信息、管理信息之间的标准不一致，无法实现物流信息的电子数据和网络数据在企业间有效传输和处理。

在物流信息标准化方面，政府部门在制定标准时，其目的更多的是用以约束和管理企业或行业、满足政府的管理要求。但对物流行业来说，由于存在大量的分工协作，除了管理标准之外，还需要一类协同标准。长期以来，几乎所有的标准都是由政府来管理和制定，相关利益者参与度十分有限，难以制定出符合市场需求的联盟标准、合作标准、协作标准，从而大大影响了我国物流信息化的发展速度。我们认为，在物流信息化、标准化等领域，协同类标准应该由市场去推动制定，即那些更多涉及利益、技术、局部、非强制的标准，比如信息交换、流程透明等存在于跨企业、跨利益主体之间的求同存异的合作方面的标准。

2. 物流信息平台建设不足

物流信息平台能够有效地整合各类物流信息资源，实现物流信息的跨企业和跨区域应用，提高货运车辆使用效率。物流信息平台具有一定的公益性特征，其功能包括政策法规传播、物流信息集成共享、设施设备共享、教育培训、物流服务供需双方在线交易等多种功能于一体。物流信息平台可以快速整合所在领域的商品供需情况、物流车辆运载能力，有助于物流公司和物流服务的需求者方便快捷地找到相应的物流信息，降低供需双方的搜寻成本和时间，提高效率。

市场的力量能够提供物流信息平台，如阿里巴巴、淘宝网、京东商城，在本质上就是商品信息平台。当平台达到一定规模时，企业才可以通过建立平台获利。2013年5月，由阿里巴巴集团牵头，银泰、复兴、富春等集团共同参与组建的物流平台企业"菜鸟网络科技有限公司"正式成立。虽然菜鸟网络尚未完全成形，但其确实带来了一些创新和颠覆性的思维，也显示了由民营资本主导建立相关物流平台的可能性。

（二）综合交通运输体系不健全

完善的综合交通运输体系，是物流业发展的硬件基础。发达国家非常重视对多种运输方式联运和综合运输交通网络的建设，根据欧盟国家的经验，综合交通运输体系能够使旅客的旅行时间降低20%，同时大大提高整个交通运输网络的运输能力，使运力增加5%—10%。改革开放以来，我国交通运输发展取得了引人注目的成绩，但与此同时，我国综合交通建设还存在诸多问题，如多式联运总量过少，结构不佳；服务质量差，仍以提供低端服务为主；价格扭曲，成本居高不下；班期衔接不当，运输效率低下；干线与支线运输脱节，"门到门"运输服务比例较低。具体来看，以下几个方面的问题较为突出。

1. 各类交通基础设施的规划、建设缺乏协调

改革开放以来，我国经济发展迅速，交通基础设施建设也获得了快速发展的机遇，而交通基础设施的发展，又进一步促进了经济发展。但是，由于受到条块分割的管理体制的制约，公路、铁路、航空、水运等各类设施一度分别归交通部、铁道部、民航局等不同的部门管理，各部门间协调不畅；地方政府的竞争导致港口、机场等设施重复建设。比如，部分城市的空港建在离中心城区20公里以外的地区，更多的考虑是疏解城市交通压力或带动新区增长等因素，但对空港的货运能力如何与城市交通物流系统协调这方面的考虑较少。部分港口的货场选址和建设中，没有在整个交通网络系统中通盘考虑，造成物流成本过高，增加货运成本。

2. 各类运输方式之间在战略和微观经营中合作力度不够

航空运输、铁路运输、水路运输、公路运输、管道运输等运输方式都有自身独特的优势，各类运输方式也存在独特的运行模式。比如，航空运输具有速度快、长距离运输的特点，但是运费较高，适用于贵重物品和紧急货运需求；水路运输在大宗商品的长距离运输中相对廉价，但速度较慢，且受到水运航道的限制；铁路运输尽管受到路网承受能力和编组时间等因素的限制，但仍是较为稳定、快捷的陆路运输方式。航空、水运、铁路运输都受到线路的制约，没有办法实现"门到门"的服务，对大多数物流需求来说，必须通过公路交通系统才最终完成商品的流通过程。在许多情况下，还需要铁路运输与水路、公路与水路、管道与铁路乃至更多种运输方式直接的协作，才能完成商品流通过程。但是，由于各种运输方式直接的不协调，尤其是航空机场、铁路站点、港口运输在站点衔接上不畅，没有形成有效衔接的综合运输体系，导致不能实现各运输方式直接的优势互补，导致过度依赖公路运输的情形。

3. 各系统间信息共享障碍重重

随着现代信息技术的发展，综合物流系统发挥服务功能对信息的需求也日益增加。但是由于管理部门条块分割的存在，各类运输方式之间乃至各行业内部彼此封锁信息的情况经常出现。尽管各方面都在信息化的硬件投入和软件开发等方面纷纷加大了投入，但是由于信息不能共享，造成信息资源的浪费和设施的重复建设。在现代综合交通运输体系中，航空运输、铁路运输、水路运输、公路运输和管道运输共同构成了"大交通"体系，如果说这五类设施是综合交通运输体系的肢体的话，信息就是流通的血液。信息通畅，才能实现各方面资源的共享和协作，构筑服务于全国各领域的综合物流服务体系。

4. 市场机制不健全

建设高效率的现代综合物流体系，需要破除体制障碍，强化市场机制的作用，促进各类运输方式的物流企业在市场环境下充分发挥能动性。市场机制不健全，在道路运输领域表现为企业经营过于分散，缺少大型骨干物流企业；在铁路领域则表现为体制障碍，应探索如何打破铁路运输的垄断，实现路网建设和运输服务分离，通过引入竞争增加活力。航空运输业引入民间资本已经取得成效；随着铁道部撤销，实现铁路管理功能和经营功能的分离，在未来需要进一步推动网运分离，在铁路运输领域引入竞争机制。在公路运输业，突出问题则为整个行业缺乏具备领导力的大型骨干企业，大多数公路运输企业规模和实力较小，甚至是个体户，难以在公路物流系统建设中发挥主导作用，行业无序竞争激烈，行业内超载、疲劳驾驶等问题严重。

（三）我国物流园区规划存在问题

物流园区是物流体系的重要节点，是物流体系的重要组成部分。目前，我国政府对物流园区的认识存在一定的片面性，尤其是地方政府把物流园区作为产业项目，当成城市开发建设的项目，而对物流园区在物流系统中的基础型和公共性认识不足，导致物流园区建设中出现多种问题。

为了推动本地经济发展和物流业的发展，我国各级地方政府对物流园区建设会在政策上给予优惠，一些单位趁机以建设物流园区为名义用低价将土地拿下来，但事实上，很多企事业单位表面上是为建设物流园区申请用地，而实际目的是圈地，以期为未来土地增值或为其他投资项目做准备。在一些地区，地方政府为了推动城市开发和经济增长，脱离当地对物流园区的实际需求情况，盲目上马物流园区，片面追求投资规模和占地面积等总量指标，而对物流园区的功能和独特性重视不够，导致各地建设的物流园区千篇一律、缺乏特色。部分地区物流园区功能单一，且园区内道路、通信、公共服务等基础设施还不健全，园区内集疏运体系尚未畅通，缺乏多式联运的中转设施。

对大多数物流园区来说，仅具备了物流园区的仓储、运输、配送等基本物流功能，但相对于物流业迅猛发展所产生的市场需求来说，各地的物流园区仍存在专业化水平较低、设施设备配套性能不高、提供综合服务的能力弱、信息不畅通等各种不足。真正相关设施齐全，物流服务能力强，能够对区域和城市发展起到重要推动作用的物流园区还较少。特别是市场需求较大、公益属性较强的多式联运服务、农产品冷链物流服务、流程优化咨询服务、信息支撑能力等功能都亟待提高。目前，全国还缺乏统一的针对物流园区建设的优惠政策和具体的建设标准，大多数地区都是在摸索中前进，导致部分地区对物流园区建设的支撑不到位，物流园区建设在用地、规划、建设、连接性交通设施等方面存在困难。部分园区盲目上马，未能找准定位，导致运作机制不畅、盈利模式不成熟等问题，缺乏可持续发展能力。

从物流园区发展趋势来看，服务多式联运的物流园区或将出现。"多式联运"这个概念引入物流领域已有很多年，但是在国内落地效果并不好，随着国内民航货运业的业务边界不断延伸，高铁线路的不断加强（如电商专列和丝绸之路等），以及跨境电商（如保税网购）的影响等，国内某些既有的运输格局正在被"重塑"，多式联运的需求开始出现，不过在这个过程中有一个关键的衔接点——"多式联运场站"，这种场站是海陆空三种运输方式的集散地，要求有适合不同运输方式的分拣中心，以及方便不同运输方式切换的操作平台及信息系统。达到这种要求的园区不仅需要硬件投资，配套的软件资源也是必不可少，如不同运营商根据多式联运的需求特点，以及效率提升的需求等适当调整自身原有的产品设计，如运输时刻表匹配、集中安检等；涉及进出口业务的，海关的通关政策和业务流程也需要做出适当的调整。整体而言，发展服务多式联运的物流园区将是大势所趋，但是因为其对运营方的资源及能力要求极高，所以短期内还是需要政府主导推进，目前尚没有一个成形的样板，率先完成布局的，有望成为行业标杆。

总体上讲，由于缺乏全国统一规划，各地纷纷建设大型物流园区，导致许多物流园区在规划和布局上不科学，比如与区域经济发展规划衔接不够导致园区发展定位不明确；物流园区建设与交通基础设施建设规划不统一、缺乏沟通衔接，降低商品流通效率；物流园区功能与定位与所在城市发展规划、产业发展现状脱节，导致物流园区资源未能有效服务当地产业发展；相邻城市间区际竞争激烈，盲目上马物流园区建设，邻近地区的物流园区间地理辐射范围重合，园区定位千篇一律，难以适应国家整体物流布局的需要。此外，物流园区建设还存在结构性短缺现象，许多地区出现了以物流园区建设为名义的圈地的现象，而真正有社会需求的仓储式物流园区合理用地需求又得不到满足。既要保证物流园区建设的正常用地需求，又要有效遏制圈地行为，是对政府部门的一个考验。

三　物流基础设施多元化供给面临的问题

物流基础设施建设既具有公益性，又具有营利性，因而，在物流基础设施的供给模式上可以有多种选择。但目前物流基础设施的多元化供给仍面临着供给主体单一、定价不合理、民间投资进入垄断行业权益得不到保障等问题。

（一）物流基础设施供给主体存在的问题

在物流基础设施领域实施多元化供给，需要引入市场资本作为公共资本的有效补充。公共资本和财政资金能够按照政府要求投放资金，进入国民经济发展和人们生活急需而民营资本不愿进入的领域，在新城开发，交通基础设施等领域发挥了重要作用。但是，国有资本主导基础设施建设也存在诸多弊病，国有资本缺乏有效监督，容易造成资金使用的低效率，经营效率低、服务质量差，政府部门负债问题也日益突出，如原铁道部在2012 年的负债达到 2.6 万亿元，依靠铁路收益远远无法弥补资金成本。因而迫切需要引入民间资本，但是民间资本投资者在投资基础设施时往往受到逐利的诱惑，存在很多投机倾向，经常出现桥梁断裂等质量问题。非营利组织由于受融资能力低、缺乏专业知识等因素的制约，也难以在物流基础设施的建设中发挥应有的作用。

（二）基础设施产品定价不合理

在物流基础设施市场化改革中，合理确定基础设施的价格对调节投资者和消费者之间的关系至关重要。定价太低，投资者无法收回投资物流基础设施的成本，私人资本就不会参与进来；单纯依靠国有资本和财政资金，又客观上加重财政负担、增加政府债务风险；定价太高，又会损害消费者利益，降低公益性基础设施在促进国民经济发展和改善人民生活中的作用。由于基础设施具有公益性特征，由政府制定基础设施的价格是一种解决方案，但是目前政府在价格制定时缺乏相应的监督机制，物流基础设施定价缺乏科学性，造成价格扭曲。但是，如果由企业掌握定价权，由于物流基础设施大多具有天然的垄断性，企业为获得更高的利润，会倾向于制定垄断高价，因而单纯由市场定价也会造成价格失灵。目前，对垄断企业定价的常用方式是政府价格监管，但是在当前形势下，政府缺乏激励去有效监管基础设施价格。在许多情况下，基础设施建设仍然是政府财政资金或国有企业，政府为了减少财政开支，扶持国有企业，倾向于默许更高的定价。比如，在高速公路收费价格和期限上，地方政府和企业往往倾向于延长收费期限，以获得更多的利益。

（三）民营资本进入行政性垄断行业的困境

受到历史因素、基础设施投资的运营模式、行政垄断行业长期政企不分等因素的影响，民营资本在进入传统的行政性垄断行业仍然心存顾忌。在一些行业，根据相关法律法规的规定，不允许民营资本进入；在一些非战略性行业，即使允许民营资本进入，但是对投资形式、民营资本占比等增加了多种限制。在行政垄断下，由于长期存在的政企不分，部门监管职能和国有资本投资职能不分。在民营资本与政府部门合作时，虽然存在BOT、TOT等多种市场化的项目运作模式，但是，按照国家相关政策，政府部门不能参与商业经营活动，并禁止地方政府与企业直接签订商业合同，或为企业经营活动提供相关担保。因此，并不存在一个法人意义的公共部门代表与私人企业签订合法合同，民营资本的投资权益难以得到保护。在许多情况下，企业对合约的执行，跟政府领导的变动有很大关系。当负责引进民营资本的政府领导职位发生变动时，民营资本投资的合同就难以落到实处。出于政绩的考虑，地方政府大多热衷于引进外资，对国内的民营资本重视不够，许多针对吸引外资的优惠政策，国内民营资本都享受不到。在对某些项目进行补贴时，也优先对国有资本进行补贴，许多优惠政策民营资本也享受不到。在民营资本基本权益缺乏保障的情形下，引入民间资本参与物流基础设施的供给就会面临多重障碍。

（四）物流基础设施供给结构失衡

由于物流业与经济活动和人口密度高度相关，因此物流资源更倾向于集中在大城市以及人口密集区域，因而导致物流设施供给结构不平衡，在区域间、城乡间存在较大的差距。具体表现在以下几个方面：

（1）不同地区存在较大差异。各地经济发展的不平衡以及各级地方政府财政能力的差异，是地区性公共产品存在供给不平衡的主因。东部地区，由于经济较发达，因此拥有较多的财力提供较多的公共产品。广大中西部地区，受经济发展相对落后的牵制，公共产品的供给则相对不足。尽管中央政府的转移支付有助于缓解公共产品供给在地区间的不平衡性，但这种不平衡性并未得到根本消除。

（2）城乡差距大，农村公共产品较为匮乏。长期以来，我国是以牺牲农村的发展为代价加快工业化进程的。这种制度安排造成了城乡隔阂的"二元"经济形态，导致在公共产品供给中，城镇优于农村。当广大城镇居民普遍享有社会保障、义务教育等公共服务时，对农村居民的公共产品供给则明显相对不足，城乡之间存在巨大的落差。

（3）物流基础设施兼容性不足。目前，各类物流基础设施之间衔接仍然不够，物流节点的硬件设施和服务水平都不能满足市场需求。全国性的综合交通运输体系仍未完全形成，在重要区域和城市综合交通枢纽建设中，水、路、空、铁交通方式直接的衔接配套仍然不足。从运输设备和物流产品包装规格等方面存在标准不一致的问题，不同行业和部门的仓储物流设施不能有效整合，客观上增加了物流成本。

四　完善物流基础设施供给的措施

（一）改善物流发展的基础条件和制度环境

一是在物流基础设施投资建设中把握好政府参与的边界。政府合理介入物流公益性设施的供给，既要改变政府"大包大揽"的计划经济思维，又要避免政府缺位造成"过度市场化"；在政府必须发挥相应职能的领域，要采取适当的干预措施和干预力度，注重国有资本和民营资本的公平竞争，又要避免"越位"，在市场能够发挥好作用的领域积极发挥市场机制作用，提高整体经济效率。因此，充分研究流通产业的公益性和市场化的内在关系，是政府合理干预流通领域，尤其是物流基础设施领域的基础，是深化流通体制改革、加快流通产业发展的基础和根本要求。

二是建立健全相关法律制度，建立有利于物流业发展的软环境。完善的制度环境有助于规范市场秩序、保障投资者和消费者的合法权益。首先，要健全物流基础设施投资的法律法规，对不适合现实发展情形的法规及时清理，根据基础设施投资中出现的新情况及时订立相关政策。与此同时，要强化政府部门的执法意识和执法水平，依法对基础设施投资进行管理。其次，要维护基础设施投资领域的市场秩序，维护市场领域的公平竞争，既要维护国有资本的利益，也要维护民营资本的基本权益，同时保障物流设施的公益性特征不受损害。最后，建立良好的流通产业环境，从维护产权制度、市场准入、加强监管等角度，创造物流产业发展的良好制度环境。

三是做好规划协调。从全社会物流基础设施系统建设的角度，协调整合不同地区物流基础设施发展规划。在区域基础设施规划中，融入物流基础设施建设的规划，推动现代物流基础设施建设，鼓励传统物流设施转型升级，向现代物流企业转型。建立全国物流基础设施体系规划，将在整个物流过程中发挥运输功能的交通基础设施和发挥存储功能的物流园区、货运场站、仓储设备等各类基础设施都纳入相关空间规划，避免各省市因区际竞争而造成物流资源的重复投入，导致物流基础设施在地区间布局不合理。各部委之间要加强协调，国家发展与改革委员会、国土资源部、住房与城乡建设部、交通运输部、商务部、海关总署、科技部、工业和信息化部等部门相互配合，加强对全国范围物流基础设施发展的统一规划和管理，突破条块分割造成的障碍，从行业和地区两个维度整合既有的物流基础设施，提高相关设施和资源的利用效率。

四是积极发挥行业协会作用。物流业及相关行业协会应认真履行行业服务、自律、协调和引导职能，及时向政府有关部门反映物流基础设施发展中存在的问题和企业诉求，积极配合相关部门做好物流基础设施相关标准制定和修订、建立实施统计制度、总结推广先进经验、引导推动科技创新等相关工作，促进物流基础设施健康有序发展。

（二）推动物流业信息化与智能化发展

信息化与智能化代表着现代物流企业的发展方向，是企业的核心竞争力之所在，信息化与智能化已经成为现阶段物流业转型升级的重要保障和支撑。具体措施包括以下几个方面：

一是建好物流信息平台，促进电子商务发展。政府出资建立或鼓励民间资本建立物流信息平台，为企业进行物流信息交换提供帮助。鼓励物联网、云计算、大数据、智慧物流等信息技术的技术创新和物流业发展的融合，通过推动物流产业信息化推动物流产业的现代化和跨越式发展。鼓励企业通过完善供应链管理体系建立起对企业采购、生产、销售、售后服务全过程的计划和控制，推动物流环节的外包模式，打破物流环节的信息界限，实现物流、资金流和信息流的有机统一。鼓励企业在网上支付、信用服务、安全服务等电子商务为基础的服务上展开技术创新或业务模式创新，建立和完善电子商务产业生态体系。

二是鼓励物流信息化与智能化领域的技术创新与技术应用。充分发挥电子信息技术对物流产业创新和发展的支撑、引领作用。加快建设具有公益性的物流信息平台，破除现有体制机制障碍和行政区域壁垒，推进铁路、水路、公路、航空、邮政等信息系统的互联对接，加快政务信息资源的整合和对外有序开放，为市场、企业和社会公众提供及时、准确、系统、多元化的物流公共信息服务；鼓励和支持面向广大中小物流企业和社会公众的各类功能性、专业化物流公共信息平台建设，进一步整合零散的车货信息和交易信息，推进行业组织化、信息化水平。引导和支持企业加大信息化建设投入，鼓励物流企业信息系统与客户信息系统的互联交换，改变传统物流管理模式，提高信息往来效率；推进物联网、智能交通、移动通信等信息技术在交通运输和物流行业的推广应用，加快基础设施、车船载运工具、货物、人员和企业等信息要素的数字化改造、采集、传输和加工处理，尽快完善物流信息化基础数据库群，夯实物流信息化发展的基础。鼓励物流技术创新，加强对货物定位跟踪，无线射频识别、物流信息平台、智能交通、物流管理软件、移动物流信息服务等关键技术攻关。

（三）整合相关物流基础设施

首先是加强对既有物流设施和相关资源的整合，提高物流设施的总体使用效率。道路交通系统、运输设施、仓储设施、商品集散阶段，以及第三方物流企业等市场主体所既有的物流设施，如果其空间布局合理、具有较好的基本设施和服务能力，就应该通过鼓励物流各环节的设施拥有者对其设施加以整合，在运输、仓储等服务领域开展一体化的服务，使原有的设施既可以继续发挥作用，又可以在整合的系统中成为具有一定特色的物流节点。在整合中，要充分考虑既有设施的基本特征，包括其区位、功能、规模等，充分利用其优势；要积极进行跨企业乃至行业整合，协调多方资源，实现"1+1>2"的效果。

其次是加强各类运输服务方式的协同创新。铁路、公路、水路和航空运输的运输模式和服务模式都存在各自的特点，在运输商品的规格、包装等方面都存在差异。要提供物流设施的使用效率，整合多种运输模式，要重视在基础设施建设上的有机衔接，实现铁路站点、港口、航空港在地理空间上的衔接，方便运输方式的转换。统一货品包装规格，减少在干线运输、区域运输和城市配送中对集装箱的分拆、重组次数。创新物流设施的组织模式和服务模式，加快公路和铁路运输中集装箱运输的发展。

最后是着力提升物流基础设施经营管理水平和服务质量。充分发挥各类物流基础设施在区域物流市场或城市物流市场中的功能，按照物流基础设施的发展层次和功能分工，将原先孤立建设的各类资源整合起来，通过运营模式创新和服务能力创新等途径，提升物流基础设施的服务能力和经营水平。通过建立网络化的物流服务体系，实现物流资源共享，充分发挥各环节基础设施的相对优势，基于供应链建立良好的合作与分工关系，构建符合社会发展需要，符合社会物流需求的高质量、高效率的物流基础设施体系。

（四）建立以收费为主的成本补偿机制

要建立完善的物流基础设施体系，必须保障充分的资金来源。对于市场主体不愿意提供的物流基础设施要加大财政支持力度，设立物流设施转型扶持基金，对具有战略意义的物流基础设施，如城市物流配送中心、物流信息平台、物流绿色通道、物流质量监督体系等的建设要加以重点扶持；通过补贴和税收优惠等政策，促进资本对物流基础设施的投资。

在某些领域，可以减少或取消财政补贴，通过对物流设施的使用者直接收费来解决减少资金问题。在这些领域，政府的目标不是通过直接投资来提供物流基础设施，而是鼓励社会资金进行物流基础设施建设和运营维护，政府的职责是对价格进行合理规定，既保障投资者的收益，又保障物流基础设施的消费者福利不受损失。这需要遵循以下原则，设立合理的定价机制：一是要尽量掌握物流基础设施建设的成本和收益信息，对价格进行灵活掌控，既不使私人资本亏损，又不致获取暴利，损害物流基础设施的公益性。二是要引入竞争机制，要引入多家民营资本进入物流基础设施领域，通过竞争提高物流基础设施的投资运营效率，降低运营成本，最终降低物流基础设施的使用成本。三是鼓励企业采用新技术、新工艺来提高效率，对企业通过降低成本、提高效率获得的收益予以肯定，提高民营资本开展政策经营的积极性。

（五）促进投资主体多元化与经营方式创新

促进物流基础设施的投资来源多元化和经营方式创新，有利于减少政府负担，即使在某些公益性较强的行业，政府直接投资的具有公益性的基础设施，在运营阶段也可以探索交给企业经营，从而提高公共资本使用效率并提高设施的运营效率。

从具体操作层面看，可以由通过政府授权的投资主体与民营资本就特定项目签订协议，组建合资公司，以缓解财政资金压力、提升经营管理水平、改善公共服务质量。对于具体的工程质量，PPP 项目公司要承担终身质量，未经政府部门许可，不得转让、出租、质押、抵押或以其他方式擅自处分项目设施以及资产，不得将项目的贷款、设施及相关土地使用权等用于特许经营项目之外的用途。

对于民间资本主导的物流基础设施投资建设的方式选择，应鼓励其从易到难、从小到大。现阶段可以将三方面作为突破的重点：

（1）民间资本优先投资已完成或即将完成的建设项目，可通过拆分等方式，让民营资本受让基础设施中具有可经营性的设施产权和经营权，以消除基础设施项目的建设期的巨大风险，包括对项目立项及审批程序的不确定性，提高民营资本的盈利预期。此类投资则需要建立完善的转让规则，防止国有资产的流失。

（2）民间资本通过采用建设经营与转让（BOT）方式进入交通运输体系建设投资。民间资本作为项目发起人负责前期资金的筹措和项目建设，在项目竣工时将项目移交给政府，并从中获得合理回报。为了鼓励民间资本参与这类投资，对于盈利能力较小的项目，要在财政政策、土地政策、信贷融资等方面给予适当倾斜。还可以给予民营资本项目建设期对附属资源进行利用，如准许民间资本所有者在项目附近从事广告、货物运储、饮食零售业、房地产等辅助项目的经营，在获得利益的同时带动项目周边区域经济的发展。

（3）民间资本如有意投资铁路、高速公路、物流集散中心等大型建设项目时，应考虑选择未来收益较好的干线投资入手。根据目前铁路发展、民间资本的资金实力来看，民间资本控股铁路支专线的可能性较大，更利于民间资本的投资回收。但要强调的是，民间资本进入重要干线的建设过程中，除为实现经济利益之外，还应承担相应的社会责任，自主经营的同时要服从统一调度、重视运输安全。

此外，在证券市场给予参与物流基础设施建设项目的民营企业筹集资本的优先权，适当降低已上市的从事物流基础设施项目的民营企业的增资配股条件。作为银行、证券等金融机构，优先通过民营企业对物流基础设施项目的贷款，优先组织发行从事物流基础设施项目的民营企业的股票和债券。在多元化资本市场的支持下，实现民间资本投资力量的放大，有效地集合多层次的、多元化的民间资本，持续不断地投入交通运输体系建设。

参 考 文 献

1. E. S. 萨瓦斯（E. S. Savas）：《民营化与公私部门的伙伴关系》，周志忍等译，中国人民大学出版社 2002 年版。

2. 安玉发：《鲜活农产品流通体系建设强化公益性特征》，《中国农民合作社》2012 年第 1 期。

3. 蔡冬冬：《中国财政分权体制下地方公共物品供给研究》，博士学位论文，辽宁大学，2007 年。

4. 陈丽芬：《理性对待公益性农产品市场建设》，《经济观察报》2012 年 3 月 17 日。

5. 陈丽芬：《公益性流通设施识别细分及政府介入》，《学习与实践》2014 年第 6 期。

6. 陈前恒：《日本政府对农村商品市场的调控与管理》，《经济要参》2006 年第 18 期。

7. 陈世伟：《我国农村公共服务供给主体多元参与机制构建研究》，《求实》2010 年第 1 期。

8. 陈淑祥：《发达国家地区农产品流通的经验及启示》，《重庆工商大学学报》（社会科学版）2004 年第 8 期。

9. 陈小静：《农产食品流通体系的成本收益分析——以贵阳市蔬菜为例》，《农村经济与科技》2012 年第 4 期。

10. 戴定一：《物流信息化领域：继承发展亮点显现》，《物流技术与应用》2014 年第 4 期。

11. 戴巧玲、吴师师、刘纯阳：《稳定菜价再思考基于公益性批发市场建设的视角——以长沙市马王堆蔬菜批发市场为例》，《南方农村》2013 年第 6 期。

12. 丁建吾、赫静：《发达国家和地区农产品批发市场发展经验及启示》，《中国经贸导刊》2007 年第 9 期。

13. 冬晓:《农产品批发市场管理水平亟待提高》,《农业技术与装备》2012 年第 6 期。

14. 渡边達朗:《流通政策入門》,日本中央经济社 2011 年版。

15. 发改委:《流通成本占我国最终菜价已达 1/2》,《北方蔬菜报》2010 年 12 月 19 日。

16. 丰云:《"效率改进"——公共服务市场化改革的理论阐释与实践逻辑》,《天津行政学院学报》2012 年第 3 期。

17. 富原:《公共管理理论在流通业发展中的应用》,《桂林师范高等专科学校学报》2008 年第 2 期。

18. 甘芸、陈玉妹、赵健论:《我国农业电子商务发展的现状与未来》,《农业网络信息》2004 年第 10 期。

19. 耿莉萍:《城市菜价中的高流通成本分析及解决途径》,《北京工商大学学报》(社会科学版) 2011 年第 4 期。

20. 耿献辉、周应恒:《现代销售渠道增加农民收益了吗?——来自我国梨主产区的调查》,《农业经济问题》2012 年第 8 期。

21. 龚蓉、谷洪波:《农产品批发市场规划中突出问题分析》,《现代装饰》(理论) 2013 年第 10 期。

22. 苟建华:《农产品批发市场供应链封闭化运行模式研究》,《浙江外国语学院学报》2012 年第 1 期。

23. 顾克菲:《菜价:流通费用占近七成》,《消费日报》2010 年 12 月 7 日。

24. 郭月梅、田文宠:《关于我国流通业发展的税收政策研究》,《税务研究》2013 年第 6 期。

25. 国务院发展研究中心市场经济研究所"建立我国社会信用体系的政策研究"课题组:《加快建立我国社会信用管理体系的政策建议》,《经济研究参考》2002 年第 1 期。

26. 何大安:《中国流通产业运行问题——基于产业组织及其制度的基础理论考察》,经济科学出版社 2008 年版。

27. 何丽双:《中国地方公共物品供给差异性分析》,博士学位论文,辽宁大学,2009 年。

28. 贺登才:《我国物流业发展的趋势、规划和政策》,http://www.clic.org.cn/yw/197941.jhtml。

29. 侯峻：《PPP 模式在城市公共产品投资中的应用研究》，《现代城市研究》2008 年第 6 期。

30. 胡芳：《美国农产品的流通体系》，《中华合作时报》2007 年 5 月 22 日。

31. 胡雯莉：《完善我国公共产品有效供给机制研究》，硕士学位论文，西南财经大学，2009 年。

32. 黄慧、高明：《国际视角下我国公共物品供给方式改革的思考》，《华中农业大学学报》（社会科学版）2009 年第 6 期。

33. 贾康、孙洁：《公私伙伴关系（PPP）的概念、起源、特征与功能》，《财政研究》2009 年第 10 期。

34. 金朝力、吴辰光：《网络购物引发信任危机》，《北京商报》2007 年 3 月 14 日。

35. 金鹏、吕春华、张大超：《基础设施的公共物品属性分析及实践探索》，《市场周刊·财经论坛》2004 年第 3 期。

36. 金赛美：《现代农产品市场体系构建研究》，博士学位论文，华中农业大学，2006 年。

37. 卡尔·波兰尼：《大转型——我们时代的政治与经济起源》，刘阳、冯钢译，浙江人民出版社 2007 年版。

38. 赖丹馨、费方域：《公私合作制（PPP）的效率一个综述》，《经济学家》2010 年第 7 期。

39. 雷敏：《全国农产品批发市场年交易额超 3 万亿元》，《经济日报》2013 年 9 月 25 日。

40. 李兵龙：《第三部门参与社区公共产品供给初探》，《商业时代》2011 年第 32 期。

41. 李干琼：《打造农产品经营"王国"——农业电子商务》，《农业网络信息》2005 年第 9 期。

42. 李理：《中国城市公共物品供给问题研究》，硕士学位论文，郑州大学，2003 年。

43. 李沁芳：《电子商务用户信任影响因素建模及实证研究》，博士学位论文，同济大学，2007 年。

44. 李蓉：《我国公益性信息服务政府管制分析》，《现代情报》2008 年第 1 期。

45. 李学圣：《农产品批发市场与冷链物流》，中国制冷学会冷藏冻结专业委员会：《2011 年全国冷冻冷藏行业与山东制冷空调行业年会暨绿色低碳新技术研讨会论文集》2011 年。

46. 李志博、米新丽、安玉发：《公益性农产品批发市场建设资金效率模糊分析》，《经济问题》2013 年第 10 期。

47. 李志强：《现阶段中国市场流通费用及交易成本研究》，《科学·经济·社会》2011 年第 4 期。

48. 梁键：《我国农产品批发市场的公益性及发展对策思考》，《商业时代》2013 年第 26 期。

49. 廖红丰、尹效良：《国外农村公共产品供给的经验借鉴与启示》，《广东农业科学》2006 年第 4 期。

50. 廖伟斌：《农产品批发市场竞争力研究——民乐市场竞争力案例分析》，硕士学位论文，中国农业科学院，2012 年。

51. 蔺忠田、信大伟：《改善社会信用环境促进银行信贷良性发展》，《黑龙江金融》2002 年第 7 期。

52. 刘波、龚晖晖：《PPP 模式与准公共品的供给——论 PPP 在大型体育场馆建设中的应用》，《首都体育学院学报》2009 年第 2 期。

53. 刘海飞：《关于当前流通业发展若干问题的思考》，《北京财贸职业学院学报》2012 年第 8 期。

54. 刘思宇、张明：《蔬菜流通的成本构成与利润分配——基于长株潭城市群大白菜流通全过程的调查》，《消费经济》2013 年第 1 期。

55. 刘天军：《农业基础设施项目管理研究》，博士学位论文，西北农林科技大学，2008 年。

56. 刘雯、安玉发：《基于功能分解的农产品批发市场经济性质评价研究》，《经济与管理研究》2010 年第 10 期。

57. 刘雯、安玉发、张浩：《加强公益性建设是中国农产品批发市场发展的方向》，《农村经济》2011 年第 4 期。

58. 刘雯：《农产品批发市场公益性问题研究》，博士学位论文，中国农业大学，2011 年。

59. 刘志：《PPP 模式在公共服务领域中的应用和分析》，《建筑经济》2005 年第 7 期。

60. 卢凌霄：《农产品批发市场现状及发展趋向》，《商业研究》2010 年第

94 期。

61. 陆彩兰：《论 PPP 模式在我国城市公共品中的适用性》，《江苏广播电视大学学报》2006 年第 10 期。

62. 马龙龙：《应将政府投资转向流通领域》，《国际商报》2012 年 10 月 22 日。

63. 马龙龙：《组建流通"国家队"引领行业改革》，《国际商报》2012 年 9 月 25 日。

64. 马雪彬、谢恒：《基础设施市场化供给中的政府角色探析》，《石家庄经济学院学报》2011 年第 5 期。

65. 马增俊：《农产品批发市场的发展模式及定位》，《中国市场》2010 年第 17 期。

66. 马增俊：《如何界定中国农产品批发市场的公益性?》，在"2011 年中国农产品批发行业年会"上的讲话，2011 年。http：//news. sina. com. cn/c/sd/2013 - 12 -05/180328896473_ 2. shtml。

67. 马增俊：《如何实现农产品批发市场的公益性》，《农经》2012 年第 Z1 期。

68. 米新丽、李志博：《我国农产品批发市场公益性建设思路及实现途径》，《物流技术》2013 年第 9 期。

69. 莫少颖：《发达国家农产品批发市场发展经验及启示》，《价格月刊》2010 年第 5 期。

70. 农业部调研组：《农产品价格形成及利润分配调查》，《农民日报》2008 年 4 月 29 日。

71. 全国城市农贸中心联合会：《农产品批发市场存在的问题及发展思路》，《商业现代化》2012 年第 35 期。

72. 全国城市农贸中心联合会：《农产品批发市场亟须制定全国统一的发展规划》，《商业现代化》2011 年第 31 期。

73. 冉宝松：《农产品冷链物流发展规划出台》，《中国物流与采购》2010 年第 16 期。

74. 任兴洲：《社会信用缺失缘何会产生》，《浙江经济》2002 年第 4 期。

75. 任兴洲：《我国鲜活农产品流通体系发展的现状，问题及政策建议》，《北京工商大学学报》（社会科学版）2012 年第 9 期。

76. 阮萌：《中国公共物品供给转型的路径研究》，博士学位论文，南开大学，2009 年。

77. 盛夏：《新发地谋变——专访新发地农产品有限公司董事长张玉玺》，《农经》2010 年第 7 期。

78. 宋敏：《西方国家公共服务市场化改革的成效及启示》，《经济纵横》2007 年第 7 期。

79. 宋沛军：《我国电子商务物流发展对策研究》，《商场现代化》2005 年第 7 期。

80. 宋则、王水平：《流通领域公共产品的界定及供给方式》，《中国流通经济》2012 年第 12 期。

81. 宋则：《充分发挥商贸流通业稳定物价的功能作用》，《中国流通经济》2011 年第 9 期。

82. 宋则：《论商品流通成本的绝对上升和相对上升》，《北京财贸职业学院学报》2013 年第 2 期。

83. 宋则：《稳定农产品价格须"反周期"调控》，《中国联合商报》2013 年 3 月 4 日。

84. 宋则：《推进国内贸易流通体制改革，建设法治化营商环境》，《中国流通经济》2014 年第 1 期。

85. 苏威：《关于提升农产品流通效率的思考——基于农产品批发市场建设视角》，《商业时代》2012 年第 13 期。

86. 孙家庆、徐奇、靳志宏：《中国综合运输发展现状分析与政策建议》，《世界海运》2014 年第 4 期。

87. 孙涛：《我国农产品现代流通服务体系的构建及公共政策建议》，《现代经济探讨》2011 年第 12 期。

88. 孙侠、张闯：《我国农产品流通的成本构成与利益分配——基于大连蔬菜流通的案例研究》，《农业经济问题》2008 年第 2 期。

89. 孙烨：《欧盟农产品流通体制的特征及启示》，《调研世界》2003 年第 2 期。

90. 唐祥来：《公共产品供给的"第四条道路"——PPP 模式研究》，《经济经纬》2006 年第 1 期。

91. 田超：《公共产品的有效供给——兼论政府在市场经济中的作用》，《商场现代化》2006 年第 3 期。

92. 万顺江：《我国物流园区规划建设问题探讨》，《中国物流与采购》

2014 年第 10 期。

93. 汪鸣、刘琦:《对物流基础设施建设和发展进行再认识》,《中国物流与采购》2004 年第 12 期。

94. 王春兰、张超:《我国城市图书馆多元供给的困境分析——基于公共物品视角》,《现代情报》2010 年第 4 期。

95. 王丹:《中国公共物品供给变革及其实现途径》,硕士学位论文,武汉大学,2005 年。

96. 王宏伟:《公共服务市场化——政府职能转变的必由之路》,《中共山西省委党校学报》2004 年第 6 期。

97. 王健康:《中国公共产品有效供给机制研究——从服务行政的理念进行解读》,硕士学位论文,西南政法大学,2011 年。

98. 王兢、梁娜、何雨竹:《展望我国农产品批发市场前景——2010 年下半年全国基本农产品价格失控性暴涨所引起的思考》,《农业经济展望》2010 年第 12 期。

99. 王科:《公共服务市场化改革的逻辑分析——以政府失灵为视角》,《西部财会》2011 年第 3 期。

100. 王绍飞:《北京市蔬菜流通中的价格形成与调控》,《北京农业职业学院学报》2013 年第 3 期。

101. 王学真、刘中会、周涛:《蔬菜从山东寿光生产者到北京最终消费者流通费用的调查与思考》,《中国农村经济》2005 年第 4 期。

102. 王元京:《引导社会资本投资公共服务事业的五种方式》,《中国改革报》2007 年 7 月 2 日。

103. 文晓巍:《农产品供应链流通成本与相关主体利益匹配——广州证据》,《改革》2011 年第 8 期。

104. 吴华超:《重庆市农村资金配置绩效研究》,硕士学位论文,西南大学,2009 年。

105. 肖红缨、刘建平:《我国公共产品供给瓶颈问题与对策》,《求索》2004 年第 6 期。

106. 熊瑞权等:《2011 年广东蔬菜产业发展现状分析》,《广东农业科学》2012 年第 4 期。

107. 徐柏园、刘富善:《面对 WTO 海峡两岸农产品批发市场的二次创业》,中国物价出版社 2003 年版。

108. 徐柏园：《公益性——农产品批发市场性质的正本清源》，《中国流通经济》2011 年第 5 期。

109. 徐飞、宋波：《公私合作制（PPP）项目的政府动态激励与监督机制》，《中国管理科学》2010 年第 3 期。

110. 徐平、蔡保忠、吴师师、戴巧玲：《不同流通方式对农产品价格形成的影响——以长沙市本地蔬菜供应为例》，《新疆农垦经济》2013 年第 4 期。

111. 徐振宇、赵烨、刘雯等：《基于功能分解的农产品批发市场经济性质评价研究》，《经济与管理研究》2010 年第 10 期。

112. 许莲凤：《公共产品供给中第三部门的重要性》，《闽江学院学报》2008 年第 4 期。

113. 许世卫、李哲敏、李干琼等：《尖椒价格形成及利润分配调查报告》，《农业展望》2008 年第 5 期。

114. 许世卫、张峭、李志强等：《番茄价格形成及利润分配调查报告》，《农业展望》2008 年第 5 期。

115. 许世卫等：《油菜市场价格形成及利润分配的调查研究》，《农业展望》2008 年第 5 期。

116. 闫华红：《我国产地农产商品批发市场的管理功能创新》，经济科学出版社 2007 年版。

117. 闫平：《文化产品和服务的公共性与公益性文化事业建设》，《山东社会科学》2008 年第 12 期。

118. 杨美英：《统筹中国公共产品供给研究》，博士学位论文，东北师范大学，2008 年。

119. 杨瑞梅：《德国地方政府供给乡村公共物品的经验和启示》，《海南大学学报》（人文社会科学版）2006 年第 3 期。

120. 杨宜苗、肖庆功：《不同流通渠道下农产品流通成本和效率比较研究——基于锦州市葡萄流通的案例分析》，《农业经济问题》2011 年第 2 期。

121. 姚今观、纪良纲等：《中国农产品流通体制与价格制度》，中国物价出版社 1995 年版。

122. 姚立、吴霞、许莲洁：《中国流通产业发展与公共管理建设》，《北京工商大学学报》（社会科学版）2006 年第 5 期。

123. 姚蓉：《财政分权与地方公共产品供给研究》，硕士学位论文，集美大学，2010年。

124. 姚树琪：《关于我国电子商务物流发展对策的探讨》，《石家庄联合技术职业学院学术研究》2006年第6期。

125. 叶国庆：《我国地方公共产品低效供给问题研究》，硕士学位论文，华中科技大学，2004年。

126. 依绍华：《国外农产品批发市场发展经验的启示》，《中国商贸》2014年第4期。

127. 依绍华：《流通产业公共支撑体系构成及政府介入方式》，《中国流通经济》2014年第3期。

128. 殷致：《我国公共产品供给研究》，硕士学位论文，南京理工大学，2006年。

129. 尹鸿雁：《中国公共产品供给研究——政府的责任、优势与局限》，博士学位论文，吉林大学，2010年。

130. 尹华、朱明仕：《论我国公共服务供给主体多元化协调机制的构建》，《经济问题探索》2011年第7期。

131. 于艳红：《农产品批发市场与现代物流的整合》，《商场现代化》2011年第1期。

132. 余佳能：《关于浙江省蔬菜流通成本与利益的探究——基于卷心菜流通的案例研究》，《湖州职业技术学院学报》2012年第3期。

133. 岳岠：《浅谈我国公益性产品有效供给中的政府角色定位问题》，《山东经济战略研究》2009年第5期。

134. 张贵友：《我国农产品流通基础设施建设：问题与对策》，《中国社会科学院研究生院学报》2009年第1期。

135. 张昊：《流通渠道中的双向竞合关系及其政策启示》，博士学位论文，中国人民大学，2013年。

136. 张磊、王娜、谭向勇：《猪肉价格形成过程及产业链各环节成本收益分析——以北京市为例》，《中国农村经济》2008年第12期。

137. 张明玉等著：《中国农产品现代物流发展研究——战略、模式、机制》，科学出版社2010年版。

138. 张祺瑞：《农产品批发市场经济性质评价及公益性优化路径研究》，硕士学位论文，兰州大学，2012年。

139. 张馨、袁星侯：《公益性·垄断性·收费性·竞争性——论公共基础设施投资多元化》，《厦门大学学报》（哲学社会科学版）2000 年第 1 期。

140. 张颖：《美国公共产品供给演进轨迹研究》，博士学位论文，辽宁大学，2008 年。

141. 曾寅初、全世文：《我国生鲜农产品的流通与食品安全控制机制分析——基于现实条件、关键环节与公益性特征的视角》，《中国流通经济》2013 年第 5 期。

142. 曾寅初：《我国农产品批发市场的结构特征分析》，《农业食品资源经济研究》2006 年第 2 期。

143. 赵尔烈：《关于实施"国家公益性农产品交易市场工程"的建议》，《第三届中国中部地区商业经济论坛论文集》2010 年。

144. 赵尔烈：《建议实施"国家公益性农产品批发市场工程"》，《中国市场学会》2009 年。

145. 赵尔烈：《为了百姓的绿色餐桌》，中国财富出版社 2013 年版。

146. 赵尔烈：《我国应投建公益性的现代化农批市场》，《中国市场》2008 年第 12 期。

147. 赵福昌、李成威：《促进战略性新兴产业发展的财政政策手段分析》，《经济研究参考》2011 年第 10 期。

148. 赵海燕：《中国农产品批发市场体系发育问题研究》，硕士学位论文，华中农业大学，2000 年。

149. 赵荣、钟永玲：《农产品流通体制改革三十年回顾与展望》，《农业展望》2008 年第 12 期。

150. 赵晓莉：《西方国家公共服务市场化改革及其对中国的启示》，《太原城市职业技术学院学报》2009 年第 4 期。

151. 赵竹青：《蔬菜流通环节层层加价，零售价超供应价 10 倍》，《人民日报》2011 年 5 月 8 日。

152. 中共十八届三中全会：《中共中央关于全面深化改革若干重大问题的决定》2013 年 11 月。

153. 中国商业经济学会：《流通产业公共支撑体系研究综述》，《国际商报》2013 年 12 月 27 日。

154. 周林军、曹远征、张智：《中国公用事业改革：从理论到实践》，知识产权出版社 2009 年版。

155. 周凌云、顾为东、张萍：《新时期加快推进我国流通业现代化的战略思考》，《宏观经济研究》2013 年第 9 期。

156. 周燕、梁樑：《国外公共物品多元化供给研究综述》，《经济纵横》2006 年第 1 期。

157. 朱峰、赵晓飞：《构建农产品现代流通服务体系的思考》，《宏观经济管理》2011 年第 9 期。

158. 朱江林：《关于我国农产品批发市场法律地位的思考》，《中国市场》2007 年第 21 期。

159. 朱玉多：《国外公共物品多元化供给模式及其对我国公物供给改革的启示》，《商场现代化》2009 年第 4 期。

160. 朱忠萍：《农村公共产品供给的法律保障研究》，硕士学位论文，湘潭大学，2009 年。

161. 祝合良：《我国农产品批发市场发展的基本思路》，《经济与管理研究》2004 年第 2 期。

162. 左新文：《社会公益性设施政府投融资模式探讨》，《宏观经济研究》2004 年第 5 期。

后　记

　　流通产业公益性问题是随着流通产业在国民经济中发挥民生功能的作用和需求日益增强的大背景下提出的，是继流通产业具有先导性和基础性之后又被广泛探讨的一个属性，且目前尚未达成共识。本书作为中国社会科学院创新工程课题阶段性成果，对这一问题进行了探索性研究，在对流通产业属性分析的基础上，对流通产业公益性与市场化的关系进行了阐述，界定公益性产品内容，提出公益性产品供给思路和供给模式，并引入发达国家和地区在公共产品多元化供给方面的经验做法，结合我国实际情况，提出流通产业公益性产品供给的对策思路。为更好地阐述流通公益性产品内容，本书还专门对农产品批发市场、物流基础设施等准公共产品进行专题研究，分析其公益属性并指出这类产品供给过程中政府应采取的措施及市场化机制，最后还对电子商务领域的公益性内容进行了讨论。

　　本书由我负责总体框架设计，并对全部内容进行修改审定，具体分工如下：第一章：依绍华、廖斌；第二章：张昊；第三章依绍华、张昊；第四章依绍华；第五章依绍华、张德勇；第六章依绍华；第七章张德勇；第八章依绍华；分报告一：依绍华、廖斌、王欣；分报告二：依绍华、王欣；分报告三：皮亚彬。本书的出版得到中国社会科学出版社的大力支持，尤其是责任编辑王曦女士付出大量辛勤工作，在此深表感谢！在本课题研究过程中，吸收和引用了国内外许多专家学者的研究成果，尽可能在脚注和参考文献中作了说明，在此对相关专家学者一并表示感谢！由于作者研究水平和能力有限，书中还有很多不足，敬请各位同行和读者批评指正！

依绍华

中国社会科学院财经战略研究院

2015 年 6 月